Berliner Platz 3 NEU

Deutsch im Alltag

Lehrerhandreichungen

Susan Kaufmann

in Zusammenarbeit mit
Anne Köker und Christiane Lemcke (Aussprache)

Klett-Langenscheidt

München

Von Susan Kaufmann in Zusammenarbeit mit Anne Köker und Christiane Lemcke (Aussprache)

Redaktion: Uli Wetz, Annalisa Scarpa-Diewald
Gestaltungskonzept und Layout: Andrea Pfeifer
Umschlaggestaltung: Svea Stoss, 4S_art direction
Coverfoto: Fotosearch, USA; Abbildung Straßenschild: Sodapix AG

Materialien zu *Berliner Platz 3 NEU*:

Gesamtausgaben:	
Lehr- und Arbeitsbuch mit Audio-CD zum Arbeitsbuchteil	606056
Lehr- und Arbeitsbuch mit Audio-CD zum Arbeitsbuchteil und Zusatzteil „Im Alltag EXTRA"	606057
Lehr- und Arbeitsbuch mit Audio-CD zum Arbeitsbuchteil und „Treffpunkt D-A-CH 3"	606059
2 Audio-CDs zum Lehrbuchteil	606058
Ausgabe in Teilbänden:	
Lehr- und Arbeitsbuch, Teil 1	606073
1 Audio-CD zum Lehrbuchteil 1	606075
Lehr- und Arbeitsbuch, Teil 2	606074
1 Audio-CD zum Lehrbuchteil 2	606076
Zusatzkomponenten:	
Intensivtrainer 3	606060
Lehrerhandreichungen 3	606062
Testheft 3	606061
Treffpunkt D-A-CH 3	606063
DVD	606081
Digital mit interaktiven PDFs und interaktiven Tafelbildern	606198

1. Auflage 1 6 5 4 3 2 | 2017 16 15 14

Satz: Franzis print & media GmbH, München
Gesamtherstellung: Print Consult GmbH, München

ISBN 978-3-12-606062-2
9 783126 060622

MIX
Papier aus verantwortungsvollen Quellen
FSC www.fsc.org
FSC® C084279

Inhalt

A Berliner Platz 3 NEU – Wissenswertes

Ziele und Eigenschaften von *Berliner Platz NEU*

Zielgruppe

Berliner Platz NEU ist ein Lehrwerk für Erwachsene (ab 16 Jahren) ohne Deutschkenntnisse oder mit nur geringen Kenntnissen aus ungesteuertem Erwerb, die in einem deutschsprachigen Land oder im Ausland Deutsch lernen, u.a. um in Deutschland (in Österreich oder der Schweiz) längere Zeit zu leben.

Zielsetzung des Lehrwerks

Berliner Platz NEU orientiert sich am „Gemeinsamen Europäischen Referenzrahmen für Sprachen" (GER) – Band 1 führt zum Niveau A1, Band 2 zum Niveau A2 und Band 3 zum Niveau B1 – und bereitet auf die Prüfungen „Start Deutsch 1" und „Start Deutsch 2", auf den „Deutsch-Test für Zuwanderer" und das „Zertifikat Deutsch" vor.
Band 3 bietet Material für ca. 160–200 Unterrichtsstunden (12–16 Unterrichtsstunden pro Kapitel plus ca. 4 Unterrichtsstunden pro Raststätte), je nachdem, welche Voraussetzungen die Lernenden mitbringen und ob der Kurs mit hoher oder geringer wöchentlicher Stundenzahl angeboten wird.

Einsatzbereich

Berliner Platz NEU wurde speziell für den Unterricht mit heterogenen Lerngruppen entwickelt. Die Herausforderung, Lernende aus vielen Kulturen mit unterschiedlichen Herkunftssprachen, Lernerfahrungen, Erwartungen und Zielen in einem Kurs zu unterrichten, stand im Mittelpunkt bei der Konzeption dieses Lehrwerks.

Eigenschaften

Berliner Platz NEU ist ein Lehrwerk, das

- lernungewohnten Lernenden durch Übersichtlichkeit, Transparenz und einen klaren Lernweg den Einstieg in die deutsche Sprache erleichtert,
- auch schneller Lernenden die Herausforderungen bietet, die sie sich wünschen,
- Alltagsthemen in den Vordergrund stellt und durch eine pragmatische Landeskunde und kommunikativ wichtige Phrasen und Sätze den Lernenden hilft, sich schnell im Alltag zurechtzufinden,
- in kurzen Kapiteln viele Themen anspricht, die die Lernenden zur Alltagsbewältigung brauchen,
- eine sanfte Grammatikprogression bietet,
- von Anfang an eine systematische Ausspracheschulung enthält,
- mit seinen vier „Raststätten", jeweils nach drei Kapiteln, ein spielerisches Wiederholungsangebot macht,
- modular aufgebaut ist und viele zusätzliche Materialien zum Vertiefen, Wiederholen und Differenzieren anbietet, die entsprechend der Leistungsfähigkeit und den Interessen der Lernenden ausgewählt werden können,
- mit seinen Video-, Audio- und Online-Materialien multimedial angelegt ist.

Wissenswertes

Der Aufbau von *Berliner Platz 3 NEU*

Die Komponenten des Lehrwerks

Lehr- und Arbeitsbuch

12 Kapitel
4 Raststätten zum Wiederholen und Vertiefen
12 Arbeitsbuchkapitel
4 Testtrainings zur Vorbereitung auf den „Deutsch-Test für Zuwanderer" und das „Zertifikat Deutsch"
Kapitel „Im Alltag EXTRA" (in der Inlandsausgabe)

Landeskundeheft „Treffpunkt D-A-CH"

Informationen über die deutschsprachigen Länder

Intensivtrainer

Übungen zu Grammatik und Wortschatz von *Berliner Platz 3 NEU*

Testheft

zur Vorbereitung auf den „Deutsch-Test für Zuwanderer" und das „Zertifikat Deutsch" mit Audio-CD

Audio-CDs

2 CDs zum Lehrbuch

Audio-CDs

2 CDs zum Arbeitsbuch

Lehrerhandreichungen

Unterrichtsvorschläge
didaktisches Glossar von A–Z
Diktate

Online-Angebot für Lernende

Online-Übungen
Tests
Schreibangebot: „Ich über mich"
Transkripte
Lösungsschlüssel
Glossare
Wortlisten

Online-Angebot für Lehrende

Forum
Kopiervorlagen
Transkripte
Lösungsschlüssel
Projektvorschläge
Online-Sprechstunde
Tests

Interaktive Tafelbilder für das Interactive Whiteboard

32 Tafelbilder und rund 65 Vorlagen, Fotos und Zeichnungen

Das Lehr- und Arbeitsbuch

Lehrbuchteil

Der **Lehrbuchteil** besteht aus zwölf Kapiteln von je zehn Seiten, die nach dem Doppelseitenprinzip aufgebaut sind. Nach jeweils drei Kapiteln gibt es eine **Raststätte** mit Angeboten zum Wiederholen, zur Landeskunde und zur Prüfungsvorbereitung.

- **1. Doppelseite**
  Die 1. Doppelseite führt jeweils in das Thema des Kapitels ein und präsentiert einen wesentlichen Teil des Kapitelwortschatzes sowie wichtige Redemittel. Die Lernenden werden durch Fotos und/oder Zeichnungen an das Thema herangeführt und finden hier eine Fülle von Anknüpfungspunkten für Vorwissen und persönliche Erfahrungen, die sie für die Weiterarbeit mit den folgenden Aufgaben und zum aktiven Umgang mit dem präsentierten Wortschatz und den neuen Redemitteln motivieren.

- **2., 3. und 4. Doppelseite**
  Auf diesen Doppelseiten werden die lexikalischen und grammatischen Schwerpunkte des Kapitels erarbeitet und gefestigt. Dabei werden alle vier Fertigkeiten (Hören, Sprechen, Lesen und Schreiben) geübt. Hier gibt es:
  - Hör- und Lesetexte mit Aufgaben zum globalen, selektiven und detaillierten Verstehen,
  - Übungen zur Dialogarbeit,
  - Anregungen zur kommunikativen Umsetzung des Gelernten im Unterricht,
  - Aufgaben zum Entdecken und Systematisieren der Grammatikphänomene,
  - reproduktive und kreative Schreibaufgaben sowie
  - Projekte.

  Die Hör- und Lesetexte in *Berliner Platz 3 NEU* sind länger und komplexer als die der vorhergehenden Bände und teilweise authentisch. Die Lernenden sollen schrittweise an die Rezeption authentischer Texte herangeführt werden und lernen, den Alltagstexten, denen sie außerhalb des Unterrichtsraums begegnen, für sie relevante Informationen zu entnehmen.

- **5. Doppelseite**
  In **Auf einen Blick** werden die jeweiligen Kapitelinhalte noch einmal in komprimierter und übersichtlicher Form dargestellt: In der Rubrik *Im Alltag* finden die Lernenden eine zum Teil noch weiter ergänzte Aufstellung der im Kapitel eingeführten Redemittel. Darüber hinaus gibt es hier Tipps zum Leben in Deutschland. In den Rubriken *Grammatik* sowie *Wortbildung* werden die im Kapitel gelernten Regeln übersichtlich zusammengefasst und durch Lerntipps ergänzt. So erfüllt diese Doppelseite mehrere Funktionen: Sie ist eine Fundgrube für die Dialogarbeit und kann sowohl von den Lernenden als auch den Lehrenden bei Fragen zur Grammatik und Wortbildung hinzugezogen werden.

Raststätten

In den **Raststätten** nach jeweils drei Kapiteln wird das bereits Gelernte in bekannten und neuen Kontexten wiederholt. Auf der ersten Doppelseite finden sich spielerische und kommunikative Aktivitäten, auf der zweiten Doppelseite landeskundliche Informationen zu besonderen Regionen Deutschlands und auf der dritten Doppelseite an den Prüfungsformaten orientierte Übungsangebote.
Alle Raststättenaufgaben und -spiele eignen sich auch gut für die Wiederholung am Anfang einer Unterrichtsstunde oder zur Auflockerung zwischendurch.

Arbeitsbuchteil

Der **Arbeitsbuchteil** zu *Berliner Platz 3 NEU* umfasst pro Kapitel sechs Seiten mit Übungen, die sich auf die ersten drei Doppelseiten des jeweiligen Lehrbuchkapitels beziehen. Hier wird kein neuer Wortschatz eingeführt. Die Übungen sind abwechslungsreich und umfassen die Vertiefung und Festigung von Wortschatz und Grammatik sowie das Training der Kommunikationsfähigkeit, der Aussprache und des Hörverstehens.

- **Schreiben**
  Das Schreiben im Arbeitsbuchteil dient in erster Linie der schriftlichen Fixierung des Lernstoffs und hat so zunächst weitgehend eine lernunterstützende Funktion. In Band 3 von *Berliner Platz NEU* nimmt aber auch das freie Schreiben eine wichtige Rolle ein.

- **Ausspracheübungen und Rubrik Schwierige Wörter**
  Ein Teil der Ausspracheübungen im Arbeitsbuchteil ist auf die Aufgaben im Lehrbuchteil bezogen und vertieft und variiert das dort behandelte Thema. Unter der Rubrik *Schwierige Wörter* werden weitere Schwerpunkte aufgegriffen, die es ermöglichen, auf individuelle Ausspracheschwierigkeiten der Lernenden einzugehen.

Navigation zwischen Lehr- und Arbeitsbuchteil

Zu jeder Aufgabe im Lehrbuchteil gibt es eine entsprechende Übung im Arbeitsbuchteil. Z. B. finden Sie zur Aufgabe 2b im Lehrbuchteil von Kapitel 5 eine passende Übung 2 im Arbeitsbuchteil zu Kapitel 5. Das bedeutet aber nicht, dass im Anschluss an jede Aufgabe im Lehrbuch nach hinten geblättert und die passende Übung im Arbeitsbuch durchgeführt werden soll. Das Übungsangebot im Arbeitsbuch ist vielmehr für selbstständige Nacharbeit und Vertiefung gedacht.

Testtraining

Nach jeweils drei Arbeitsbuchkapiteln finden die Lernenden ein **Testtraining**, das sie auf die Prüfungen nach dem „Gemeinsamen Europäischen Referenzrahmen für Sprachen" und dem „Rahmencurriculum für Integrationskurse Deutsch als Zweitsprache" vorbereitet. *Berliner Platz 3 NEU* bereitet auf die Prüfungen „Deutsch-Test für Zuwanderer" (eine skalierte Prüfung auf dem A2-/B1-Niveau) und „Zertifikat Deutsch" (B1-Niveau) vor (▶ **Prüfungsvorbereitung**, S. 116).

Im Alltag EXTRA

In die Inlandsausgabe von *Berliner Platz NEU* ist das Kapitel **Im Alltag EXTRA** integriert. Es greift die Lernziele des „Rahmencurriculums für Integrationskurse Deutsch als Zweitsprache" auf. Zu jedem Lehrbuchkapitel gibt es zwei Seiten mit folgenden Rubriken

- *Sprechen, sprechen …* zum Einüben von Alltagsdialogen,
- *Papiere, Papiere …* zum Kennenlernen und Ausfüllen der im deutschen Alltag wichtigsten Formulare, alternativ dazu
- *Planen und Organisieren* mit kommunikativen Aufgaben, die gemeinsam erledigt werden, und
- *… – international* mit Anregungen zum interkulturellen Vergleich.

Der Anhang

Der Anhang von *Berliner Platz 3 NEU* enthält

- eine Liste der Verben mit Präpositionen (im Akkusativ und im Dativ),
- eine Liste der unregelmäßigen Verben,
- eine alphabetische Wortliste.

Zusätzliche Komponenten

Die Hörmaterialien

Die zwei **Lehrbuch-CDs** enthalten alle Hörtexte und das Hörmaterial zu den Ausspracheübungen des Lehrbuchteils. Sie sind in erster Linie zur Nutzung im Unterricht gedacht. Die **Arbeitsbuch-CD** enthält zusätzliche Hörtexte, die sich sowohl für die Vertiefung im Unterricht als auch für das selbstständige Lernen zu Hause eignen.

Der Intensivtrainer

Der **Intensivtrainer** bietet auf jeweils sechs Seiten pro Kapitel zusätzliche Übungen zu Lexik und Strukturen, die in Ergänzung zu den Arbeitsbuchübungen eingesetzt werden können. Mit einer *Hitliste* des wichtigsten Lektionswortschatzes und einer Grammatikübersicht im Anhang unterstützt der Intensivtrainer besonders Lernende, die mehr Training benötigen, um die Lernziele zu erreichen.

Das Testheft

Das **Testheft** bereitet auf die Prüfungen nach dem „Gemeinsamen Europäischen Referenzrahmen für Sprachen" vor: „Deutsch-Test für Zuwanderer" und „Zertifikat Deutsch".

Treffpunkt D-A-CH

Das Landeskundeheft **Treffpunkt D-A-CH** zu jedem Band ergänzt *Berliner Platz NEU* mit einer bunten Fülle an Informationen über die deutschsprachigen Länder Deutschland, Österreich und die Schweiz.

Tafelbilder für das Interactive Whiteboard

Für Lehrende in Einrichtungen, die mit einem interaktiven Whiteboard ausgestattet sind, sind die 32 interaktiven **Tafelbilder** zu *Berliner Platz 3 NEU* gedacht. Sie sind ideal für den abwechslungsreichen, multimedialen Unterricht, bieten zahlreiche alltagsrelevante Sprechanlässe und sind lehrwerksbegleitend einsetzbar.

Das Online-Begleitangebot

Lernende finden online unter www.klett-langenscheidt.de/berliner-platz die folgenden Zusatzmaterialien:

- Transkripte der Hörtexte zum Lehrbuch- und Arbeitsbuchteil,
- die Lösungen zum Lehrbuch- und Arbeitsbuchteil,
- den kompletten Kapitelwortschatz (in chronologischer Abfolge),
- *Ich-über-mich*-Geschichten von Deutschkurs-Teilnehmern und -Teilnehmerinnen zum Lesen und Selbstschreiben (die schönsten und interessantesten Texte bekommen einen Preis),
- interaktive Online-Übungen,
- Modelltests.

Lehrende finden online

- Transkripte der Hörtexte zum Lehrbuch- und Arbeitsbuchteil,
- die Lösungen zum Lehrbuch- und Arbeitsbuchteil,
- den kompletten Kapitelwortschatz (in chronologischer Abfolge),
- einen Videotrainer zur DVD,
- Glossare,
- Arbeitsblätter und Kopiervorlagen,
- Lehrerhandreichungen und umfangreiche Zusatzmaterialien zu den Tafelbildern für das Interactive Whiteboard,
- Linkslisten,
- Tests,
- Projektvorschläge,
- Informationen zum „Zertifikat Deutsch" und „Deutsch-Test für Zuwanderer" und Hilfen für die Prüfungsvorbereitung und
- ein Forum.

Die Lehrerhandreichungen

Die **Lehrerhandreichungen** geben in drei Abschnitten Informationen zur Arbeit mit dem Lehrwerk:

A Wissenswertes
B Unterrichtsvorschläge
C Didaktisches Glossar

Methodische Schwerpunkte

Flache Grammatik- und Wortschatzprogression

Die Fülle an Wörtern und sprachlichen Regeln, die im direkten, außerunterrichtlichen Sprachkontakt auf den Lernenden einstürmen, sind im Fremd- bzw. Zweitsprachenunterricht und entsprechend im Lehrwerk aufgeteilt, geordnet und in eine sinnvolle Reihenfolge, eine Progression gebracht. Welche Kriterien hier ausschlaggebend sind, wird durch die jeweils vorherrschende Unterrichtsmethode bestimmt. *Berliner Platz NEU* folgt dem **kommunikativen, handlungsorientierten Ansatz**, der das sprachliche Handeln in Alltagssituationen als wichtigstes Ziel sieht. Dieser Ansatz wird noch ergänzt um Aspekte des interkulturellen Lernens und der Förderung der Lerner-Autonomie.

Eckpunkte, globale und detaillierte Lernziele sind im „Gemeinsamen Europäischen Referenzrahmen für Sprachen" und im „Rahmencurriculum für Integrationskurse Deutsch als Zweitsprache", an denen sich *Berliner Platz NEU* orientiert, erläutert und aufgelistet. Beide Texte definieren auch die für Zwischen- und Abschlusstests relevanten Prüfungsziele.

Berliner Platz NEU eignet sich speziell für den Unterricht mit sehr verschiedenen und heterogenen Lerngruppen. Entsprechend war eine flache Progression erforderlich, die den unterschiedlichen Lernbedürfnissen entgegenkommt. Das Lehrwerk setzt dabei auf:

- **Eingrenzung und Teilnehmerorientierung**
  Durch die thematische Eingrenzung auf die unmittelbaren Bedürfnisse einer definierten Lernergruppe wird erreicht, dass sich die Lernenden mit den Lerninhalten identifizieren können. Die zwölf Kapitel auch des dritten Bandes sprechen Themen an, die sie direkt betreffen. Die dabei präsentierten Redemittel und Strukturen sowie der Wortschatz können sofort außerhalb des Unterrichts – im jeweiligen Lebenszusammenhang des Teilnehmers / der Teilnehmerin – angewandt werden.

- **Verteilung**
  Große Grammatikthemen, die erfahrungsgemäß Lernschwierigkeiten bereiten, sind auf mehrere Kapitel verteilt. So beginnt z. B. die Auseinandersetzung mit den Formen der Vergangenheit auf rezeptiver Ebene in Kapitel 4. Hier geht es jedoch lediglich um die Wahrnehmung des Phänomens und noch nicht um die Anwendung, was allerdings nicht ausschließt, dass sich lernstarke Teilnehmer/innen intensiver mit den Strukturen befassen. In Kapitel 6 werden dann das Präteritum von *sein* und *haben* und in Kapitel 8 das Perfekt eingeführt. In Band 2 wird mit der Einführung des Präteritums der Modalverben (Kap. 14) und des Verbs *werden* im Präteritum (Kap. 18) die Präsentation der für den aktiven Sprachgebrauch im Alltag relevanten Formen fortgesetzt. In Band 3 schließlich werden noch einmal die Verwendung von Perfekt und Präteritum thematisiert und das Plusquamperfekt eingeführt (Kap. 28).

- **Wiederholung**
  Durch die hohe Frequenz von Wiederholungseinheiten wird die Progression verlangsamt. Der Lernstoff kann so besser verarbeitet und verknüpft werden.

- **Binnendifferenzierung**
  Das differenzierende Lernangebot im Lehr- und Arbeitsbuch und im Intensivtrainer hilft, die Bedürfnisse unterschiedlicher Lerntypen zu berücksichtigen (▶ **Binnendifferenzierung**, siehe S. 9 und S. 102).

Schulung rezeptiver Fähigkeiten

Die Schulung der rezeptiven Fertigkeiten trägt der Erkenntnis Rechnung, dass Menschen große Informationsmengen so speichern, dass sie diese Informationen jederzeit wiedererkennen können. Das Training des Lese- und Hörverstehens unterstützt daher die Lernenden dabei, sich relativ schnell in der deutschen Umgebung zu orientieren, auch dann, wenn sie die neue Sprache noch kaum aktiv verwenden können.
In der bisherigen Fertigkeitsdidaktik hat man sich auf die Vermittlung sogenannter „Verstehenstechniken" konzentriert. Die Lernenden sollen lernen, ihr Weltwissen zu aktivieren, außersprachliche Hilfen beim Textverstehen einzubeziehen, bereits vorhandene Kenntnisse in anderen Fremdsprachen zu nutzen, ihr Leseinteresse zu überprüfen etc. Alle diese Ansätze führt *Berliner Platz NEU* weiter.

Systematische Ausspracheschulung

In *Berliner Platz 1 NEU* wurden die zentralen Aussprachethemen von Artikulation und Intonation behandelt. Die Abschnitte *Aussprache spezial* in den ersten fünf Kapiteln des Arbeitsbuchteils bieten dort zusätzliches Material zur Lautartikulation an. Dies entspricht dem Ziel, die Aussprache schon am Anfang intensiv zu trainieren, um fehlerhaften Einschleifungen vorzubeugen. Markierungen zu Satzakzent und Satzmelodie in den Dialogen von *Berliner Platz NEU* und die Laut-Buchstaben-Korrelation unterstützen die selbstständige Erarbeitung der korrekten Aussprache.
Die Arbeit an der Aussprache muss selbstverständlich auch bei fortgeschrittenem Lernniveau kontinuierlich weitergeführt, vertieft sowie immer wieder durch Wiederholung und Bewusstmachung gefestigt werden. In *Berliner Platz 3 NEU* erscheint die Ausspracheschulung schwerpunktmäßig im Arbeitsbuchteil. Während in *Berliner Platz 2 NEU* die Aufmerksamkeit größeren Einheiten, nämlich denen von Sätzen und Texten und situationsbedingten Aussprachevarianten (schnellem/langsamem Reden, emotionaler Redeweise) galt, gibt es im 3. Band wieder in jedem Kapitel des Arbeitsbuchteils Wiederholungssequenzen zu zentralen Themen der Lautartikulation und Intonation.

- **Zusätzliche Übungen**
  Die sprecherische Erarbeitung von komplexeren Texten sollte auch auf fortgeschrittenem Lernniveau nicht fehlen und im Unterricht immer wieder geübt werden. Dazu wurden Kopiervorlagen (zum Download auf www.klett-langenscheidt.de/berliner-platz) mit Dialogtexten der Kapitel erstellt und für die Aussprachearbeit aufbereitet, die je nach Bedarf der Lerngruppe im Unterricht eingesetzt werden können. Zusätzlich können Lehrende die Kopiervorlagen aus den Lehrerhandreichungen von *Berliner Platz 3 NEU* je nach Kurssituation und individueller Problematik einzelner Kursteilnehmer durchaus noch einmal einsetzen, um Ausspracheprobleme gezielt zu verbessern oder auch den Lernfortschritt bewusst zu machen.
  Die Rubrik **Schwierige Wörter** wird auch im dritten Band weitergeführt. Hier werden noch einmal zentrale Redemittel der Lektion aufgegriffen, um diese gemeinsam sprecherisch zu erarbeiten. Ergänzend dazu werden die Lernenden aufgefordert, ihre jeweils individuellen Ausspracheprobleme auf die vorgeschlagene Weise zu üben.

In den **Unterrichtsvorschlägen** ab S. 12 finden Sie Hinweise zu den einzelnen Übungen und im **didaktischen Glossar** Korrekturhilfen für das jeweilige Laut- bzw. Intonationsthema (▶ **Aussprache**, S. 99).

Binnendifferenzierung

Berliner Platz NEU bietet diverse Möglichkeiten, innerhalb einer Lerngruppe den unterschiedlichen Lernvoraussetzungen und -interessen Rechnung zu tragen und den Lernprozess für verschiedene Lernende zur selben Zeit unterschiedlich zu gestalten. Viele Möglichkeiten werden in den **Unterrichtsvorschlägen** vorgestellt; diese sollten allerdings nicht die eigene Findigkeit der Lehrenden im Umgang mit der Heterogenität in ihrem Kurs bremsen ▶ **Binnendifferenzierung**, S. 102).

- **Quantitative Differenzierung**
  Ein Mehr für leistungsstärkere Lernende und entsprechend eine Reduzierung für leistungsschwächere Lernende (sowie der goldene Mittelweg) sind an vielen Stellen in *Berliner Platz NEU* möglich und zu empfehlen:
  - Die Menge an Sprache, die Lernende sprechend/schreibend produzieren sollen, kann sich unterscheiden. Auf der 1. Doppelseite zu jedem Kapitel z. B. erlauben die offenen Sprechanlässe jedem/jeder Lernenden, sich nach eigenem Vermögen und Vorwissen einzubringen und sich unterschiedlich ausführlich zu äußern.
  - Die Anzahl der Redemittel, die Lernende bereits nutzen können und wollen, kann variieren: Die Rubrik *Im Alltag* auf der 5. Doppelseite z. B. bietet eine Auswahl thematisch relevanter Redemittel für die Dialogarbeit und die Anwendung im Alltag, die von Lernenden, die hier einen erweiterten Bedarf haben, genutzt werden kann.
  - Die Länge der Texte, die Lernende lesen, kann sich unterscheiden. So wählen unsichere Lernende auf der 4. Doppelseite evtl. nur einen kurzen Textabschnitt, während fortgeschrittenere längere Texte oder mehrere Abschnitte lesen.
  - Die Anzahl an Aufgaben, die Lernende erledigen müssen, kann unterschiedlich sein. Lernende, die mit einer Übung oder Aufgabe schon fertig sind, während andere noch daran arbeiten, erhalten zusätzliche Aufgaben.

- **Qualitative Differenzierung**
  Ebenso wichtig wie die quantitative Differenzierung ist ein im Hinblick auf die sprachliche Herausforderung lernerorientiertes Angebot:
  - Der Grad an Komplexität bei der Produktion sprachlicher Äußerungen ist von Lerner zu Lerner unterschiedlich, was nicht nur dem individuellen Lernvermögen, sondern auch dem Interesse an Thema, Text oder Aufgabe sowie der Tagesform geschuldet sein kann. Hier bieten u. a. die Dialogübungen den nötigen Freiraum, um sich auf unterschiedliche Weise einzubringen.
  - Die Auseinandersetzung mit Sprache kann mehr oder weniger intensiv geschehen: Bei den Texten in jedem Kapitel können sich manche Teilnehmer/innen weitgehend auf das globale Textverstehen beschränken, während andere sich intensiver mit den Texten beschäftigen.
  - Der Grad an Korrektheit, der von den Lernenden erwartet wird, kann variieren. Von guten Lernenden kann erheblich mehr erwartet werden als von solchen, die sich mit einfachen Strukturen im Deutschen noch schwertun, weil sie z. B. Strukturen aus der Muttersprache zu übertragen versuchen.
  - Hier spielt auch eine Rolle, ob Lernende mehr oder weniger Hilfestellung brauchen. Schulungewohnte Teilnehmer/innen erhalten Hilfestellungen durch weitere Vorgaben und mehr Lösungsbeispiele. Lernende, die Schwierigkeiten mit dem Hörverstehen haben, können z. B. die **Transkripte** der Hörtexte zu Hilfe nehmen (unter: www.klett-langenscheidt.de/berliner-platz).

- **Differenzierung im Hinblick auf Fertigkeiten**
  Bei Großaufgaben wie den **Projekten** sind immer mehrere Fertigkeiten gefragt: Sprechen und Zuhören bei der Planung, Schreiben beim Notizenmachen oder beim Erstellen einer Präsentation, Lesen bei der Überprüfung der Ergebnisse und Selbstkorrektur. Hier können die Lernenden ihren Stärken entsprechend wählen und sich einbringen.

- **Differenzierung im Hinblick auf Interessen und Fähigkeiten**
  Die Projekte in *Berliner Platz NEU* sind wie geschaffen für eine innere Differenzierung: Bei fast jedem Projekt werden mehrere Fertigkeiten trainiert, und es fallen sprachlich unterschiedlich schwierige Aufgaben an, die dementsprechend verteilt werden können. Hier bringen die Lernenden jedoch auch Interessen und Stärken ein, die nicht unbedingt sprachlicher Art sind, wie Kreativität, Engagement, Kombinationsvermögen, landeskundliches Vorwissen etc. So können auch Lernende, die sonst zu den Leistungsschwächeren zählen, Erfolge erzielen.

- **Differenzierung der Lernwege**
  Unterschiedliche Wege führen zum Lernerfolg. Menschen lernen Deutsch, indem sie im Unterricht mitschreiben, Vokabeln auswendig lernen, mit anderen sprechen, Strukturen farbig markieren, Sätze mit bekannten Melodien versehen, indem sie Gedichte schreiben, indem sie viel nachfragen. Sie lernen in Gruppen, mithilfe deutscher Fernsehsendungen, über das Radio oder weil sie sich selbstständig an die Arbeit machen. *Berliner Platz NEU* unterstützt hier mit einer Palette von Materialien für vielfältige Lernvorlieben und unterschiedlichen Lernbedarf. Das Angebot an Arbeitsblättern im Internet dient als Fundus, wenn z. B. an Stationen gearbeitet werden soll.

Handlungsorientierung

Ein Deutschkurs ist mehr als die reine Vermittlung von Strukturen und Wortschatz; er legt vielmehr die Basis für die Handlungsfähigkeit der Lernenden in der neuen Sprache und schafft so die Voraussetzung für ein selbstständiges, selbstbestimmtes Leben und Handeln im Zielsprachenland. Das „Rahmencurriculum Deutsch für Integrationskurse", das u. a. *Berliner Platz NEU* zugrunde liegt, definiert daher den Sprachbedarf in spezifischen Handlungsfeldern (Arbeit, Gesundheit, Unterricht usw.). Für die tägliche Arbeit im Unterricht ergibt sich daraus die Öffnung des Unterrichts in beide Richtungen: Einerseits soll der Unterricht, nach außen weisend, den Kontakt mit der Zielsprache fördern und Chancen für die Kommunikation auf Deutsch eröffnen, andererseits müssen vorhandene außerunterrichtliche (Sprach-)Erfahrungen in den Unterricht hereingeholt und genutzt werden.

- **Echte Themen**
  Die Themen in *Berliner Platz NEU* sind ganz auf die Bedürfnisse der Lernenden und auf die Vorbereitung der sprachlichen Bewältigung des Alltagslebens ausgerichtet. Mit dem eingeführten Wortschatz, den präsentierten Redemitteln und grammatischen Strukturen können die Lernenden das Gelernte in realen Sprachhandlungen anwenden. Die authentischen Themen werden auch Lernende im Ausland, die die Sprache möglicherweise nicht unmittelbar anwenden können, interessieren.

- **Projektvorschläge**
  Die **Projekte** geben Anregungen, die zuvor erworbenen Redemittel und Strukturen in kommunikativen Zusammenhängen und mit einer ganz praktischen, handlungsorientierten Zielsetzung in der Alltagswirklichkeit anzuwenden. Vor Ort können die Lernenden sich in ihrer Umgebung orientieren oder sich z. B. wertvolle Informationen beschaffen (▶ **Projekte**, S. 115).
  Nicht alle Projekte bieten sich jedoch in einem nicht deutschsprachigen Umfeld an. Speziell für den Deutschunterricht im Ausland gibt es daher unter www.klett-langenscheidt.de/berliner-platz (Suchen Sie unter: Projekte_für_Lehrende_im_Ausland) weitere Projektvorschläge.

- **Im Alltag EXTRA**
  In den Ausgaben mit dem Zusatzteil **Im Alltag EXTRA** gibt es eine Fülle von handlungsorientierten Aufgaben, Redemitteln und Tipps für den Alltag, z. B. zum Umgang mit Behörden oder zur Vorbereitung auf die Aufnahme einer beruflichen Tätigkeit. **Im Alltag EXTRA** ist so ein praktischer Wegweiser für die sprachliche Bewältigung des Alltags in Deutschland und für eine erfolgreiche Integration.

- **Hilfen zum selbstständigen Lernen**
  Die Selbstständigkeit der Lernenden wird durch eine Reihe von Elementen unterstützt:
  - die handlungsorientierten Lernzielangaben auf der 1. Doppelseite jedes Kapitels,
  - die Anregungen zum selbst entdeckenden Lernen,
  - die Zusammenfassung *Im Alltag* am Ende jedes Kapitels,
  - die Abschnitte *Schwierige Wörter* (im Arbeitsbuchteil) zum selbstständigen Üben und Wiederholen,
  - die Listen im Anhang, in denen die Lernenden selbstständig nachschlagen können (▶ **Effektiv lernen**, S. 104).

Interkulturelles Lernen

Der Begriff „interkulturelles Lernen" kann sich beziehen auf

- Handlungskompetenz (z. B. die Fähigkeit, das eigene Verhalten im Umgang mit Menschen anderer Kulturen zu reflektieren und ggf. zu modifizieren),
- die Ebene der eigenkulturellen Bewusstheit und inneren Auseinandersetzung mit dem Fremden (z. B. die Bereitschaft, sich eigene Vorurteile bewusst zu machen und sie so abzubauen) oder auf
- Konfliktvermeidung und -abwehr (z. B. Empathie und das Interesse, sich auf ungewohnte Deutungsmuster einzulassen).

Alle diese Faktoren spielen im interkulturell orientierten Fremdsprachenunterricht sicherlich eine Rolle, der Schwerpunkt liegt hier allerdings auf der interkulturellen Kompetenz als Verständigungskompetenz. Ziel ist es, bereits im Unterricht einen interkulturellen Dialog zu ermöglichen und so den Lernenden Instrumente zur Verfügung zu stellen, die Begegnungen mit Menschen in der Zielkultur und aus anderen Kulturen gelingen lassen helfen (▶ **Interkulturelle Perspektive**, S. 108).

- **Personen**
  Berliner Platz NEU ist schon vom „Personal" her multikulturell ausgerichtet. Es werden immer wieder Personen in Lebensverhältnissen und beruflichen Situationen gezeigt, mit denen sich die Lernenden identifizieren können.

- **Über Herkunftsländer sprechen**
  Fragen nach der Situation im Herkunftsland vermitteln den Lernenden ein Interesse an ihrer Herkunftskultur als einem Teil ihrer Identität. Im Kapitel 29 z. B., *Männer und Frauen,* werden die Lernenden gebeten zu berichten, wie Kinderpflege und Erziehung in ihren Herkunftsländern geregelt sind.

- **Vergleiche anstellen**
  Lernende einer Fremd- oder Zweitsprache stellen meist von sich aus Vergleiche zwischen dem Herkunftsland und dem Land der Zielsprache an. Im interkulturell orientierten Unterricht werden solche Vergleiche zum Gegenstand des Gesprächs – und stoßen erfahrungsgemäß bei den Lernenden auf sehr großes Interesse. Interkulturelle Vergleiche sind Gegenstand des Kapitels 24, *Bei uns und bei euch*, werden aber auch an anderen Stellen – so etwa an vielen Stellen im Zusatzkapitel **Im Alltag EXTRA** – angeregt.

- **Thematisierung von Erlebnissen als Migrant/Migrantin**
  Deutschlernende in Deutschland erleben tagtäglich, wie sich Angehörige unterschiedlicher Kulturen begegnen. Die Themen *Migration* und *Als Migrant/Migrantin in Deutschland leben* werden u. a. in Kapitel 36, *Begegnungen*, thematisiert. Aber auch in anderen Kapiteln werden immer wieder Möglichkeiten geboten, im Austausch über Erlebtes eigene Gefühle und Gedanken zu äußern und interkulturelle Konfliktsituationen zu besprechen.

- **Thematisierung kulturell bedingter Vorlieben**
  Angebote, kulturell bedingte Vorlieben zu thematisieren, finden sich auch im 3. Band von *Berliner Platz NEU*. So können z. B. in Kapitel 27, *Man ist, was man isst,* Vorlieben im Hinblick auf Ess- und Ernährungsgewohnheiten geäußert werden.

B Der rote Faden – Unterrichtsvorschläge

Hinweise zum Aufbau der Unterrichtsvorschläge

In den **Unterrichtsvorschlägen** erfahren Sie, wie Sie den Unterricht mit *Berliner Platz 3 NEU* durchführen können. Hier wird u. a. erläutert, wie die einzelnen Schritte aufeinanderfolgen, welche Funktion sie im Unterrichtsgeschehen haben und auch, wie Sie sie variieren können.

Am Anfang jedes Kapitels stehen

- die **thematischen Schwerpunkte** des Kapitels,
- die **Lernziele** des Kapitels, die als Sprachhandlungsziele entsprechend den Vorgaben des „Gemeinsamen Europäischen Referenzrahmens für Sprachen" bzw. des „Rahmencurriculums für Integrationskurse Deutsch als Zweitsprache" verstanden werden und entsprechend als Kann-Beschreibungen („can-do-statements") formuliert sind,
- die **Lerninhalte**, d. h. all das, was die TN lernen müssen, um die Lernziele zu erreichen (Wortschatz und Redemittel, grammatische Strukturen, Aussprache, landeskundliches Wissen, Sensibilität für kulturelle Besonderheiten etc.).

Die Unterrichtsvorschläge orientieren sich am Kapitelaufbau des Lehrwerks. Zu jeder Doppelseite finden Sie eine Tabelle mit vier Spalten:

- Die 1. Spalte gibt die **Nummer der Aufgabe** im Lehrbuch an.
- Die 2. Spalte nennt die **TN-/KL-Aktivitäten**, d. h. das, was die Lernenden und der/die Lehrende in der jeweiligen **Unterrichtsphase** bzw. im jeweiligen Schritt tun. Hier finden Sie nur eine kurze Beschreibung, den „roten Faden" quasi, der Sie durch das Lehrbuch führt.
- In der 3. Spalte – **Hinweise** – erhalten Sie zum jeweiligen Schritt weitere Erläuterungen, Vorschläge zur Sozialform, Differenzierungsvorschläge, Hinweise auf das Vorgehen in unterschiedlichen Lerngruppen (z. B. Inland/Ausland) sowie Lösungsvorschläge. Hier wird auch auf das didaktische Glossar in Kapitel C verwiesen, in dem sowohl Erläuterungen (z. B. ▶ **Handlungsorientierung**) als auch Hinweise auf weitere Bestandteile des Lehrwerks, die an der jeweiligen Stelle hinzugezogen werden können (z. B. ▶ **Im Alltag EXTRA** oder ▶ **Landeskundeheft „Treffpunkt D-A-CH"**), alphabetisch aufgelistet sind.
- In der 4. Spalte sind Kopiervorlagen und zusätzliche **Materialien** aufgeführt, die Sie evtl. für die Durchführung der Aktivität zum jeweiligen Schritt brauchen.

Abkürzungen in den Lehrerhandreichungen

EA	Einzelarbeit
GA	Gruppenarbeit
GR	Grammatik
HV	Hörverstehen
KL	Kursleiter/in
LB	Lehrbuch
LV	Leseverstehen
M	mündlicher Ausdruck
PA	Partnerarbeit
PL	Arbeit im Plenum
S	schriftlicher Ausdruck
TN	(Kurs-)Teilnehmer/in bzw. Teilnehmer/innen
WS	Wortschatz
(Flagge)	Projekt
P DTZ	Prüfungsformat Deutsch-Test für Zuwanderer
P ZD	Prüfungsformat Zertifikat Deutsch

Alt und Jung 25

Thematische Schwerpunkte: Beschreibung von Personen/Fotos, Begegnung von jungen und alten Menschen

Lernziele

Die TN können

- Bilder und Personen beschreiben
- Informationen am Telefon erfragen
- über kulturelle Unterschiede im Verhältnis zwischen Jung und Alt sprechen
- Vorteile und Nachteile nennen

Lerninhalte

Wortschatz/Redemittel:

- über Bilder sprechen (*Das Bild erinnert mich an …, Die Person auf dem Bild ist …* etc.)
- Mehrgenerationenhaus (*die Generation, das Engagement, ökologisch* etc.)
- Beratungs- und Bildungsangebote (*das Modellprojekt, die Hausaufgabenbetreuung, die Materialkosten* etc.)
- Dialog zwischen den Generationen (*der Austausch, die Lebensweise* etc.)
- Vor- und Nachteile (*Der Vorteil ist …, … kann aber ein Nachteil sein*)

Grammatik:

- Präpositionen mit Akkusativ
- indirekter Fragesatz

Aussprache:

- Satzmelodie (im Arbeitsbuchteil)

Lernziele: TN können über Bilder sprechen. Sie können ein Gespräch zur Terminabsprache verstehen.
Lerninhalte: Redemittel: Bild-, Personenbeschreibung (*Auf dem Bild sieht man …, Die Person auf dem Bild ist …*); Terminabsprache (*Kannst du da? Ich kann erst ab …* etc.)

	TN-/KL-Aktivitäten	Hinweise (▶ führt zum didaktischen Glossar)	Material
	Vor der Arbeit mit dem Buch: Wenn es im (neuen) Kurs TN gibt, die sich noch nicht kennen, stellt KL eine Kennenlernphase voran, z. B. mit der Aktivität „Kennenlernen mit Zahlen".	▶ **Kursbeginn (Kennenlernen mit Zahlen)**	
1a	**Einstieg:** Im Plenum erfolgt ein kurzes Gespräch über das Thema und die Abbildungen. *Was ist das Thema der Lektion? Welche Fragen werden vielleicht angesprochen?* TN betrachten die Bilder, wählen ein Bild aus und notieren fünf Wörter, die ihnen spontan dazu einfallen.	KL fordert TN auf, alle Sinne mit einzubeziehen. *Was riecht man hier? Was hören die Mädchen auf Bild D?* Etc.	
1b	TN lesen die Redemittel in den Sprechblasen und formulieren, warum sie das Bild gewählt haben und was sie daran interessant finden. Sollte ein Bild nicht gewählt worden sein, fragt KL nach den Gründen für das Desinteresse.	Damit jede/r einzelne TN möglichst viel Zeit zum Sprechen hat, fragt KL zuerst zwei, drei TN, was sie an dem von ihnen gewählten Bild interessant finden, lässt TN dann aber eigenständig in PA fortfahren.	
2	Jede/r TN sucht sich zwei oder drei Partner/innen, die dasselbe Bild interessant fanden. Jede Gruppe wählt eine passende Aufgabe (1, 2 oder 3) aus und bearbeitet diese ca. 10 bis 15 Minuten. Die Ergebnisse werden jeweils von einem Gruppenmitglied notiert und später im Plenum vorgetragen.	▶ **Binnendifferenzierung:** KL lässt alternativ zuerst die Aufgabenstellungen (1, 2 und 3) lesen. TN wählen diejenige Aufgabe, die sie am meisten interessiert, können also zwischen Aufgaben zum Sprechen und Schreiben wählen und finden sich in entsprechenden Gruppen (von maximal vier TN) zusammen.	Kopiervorlage 25a: „Eine Biografie"

		▶ **Interkulturelle Perspektive:** KL ergänzt als Arbeitsanweisung die Frage: *Ist die gewählte Situation in anderen Ländern auch so denkbar?* ▶ **Hausaufgaben:** Ggf. gibt KL Aufgabe 2.3 (mit der Kopiervorlage) als Hausaufgabe.	
3a	**Präsentation:** TN lesen die Aufgabenstellung. KL spielt den Dialog ein erstes Mal vor; TN beantworten die Frage.	▶ **Hörverstehen (Globales Hören)** **Lösung 3a:** Der Dialog passt zu Bild A	CD: Track 1.2
3b	**Verständnissicherung:** TN hören ein zweites, evtl. ein drittes Mal und beantworten die Fragen.	▶ **Hörverstehen (Selektives Hören)** **Lösung 3b:** Wer spricht? Mutter und Tochter aus Abb. A sprechen miteinander. Problem: Die Tochter möchte in die Stadt, um Schuhe zu kaufen, sie will die Kinder nicht mitnehmen und bittet ihre Mutter, auf die Kinder aufzupassen. Die Mutter hat aber einen Arzttermin. Lösung: Sie einigen sich auf einen anderen Termin.	

Lernziele: TN können Vor- und Nachteile eines Mehrgenerationenhauses nennen und über das Thema „Kinderbetreuung durch Senioren" sprechen.
Lerninhalte: WS: Mehrgenerationenhaus (*die Generation, das Engagement, ökologisch* etc.); Redemittel: Vor- und Nachteile (*Der Vorteil ist …*); GR: Präpositionen mit Akkusativ

	TN-/KL-Aktivitäten	Hinweise (▶ führt zum didaktischen Glossar)	Material
	Einstieg: KL regt einen Erfahrungsaustausch der TN zum Thema Wohnformen der Generationen an (Kopiervorlage).	▶ **Interkulturelle Perspektive:** Evtl. verstehen TN das Neue am Mehrgenerationenhaus nicht, wenn in ihrer Herkunftskultur ganz normal ist, dass die Generationen im Familienverband zusammenleben. KL erläutert, dass im Mehrgenerationenhaus Menschen, die nicht miteinander verwandt sind, freiwillig zusammenleben.	Kopiervorlage 25b: „Wohnformen"
4a	KL schreibt den Begriff *Mehrgenerationenhaus* an die Tafel und lässt TN das Kompositum anhand der einzelnen Wörter entschlüsseln.	▶ **Landeskunde (Alt und Jung in Deutschland):** Thema und Text in 4b und 4c setzen das Wissen darüber voraus, dass junge und alte Menschen in Deutschland sehr häufig nicht mehr in Familien zusammenleben, die Gefahr von Isolation und Vereinsamung besteht und sich daher die Frage nach besseren Wohnformen stellt. KL sollte sicherstellen, dass TN das notwendige Vorwissen haben, bevor sie sich mit 4b und 4c befassen.	
4b	**Präsentation:** TN hören das Gespräch zunächst einmal vollständig. Beim zweiten Abspielen bittet KL, wesentliche Wörter zu notieren (z. B. *Markt, Wohnprojekt, Altersheim, Generationen*). TN äußern sich anschließend zum Gehörten.	▶ **Hörverstehen (Globales Hören und Selektives Hören)**	CD: Track 1.3

4c

Präsentation/Verständnissicherung: TN lesen die Fragen und suchen die Informationen im Text. Sie schlagen unbekannte Wörter in ihren Wörterbüchern nach. Im Plenum werden die Ergebnisse besprochen, TN lesen die entsprechende Textstelle vor.

▶ **Leseverstehen (Selektives Lesen)**

Lösung 4c:
1. zwei Jahre lang
2. Sie wollen im Alter mit anderen zusammenleben.
3. Die Wohnungen mussten finanziert werden.
4. Die älteren Projektmitglieder haben mehr in die Gemeinschaftsräume investiert.
5. die Werkstatt, den Fitnessraum, die Sauna, den Gemeinschaftsraum, die Dachterrasse und den Garten
6. 29 Personen im Alter von 5 bis 69
7. das Engagement seiner Mitglieder, gegenseitige Achtung und Hilfsbereitschaft

▶ **Binnendifferenzierung:** TN können so viele Fragen zur Beantwortung auswählen, wie sie möchten (Kopiervorlage).

▶ **Textkompetenz (Reaktion auf den Text):** Ist weitere Arbeit mit dem Text gewünscht, so stellt KL die folgende Aufgabe (evtl. als Hausaufgabe): *Zwei Jahre später: Dagmar H. erzählt ihrer Schwester in Kanada über das Leben im Mehrgenerationenhaus. Schreiben Sie den Brief.*

Wörterbücher der TN

Kopiervorlage 25c: „Fragen zum Text"

4d

Transfer: In kleinen Gruppen diskutieren die TN über Vorteile und Nachteile des Mehrgenerationenhauses. Im Plenum wird zusammengefasst und reflektiert, warum man wohl in Deutschland den Gedanken des Miteinanders der Generationen aufgreift.

5a

Bewusstmachung: TN markieren die angegebenen Präpositionen im Text auf der linken Seite und erkennen, dass sie alle den Akkusativ haben. KL weist darauf hin, dass das immer so ist.

Lösung 5a: Präpositionen mit Akkusativ im Text:

durch	für	gegen	ohne	um
zweimal	viermal	einmal	dreimal	dreimal

▶ **Grammatik:** Zur Semantisierung der Präpositionen kann KL auch Sätze anhand der Kopiervorlage bilden lassen. Sollten TN nach einem Merksatz fragen, wie sie ihn in Kap. 24 bei der Zusammenfassung der Präpositionen mit Dativ gelernt haben, so gibt KL *„bufdog"* als Akronym für *bis um für durch ohne gegen* und hängt für *entlang* noch ein *e* an. KL weist auf das englische Wort *dog* für *Hund* hin; der Hund macht *buf.*

▶ **Binnendifferenzierung:** Schnelle TN markieren alle Präpositionen im Text und besprechen in GA/PA, welche mit Akkusativ gebraucht sind, welche nur mit Dativ und welche mit Akkusativ und Dativ.

Kopiervorlage 25d: „Präpositionen mit Akkusativ"

5b

Üben: TN ergänzen die Sätze.

Lösung 5b:
1 – um, 2 – gegen, 3 – gegen, für, 4 – um, 5 – ohne, 6 – durch

Einstieg: TN äußern Gedanken zum Thema „Kinderbetreuung durch Senioren".

KL nutzt dazu evtl. die Kopiervorlage.

Kopiervorlage 25e: „Leihoma/Leihopa", auf Folie, OHP

6a	**Präsentation:** TN hören den Text ein erstes Mal.	▶ **Hörverstehen (Globales Hören)**	CD: Track 1.4
	Verständnissicherung: TN lesen die Aussagen, hören ein weiteres Mal und kreuzen R oder F an.	▶ **Hörverstehen (Selektives Hören)** **Lösung 6a:** 1 – R, 2 – F, 3 – R, 4 – R, 5 – F, 6 – R	
6b	**Freie Anwendung:** TN sprechen in GA über das Thema „Leihoma".	▶ **Landeskunde:** Die Internetseite www.leihomas-leihopas.de beantwortet die Frage „Was sind Leihomas?" und enthält Berichte von Leihomas sowie Kontaktadressen. ▶ **Lernerorientierung:** Das Problem der Isolation stellt sich nicht nur für ältere Menschen, sondern ebenso für viele Migrantinnen und Migranten in Deutschland. Vielleicht fragen TN, ob sie selbst als Leihoma/Leihopa tätig sein könnten. KL verweist auf die Internetseite und die Möglichkeit, sich telefonisch und per E-Mail zu erkundigen, thematisiert aber auch das Ehrenamt. ▶ **Alltag EXTRA:** Gibt es im Kurs viele Eltern von Kleinkindern, so brennt möglicherweise die Suche nach dem richtigen Kindergartenplatz auf den Nägeln. Diese wird in „Alltag EXTRA" thematisiert und kann von KL alternativ oder ergänzend aufgegriffen werden.	

Lernziele: TN können Informationen am Telefon erfragen und über kulturelle Unterschiede im Verhältnis zwischen Jung und Alt sprechen.
Lerninhalte: WS: Beratungs- und Bildungsangebote (*das Modellprojekt, die Hausaufgabenbetreuung, die Materialkosten etc.*); GR: indirekte Fragesätze; Aussprache: Satzmelodie (im Arbeitsbuchteil)

	TN-/KL-Aktivitäten	Hinweise (▶ führt zum didaktischen Glossar)	Material
7a	**Präsentation:** TN lesen die Anzeigen, hören dann die Dialoge und ordnen sie den Anzeigen zu. Sie vergleichen ihre Ergebnisse in PA.	▶ **Hörverstehen (Globales Hören)** **Lösung 7a:** Dialog 1 – C, Dialog 2 – B, Dialog 3 – A	CD: Track 1.5–7
7b	**Verständnissicherung:** TN hören die Dialoge noch einmal, notieren sich Stichworte und formulieren dazu Fragen. KL bittet TN (in Vorbereitung auf 8a), alle Fragen auf einzelne Kärtchen zu schreiben. Alle Kärtchen werden dann an die Tafel geklebt, und zwar so, dass in einem Block alle Ja/Nein-Fragen und in einem zweiten Block alle W-Fragen gesammelt sind.	▶ **Hörverstehen (Selektives Hören)** **Lösungsbeispiele 7b:** **Dialog 1:** 1. Gibt es noch einen Platz für Englisch? 2. Wie viel kostet der Kurs? 3. Wann beginnt der Kurs? 4. Kann meine Tochter auch in den Ferien kommen? **Dialog 2:** 1. Können auch Schüler teilnehmen? 2. Wie viele Senioren kommen zu der Veranstaltung? 3. Kann ich noch jemanden mitbringen? 4. Kann man auch andere Themen ansprechen? **Dialog 3:** 1. Kann ich einen Beratungstermin bekommen? 2. Wie lange dauert ein Informationsgespräch? 3. Kann ich einen früheren Termin bekommen? ▶ **Aussprache (Intonation):** KL greift Übung 7.3 im Arbeitsbuch zur Satzmelodie auf.	Kärtchen
7c	**Transfer / Freie Anwendung:** In PA werden zu Anzeige D Fragen notiert, wie in 7b vorgegeben. Anhand der Fragen spielen TN dann das Telefongespräch.		

8a	**Bewusstmachung/Systematisierung:** KL erläutert an der Tafel den indirekten Fragesatz und lässt die bereits auf Kärtchen geschriebenen Ja/Nein- und W-Sätze umformen.	▶ **Grammatik:** Der Nebensatz beginnt mit *ob*, wenn die direkte Frage eine Ja/Nein-Frage ist, und mit einem Fragewort, wenn die direkte Frage mit einer W-Frage beginnt.	
8b	**Üben:** TN bilden in PA aus den in 7c notierten Fragen indirekte Fragesätze. Im Plenum werden die Sätze verglichen.	Sollte der Schritt von 8a zu 8b für die meisten TN zu groß sein, so schiebt KL vor 8b eine gesteuerte Übungsphase (Kopiervorlage) und eine Festigungsphase mithilfe der Übung 8 im Arbeitsbuch ein. ▶ **Spiele:** Im Anschluss an Übung 8b bietet sich das Spiel „Wie gut kennen Sie einander?" (Kopiervorlage) an.	Kopiervorlagen 25f: „Ich möchte wissen, …", und 25g: „Wie gut kennen Sie einander?"
9	**Transfer:** Gemeinsam wird unbekannter Wortschatz, z. B. *Personalleiterin, Materialkosten*, geklärt. TN üben zu zweit ein Informationsgespräch am Telefon.	▶ **Binnendifferenzierung:** Der/Die TN in der Rolle des Anrufers muss nicht nur direkte Fragen formulieren, sondern sie auch in die indirekte Frageform übertragen. KL lässt daher Gruppen bilden, in denen die TN unterschiedliche Herausforderungen wählen: Zwei TN übernehmen die Rolle des Anrufers (TN A formuliert die direkte Frage, TN B wiederholt die Frage als indirekte Frage), TN C antwortet als Herr Hellmich. Ggf. schreibt ein/e vierte/r TN alle indirekten Fragen auf.	
	Projekt – Freie Anwendung: Die Leitfragen werden im Plenum besprochen. TN erstellen eine Text-Bild-Collage, in der die Unterschiede zwischen Herkunftsland/-kulturkreis und Deutschland deutlich werden. Die Collagen werden im Kursraum aufgehängt; jede Gruppe stellt ihre Arbeit vor.	▶ **Projekte** ▶ **Interkulturelle Perspektive:** Wenn nach Nationalitäten/Kulturkreisen homogene Gruppen gebildet werden, werden die Präsentationen mögliche kulturelle Unterschiede gut verdeutlichen.	Packpapier, Zeitschriften, Schere, Klebstoff, farbige Stifte

Lernziele: TN können über Vorteile eines Schüler-Lehrer-Projekts sprechen und einen Kurs für Senioren entwickeln und präsentieren.
Lerninhalte: WS: Dialog zwischen den Generationen (*der Austausch, die Lebensweise* etc.); Vor- und Nachteile (*Der Vorteil ist …, … kann aber ein Nachteil sein*)

	TN-/KL-Aktivitäten	Hinweise (▶ führt zum didaktischen Glossar)	Material
10a	**Einstieg:** TN lesen die Überschrift und schauen sich die Fotos an. Sie sammeln gemeinsam, was Senioren von Schülern lernen können.	▶ **Einstiegsaktivitäten:** KL hat die Fotos auf Folie kopiert (Kopiervorlage) und zeigt und beschriftet sie am OHP.	Kopiervorlage 25h: „Schüler/innen als Lehrer/innen"
10b	**Präsentation:** TN überfliegen den Text (ca. drei Minuten) und notieren fünf Stichpunkte.	▶ **Leseverstehen (Globales Lesen)**	
10c	**Verständnissicherung:** TN bearbeiten die Aufgaben in PA und vergleichen ihre Ergebnisse im Plenum.	▶ **Leseverstehen (Detailliertes Lesen):** TN müssen den Text nun genau lesen, um die Sätze ergänzen zu können. **Lösung 10c:** 1 – Kurse für Menschen über 65 Jahren an. 2 – ein interessantes Projekt. 3 – Sprachen, Computer und vieles mehr 4 – zwischen den Generationen. 5 – ihr Alter aktiv gestalten, Kontakte zur Jugend knüpfen und neue Wissensgebietet erschließen. 6 – andere Lebensweisen kennen, Teamfähigkeit, Selbstständigkeit und Organisation 7 – wie geduldig die jungen Leute mit uns sind.	

10d	**Üben:** KL schreibt die Tabelle an die Tafel. TN lesen die Sätze und ordnen Sie gemeinsam in die passende Spalte ein. Weitere Vorteile werden ergänzt.	Die Sätze können auch beiden Spalten „Vorteile für die Schüler-Lehrer" und „Vorteile für die Senioren" zugeordnet werden.	
10e	**Freie Anwendung:** In Gruppen überlegen die TN, was sie älteren Menschen beibringen könnten. Sie erstellen ein Kursangebot, überlegen sich eine Namen für ihr Projekt und präsentieren es im Kurs.	▶ **Handlungsorientierung (Task):** Hier müssen die TN nicht nur ihre Ideen formulieren, sondern sie zumindest in Stichpunkten so festhalten, dass als Ergebnis eine Präsentation dabei herauskommt, der die anderen folgen können.	
	Projekt – Übungen selbst erstellen: Gemeinsam werden Themen (Grammatik, Wortschatz, Aussprache usw.) an der Tafel gesammelt und besprochen. TN, die dasselbe Thema bearbeiten möchten, finden sich in Gruppen zusammen und erstellen Übungen. Jede Gruppe bekommt anschließend 10–15 Minuten Unterrichtszeit, in der sie ihre Übungen vorstellt und von den anderen TN bearbeiten lässt.	▶ **Lernen durch Lehren:** Dies ist ein Projekt, das man immer wieder in den Kursalltag einfließen lassen kann. Es eignet sich hervorragend als Wiederholungsübung und ist in der Regel sehr unterhaltsam. Ggf. stellt KL Beispiele von Übungsformen zur Auswahl in einem Handout zusammen.	
	Diktat: TN schreiben ein Diktat: *Lieber Tim, /* *erinnerst du dich noch / an deinen letzten Besuch bei uns? / Es war richtig schön mit dir! / Aber ich schreibe dir / aus einem anderen Grund. / Du hast uns doch gesagt, / wir sollen uns endlich einen PC kaufen. / Also, deine Oma und ich / haben hin und her überlegt / und wir wollen uns einen Laptop kaufen. / Aber du weißt ja, / dass wir keine Ahnung von Computern haben. / Deswegen wollen wir dich fragen, / ob du uns helfen kannst. / Deine Mutter hat mir gesagt, / dass bei euch nächste Woche / die Osterferien anfangen. / Da könntest du doch / ein paar Tage zu uns kommen! / Was meinst du, hast du Lust? / Dann könnten wir / miteinander den Laptop kaufen gehen / und du zeigst uns alles / und machst dir hier bei uns ein paar schöne Tage. / Überlege es mal / und sag Bescheid. / Jetzt noch am Telefon, / später haben wir ja dann eine E-Mail-Adresse!* *Alles Liebe* *Opa*	▶ **Diktate**	

Was kann ich für Sie tun? 26

Thematische Schwerpunkte: Gast im Hotel, Jobs im Hotel, Reiseland Deutschland

Lernziele

Die TN können

- über Berufe und Tätigkeiten im Hotel sprechen
- ein Zimmer reservieren
- sich beschweren
- vergleichen und loben
- sich telefonisch bewerben
- einen Reiseprospekt verstehen
- Fragen zum Reiseland Deutschland beantworten

Lerninhalte

Wortschatz/Redemittel:

- Tätigkeiten im Hotel (*die Rechnung bezahlen, Gäste bedienen* etc.)
- Zimmerreservierung (*Haben Sie ein Zimmer frei?, Hat das Zimmer Internetanschluss?* etc.)
- sich beschweren (*Ich möchte mich über … beschweren / Wir sind unzufrieden mit …* etc.)
- Jobs im Hotel (*Hotelfachmann/frau, Koch/Köchin* etc.)
- sich bewerben (*Ab wann ist die Stelle frei?, Haben Sie Fremdsprachenkenntnisse* etc.)
- Winterurlaub (*schneebedeckt, traumhaft* etc.)
- Urlaub (*Ich verbringe meinen Urlaub am liebsten …, Die älteste Stadt in Deutschland ist …* etc.)

Grammatik:

- n-Deklination
- Komparativ und Superlativ

Aussprache:

- Vokale (im Arbeitsbuchteil)
- im Dialog sprechen

Lernziele: TN können Berufe und Tätigkeiten im Hotel nennen. Sie können Dialoge zwischen Kunden und Angestellten in einem Hotel verstehen.
Lerninhalte: WS: Tätigkeiten im Hotel (*die Rechnung bezahlen, Gäste bedienen* etc.)

	TN-/KL-Aktivitäten	Hinweise (▶ führt zum didaktischen Glossar)	Material
	Einstieg: KL schreibt das Wort *Hotel* an die Tafel und bittet TN, Assoziationen dazuzuschreiben. Sollte keiner der Berufe, die im Hotelbereich anzutreffen sind, genannt werden, schreibt KL selbst *Portier, Zimmermädchen* o. Ä. dazu. In diesem Zusammenhang frag KL nach den persönlichen Erfahrungen als Hotelgäste bzw. Hotelangestellte.	▶ **Lernerorientierung:** In großen Gruppen fragt KL nach Freiwilligen, die die Assoziationen für die anderen an der Tafel notieren. KL kann auch zum Einstieg die Kopiervorlage nutzen und am OHP die Sprechblasen ausfüllen lassen.	Kopiervorlage 26a: „Was kann ich für Sie tun?“, auf Folie, OHP
1a	Die TN betrachten die Fotos und ordnen in PA die Wörter und Ausdrücke den Fotos zu. Anschließend wird im Plenum verglichen.		
1b	**Präsentation/Verständnissicherung:** TN lesen und klären mithilfe der Fotos die Berufsbezeichnungen. Sie lesen die Wörter und Ausdrücke, schreiben sie in die passende Spalte der Kopiervorlage und ergänzen die Orte. Anschließend schreiben sie Sätze darüber, was die Angestellten eines Hotels tun.	Bis auf *Kellner/in* sind alle Berufe auf den Fotos zu finden. ▶ **Binnendifferenzierung:** Hier kann KL die TN auch wählen lassen, ob sie die Kopiervorlage ergänzen (eine sprachlich etwas leichtere Aufgabe) oder lieber Sätze schreiben möchten (eine größere Herausforderung).	Kopiervorlage 26b: „Berufe im Hotel“

1c	**Präsentation:** KL spielt die erste Aussage ein- bis zweimal vor und fordert TN auf, das dazugehörige Foto zu bestimmen; die übrigen Texte werden mit kurzen Pausen vorgespielt. TN ordnen sie den Fotos zu.	▶ **Hörverstehen (Globales Hören)** **Lösung 1c:** Dialog 1 – Bild H, Dialog 2 – Bild B, Dialog 3 – Bild E, Dialog 4 – Bild F und Bild G	CD: Track 1.8–11
1d	**Verständnissicherung:** TN lesen die Sätze und markieren die richtigen Satzteile aus der Erinnerung. Sie hören dann die Dialoge ein weiteres Mal und kontrollieren ihre Ergebnisse.	▶ **Hörverstehen (Detailliertes Hören)** **Lösung 1d:** 1. Das Doppelzimmer kostet mit Frühstück 79 €. 2. Das Taxi kommt in fünf Minuten. 3. Das Zimmermädchen kann erst in 10 Minuten das Zimmer aufräumen. 4. Herr Bräuer bestellt in der Küche sein Essen.	

Lernziele: TN können im Hotel ein Zimmer reservieren und sich dabei nach der Ausstattung erkundigen. Sie können Probleme benennen und sich im Hotel beschweren.
Lerninhalte: WS/Redemittel: Zimmerreservierung (*Haben Sie ein Zimmer frei?, Hat das Zimmer Internetanschluss?* etc.); Redemittel: sich beschweren (*Ich möchte mich über … beschweren / Wir sind unzufrieden mit …* etc.); GR: n-Deklination

	TN-/KL-Aktivitäten	Hinweise (▶ führt zum didaktischen Glossar)	Material
	Einstieg: Anhand der Kopiervorlage werden die Redemittel für Erkundigungen an der Rezeption geklärt und aufgeschrieben.	KL ergänzt Redemittel des Hotelangestellten, z. B. *Unsere Zimmer haben Dusche und Badewanne. / Alle Zimmer haben eine Minibar. / Im 3. Stock finden Sie einen PC mit kostenlosem Internetanschluss. / Wir haben leider keine Parkmöglichkeit.* Etc.	Kopiervorlage 26c: „An der Rezeption"
2a	**Üben:** TN spielen Dialoge in PA.	TN wählen, ob sie lieber den Part des Hotelgastes oder des Hotelangestellten übernehmen wollen und suchen sich dann den jeweiligen Gegenpart als Partner/in.	
2b	**Präsentation:** TN lesen die Aufgabe und die Testfragen. Sie hören dann den Dialog einmal und kreuzen die passenden Lösungen an. Zur Kontrolle spielt KL den Dialog ein zweites Mal vor.	▶ **Hörverstehen (Globales Hören und Selektives Hören),** ▶ **Prüfungsvorbereitung:** Das Format dieser Aufgabe ist wie in „Hören Teil 3" im „Deutsch-Test für Zuwanderer (DTZ)". Hier müssen die Prüfungs-TN zeigen, dass sie Alltagsgespräche z. B. am Telefon bei einmaligem Hören verstehen können. **Lösung 2b:** 1. Falsch 2. c 3. Richtig 4. b 5. Richtig 6. a	CD: Track 1.12

2c	**Bewusstmachung/Systematisierung:** TN markieren die Endungen der kursiv gedruckten Wörter, sammeln die Nomen an der Tafel und überlegen, was bei diesen Substantiven passiert. Im Grammatikkasten ist die Regel formuliert, KL lässt aber noch die 5. Doppelseite aufschlagen, damit TN im Grammatiküberblick sehen, welche Nomen auf *-(e)n* dekliniert werden. Anschließend schauen die TN in ihren Wörterbüchern, wie die n-Deklination gekennzeichnet ist.	▶ **Grammatik (n-Deklination):** TN erkennen, dass die Beispiele Gemeinsamkeiten haben: Die Nomen sind maskulin. Sowohl im Akkusativ als auch im Dativ haben sie die Endung *-en* (*Herrn* ist eine Ausnahme). Es gibt eine Reihe von maskulinen Nomen, die der n-Deklination folgen. Dazu gehören Nomen, die auf *-e* enden: Personen (*der Junge, der Kunde*), Nationalitäten *(der Pole, der Türke)* und Tiere *(der Hase, der Ochse)*. Zur n-Deklination gehören auch maskuline Nomen auf *-ist* (*der Journalist*), *-ent* (*der Präsident*), *-ant* (*der Musikant*), *-at* (*der Automat*) sowie einige weitere maskuline Nomen, wie *der Fotograf, der Nachbar* etc. Die Pluralendung ist in der Regel *-en*, Ausnahmen sind *die Nachbarn, die Ungarn*. Diese Formen müssen einfach gelernt werden.	Wörterbücher der TN
2d	**Üben:** TN ergänzen die Sätze.	▶ **Binnendifferenzierung:** TN, die schnell fertig sind, ergänzen noch frei einige weitere Sätze. **(Mögliche) Lösung 2d:** 1 – für den Praktikanten, 2 – mit dem Löwen, 3 – für Herrn Henning, 4 – den Rezeptionisten, 5 – dem Kunden, 6 – den Elefanten	
3a	**Einstieg:** TN betrachten die Zeichnungen und äußern Vermutungen zu den Problemen.		
3b	**Präsentation:** TN lesen die Arbeitsanweisung. KL spielt die vier Dialoge einmal, lässt dann eine kleine Pause, in der die TN die Dialognummern zu den Bildern schreiben können, und spielt ein zweites Mal zur Kontrolle.	▶ **Hörverstehen (Globales Hören)** **Lösung 3b:** Dialog 1 – Bild B, Dialog 2 – Bild C, Dialog 3 – Bild A, Dialog 4 – Bild D	CD: Track 1.13
3c	TN ordnen die Redemittel dem Service bzw. dem Kunden zu und sammeln weitere Redemittel, die sie für die folgenden Dialoge brauchen.	▶ **Sprachbewusstheit:** In diesem Zusammenhang kann KL auf unterschiedliche Ausdrucksweisen eingehen (*Ich will sofort ein anderes Zimmer! Könnten Sie uns ein anderes Zimmer geben?*). ▶ **Aussprache (Dialoge):** KL schiebt die Ausspracheübung „Im Dialog sprechen" ein (Kopiervorlage), die den TN auch ein Modell für eine Beschwerde im Hotel gibt.	Kopiervorlage Aussprache: „Im Dialog sprechen 1"
3d	**Transfer:** TN wählen die Rolle A (Gast) oder B (Angestellte/r des Hotels), finden sich in Paaren zusammen und spielen Minidialoge.	▶ **Binnendifferenzierung:** TN können hier wählen, ob sie kurze Dialoge zu mehreren Situationen oder einen langen Dialog zu nur einer der Situationen bilden. ▶ **Hausaufgaben:** Anhand der Kopiervorlage schreiben die TN einen Beschwerdebrief.	Kopiervorlage 26d: „Beschwerdebrief"

Was kann ich für Sie tun?

Lernziele: TN können Stellenanzeigen zu Berufen im Hotel verstehen und ein telefonisches Bewerbungsgespräch führen.
Lerninhalte: WS: Jobs im Hotel (*Hotelfachmann/-frau, Koch/Köchin* etc.); Redemittel: sich bewerben (*Ab wann ist die Stelle frei?, Haben Sie Fremdsprachenkenntnisse?* etc.)

	TN-/KL-Aktivitäten	Hinweise (▶ führt zum didaktischen Glossar)	Material
4a	**Einstieg:** TN betrachten die Fotos und äußern Vermutungen zu den dargestellten Berufen. Sie lesen die kurzen Texte unter den Fotos und markieren Schlüsselwörter.	**▶ Neue Medien:** Ggf. zeigt KL den ersten Teil des Überblicksfilms „Berufe im Gastgewerbe" der Bundesagentur für Arbeit (www.berufe.tv/BA/ausbildung/?filmID=1000035) und lässt die TN raten, welche Berufe zu erkennen sind. An dieser Stelle sollte angesprochen werden, dass sich die umgangssprachliche von der offiziellen Berufsbezeichnung unterscheiden kann, z. B. *Kellner/in – Restaurantfachmann/-frau.*	DVD-Player oder Laptop, Beamer, Lautsprecher, Internetanschluss
	Präsentation/Verständnissicherung: TN lesen die Stellenangebote und ordnen sie in PA den Personen zu. Im Plenum Vergleich der Ergebnisse.	**▶ Leseverstehen (Selektives Lesen), ▶ Prüfungsvorbereitung:** Ein ähnliches Format haben der Testteil „Leseverstehen 3" der Prüfung zum ZD und der Testteil „Leseverstehen 2" des DTZ. **Lösung 4a:** Foto 1 – Angebot B, Foto 2 – Angebot D, Foto 3 – kein Angebot, Foto 4 – Angebot C, Foto 5 – Angebot A	
4b	**Verständnissicherung:** TN suchen sich zwei Berufe bzw. Anzeigen, die sie interessieren, und schreiben zu diesen Fragen auf. Die Fragen werden anschließend im Plenum gesammelt.	**▶ Leseverstehen (Detailliertes Lesen)** Bei der Sammlung der Fragen erinnert KL an den indirekten Fragesatz und gibt ein Antwortmodell vor: *Ich möchte wissen, wie viele Stunden man arbeiten muss.*	
5a	**Präsentation:** TN hören das Gespräch und finden die dazu passende Anzeige auf der linken Seite.	**▶ Hörverstehen (Globales Hören)**	CD: Track 1.14
5b	**Verständnissicherung:** KL spielt das Gespräch noch einmal vor. TN markieren während des Hörens R oder F und hören dann noch einmal zur Kontrolle. Im Plenum werden die Ergebnisse verglichen.	**▶ Hörverstehen (Selektives Hören)** **Lösung 5b:** 1 – F, 2 – R, 3 – R, 4 – F, 5 – R, 6 – R, 7 – F, 8 – F, 9 – R, 10 – F	
5c	TN entscheiden, welchem der Gesprächspartner – Arbeitgeber/in oder Bewerber/in – die Redemittel zuzuordnen sind und bereiten so das folgende Rollenspiel vor.	**Lösung 5c** 1 – A, 2 – B, 3 – A, 4 – A, 5 – B, 6 – A, 7 – B, 8 – B, 9 – A, 10 – B	
5d	**Freie Anwendung:** Gemeinsam werden die Redemittel im Kasten gelesen. TN wählen eines der Stellenangebote von der linken Seite und führen ein Telefonat zwischen Stellensuchendem/-suchender und Arbeitgeber/in bzw. Personalchef/in.	**▶ Neue Medien**	

Lernziele: TN können einen Text aus einer Reisebroschüre verstehen, Vergleiche anstellen, Fragen zum Reiseland Deutschland beantworten und das eigene Land (deutschen) Touristen vorstellen.
Lerninhalte: WS: Winterurlaub (*schneebedeckt, traumhaft* etc.); Redemittel: Urlaub (*Ich verbringe meinen Urlaub am liebsten …, Die älteste Stadt in Deutschland ist …* etc.); GR: Komparativ und Superlativ

<table>
<tr><th></th><th>TN-/KL-Aktivitäten</th><th>Hinweise (▶ führt zum didaktischen Glossar)</th><th>Material</th></tr>
<tr><td>6a</td><td>Einstieg: KL fragt: Winterurlaub – woran denken Sie dabei? TN äußern ihre Vorstellungen. KL fügt an, dass in Deutschland Winterurlaub in der Regel mit viel Schnee assoziiert wird, und zeigt einige mitgebrachte Reiseprospekte.</td><td>▶ Interkulturelle Perspektive: Die Vorstellungen von winterlichen Urlaubsaktivitäten, ja von „Urlaub“ selbst können je nach Herkunftsland ganz unterschiedlich sein und bieten einen spannenden Einstieg.
▶ Umgang mit heiklen Themen/Situationen: Bei dem Thema wird möglicherweise deutlich, dass sich der eine TN keinen Urlaub leisten kann, während ein anderer regelmäßig auf Reisen geht. KL muss hier viel Fingerspitzengefühl beweisen und sollte auf eine wertfreie Atmosphäre achten. Ggf. lenkt er/sie das Gespräch in Richtung „Fahrten in die Heimat“.</td><td>Realien, Reiseprospekte</td></tr>
<tr><td>6b</td><td>Präsentation: TN lesen die Arbeitsanweisung und erarbeiten in PA den Text.</td><td>▶ Leseverstehen (Globales Lesen und Selektives Lesen)
▶ Wortschatzarbeit: Der Text ist reich an Komposita, die mithilfe der Wörterbücher entschlüsselt werden können.
▶ Binnendifferenzierung: TN, die schneller fertig sind, erhalten den Auftrag, alle im Text vorhandenen Komposita zu notieren.</td><td>Wörterbücher der TN</td></tr>
<tr><td>6c</td><td>Verständnissicherung: TN lesen noch einmal in EA und kreuzen R/F an.</td><td>▶ Leseverstehen (Selektives Lesen)
Lösung 6c:
1 – F, 2 – R, 3 – R, 4 – F, 5 – R, 6 – F</td><td></td></tr>
<tr><td>6d</td><td>Transfer: In Gruppen tauschen sich die TN über persönliche Vorlieben aus.</td><td></td><td></td></tr>
<tr><td>7a</td><td>Bewusstmachung/Systematisierung: In einem ersten Schritt markieren die TN die Superlativformen. In einem weiteren Schritt ergänzen sie die Formen in der Tabelle an der Tafel und übertragen diese anschließend in ihr Heft.
<table>
<tr><th>Grundform</th><th>Komparativ</th><th>Superlativ</th></tr>
<tr><td>der kalte Tag</td><td>der kältere Tag</td><td>der kälteste Tag</td></tr>
<tr><td>die romantische Seite</td><td>die romantischere Seite</td><td>die romantischste Seite</td></tr>
</table></td><td>▶ Wiederholung: Komparativ und Superlativ haben die TN schon in Kap. 13 im Zusammenhang mit Kleidungsstücken kennengelernt.
Beim Einfügen der Formen in die Tabelle ist wichtig, dass es hier nicht um die Adjektiv-Endungen geht.
Lösung 7a: Markiert werden:
kältesten, schönsten, romantischsten, beliebteste, angenehmste, unterschiedlichsten, schönsten, unzufriedensten
▶ Selbst entdeckendes Lernen</td><td></td></tr>
<tr><td>7b</td><td>Üben: TN ergänzen die Sätze und vergleichen in PA.</td><td>Wenn hier weiteres Üben erforderlich ist, lässt KL die TN in GA so viele weitere Beispiele – leckere Schokolade – wie möglich auf Kärtchen schreiben. Die Kärtchen werden gemischt und umgedreht in einem Stapel auf den Tisch gelegt. Der Reihe nach decken die TN Karten auf und loben: Das ist die leckerste Schokolade, die es gibt.</td><td></td></tr>
<tr><td>7c</td><td>Bewusstmachung/Üben: KL erklärt den Superlativ mit am. Jede/r TN sagt in einem Satz, wo er/sie den Urlaub am liebsten verbringt.</td><td>▶ Grammatik: Am wird bei der prädikativen und adverbialen Verwendung des Superlativs benutzt.
▶ Spiele: Zum Üben eignet sich ein Ballspiel: Wo gefällt es dir am besten? Ich fahre am liebsten in die Türkei. Wo fährst du am liebsten hin? Usw.</td><td>weicher Ball, Wollknäuel o. Ä.</td></tr>
</table>

8a

Transfer: TN lesen die Quizfragen eine nach der anderen und beantworten sie. KL zieht die Karte auf der Umschlaginnenseite oder, besser noch, eine große Deutschlandkarte hinzu und zeigt, wo sich die Orte befinden.

▶ **Landeskunde**

▶ **Spiele:** Spannender wird das Quiz, wenn es als Wettbewerb zwischen zwei Gruppen gespielt wird. Dazu teilt KL die Gesamtgruppe in zwei Gruppen.

Lösung 8a:
1 – Zugspitze (2962 m hoch), 2 – Rhein (1233 km lang), 3 – Bodensee (571,2 km2 groß), 4 – –37,8° C, 5 – 40,3°, 6 – Rügen (mit einer Fläche von 930 km2), 7 – Trier (über 2000 Jahre alt), 8 – Kap Arkona (Rügen)

▶ **Spiele (Stadt/Land/Fluss):** Für TN, die sich mit der Geografie Deutschlands schon gut auskennen, eignet sich auch ein „Stadt/Land/Fluss-Spiel".

Zusätzlich oder alternativ kann anhand der Kopiervorlage geübt werden.

Deutschlandkarte
Kopiervorlage 26e: „Wo bekommt man den besten Kaffee?"

8b

Freie Anwendung: Jede/r TN schreibt eine Quizfrage zu seinem/ihrem Herkunftsland auf. Das Quiz wird dann mit der gesamten Gruppe gespielt.

KL hilft ggf. beim Formulieren der Fragen.

Projekt – Freie Anwendung: TN lesen die Aufgabenstellung und bilden nach Interesse Gruppen, in denen sie die Collagen, Broschüren etc. erstellen.

▶ **Handlungsorientierung (Task)**

▶ **Binnendifferenzierung:** In Kursen, in denen jeweils mehrere TN aus einem Land kommen, können TN gemeinsam ihr Land vorstellen.

▶ **Lernerorientierung (Kurse im Ausland):** Aber auch in national homogenen Kursen kann die zweite Aufgabenstellung gewählt werden, dann aber mit verschiedenen Unterpunkten: schöne Städte / landschaftliche Besonderheiten / Sehenswürdigkeiten etc.

Üben: TN schreiben ein Diktat.

Text 1: Herr Müllers Beschwerdebrief

(1) Sehr geehrte Frau Alan,
(2) ich bin an der Hand verletzt, / aber ich schreibe Ihnen! / (3) Ich habe letzte Woche / bei Ihnen einen Kochtopf gekauft / und wollte gestern damit Spaghetti kochen. / (4) Aber der Topf flog in die Luft. (5) Was kann man / beim Spaghettikochen falsch machen? / (6) Der Topf, / den Sie mir verkauft haben, / ist von schlechtester Qualität! / (7) Ich möchte mich bei Ihnen über diesen Topf beschweren. / (8) Ich will mein Geld zurück / und ich möchte zehn Packungen Spaghetti! /
(9) Hochachtungsvoll /
(10) Heinrich Müller

Text 2: Frau Alans Antwort

(1) Sehr geehrter Herr Müller,
(2) das ist ja das Lustigste, / was ich je gehört habe! / / (3) Ich habe selten so gelacht! / (4) Wahrscheinlich haben Sie / kein Wasser in den Topf getan. / (5) Wie kann man sich / beim Spaghettikochen verletzen? / (6) Ich empfehle Ihnen: / Machen Sie einen Kochkurs / an der Volkshochschule. / (7) Unsere Kochtöpfe / sind als die besten der Welt bekannt. / (8) Natürlich erhalten Sie einen neuen Topf. / Und zum Üben / lege ich Ihnen zwei Packungen Spaghetti bei. /
(9) Hochachtungsvoll /
(10) Rosa Alan

▶ **Diktate (Wechseldiktat):** Jeweils zwei TN arbeiten zusammen. Ein/e TN erhält Text 1, der/die andere Text 2. Die TN diktieren sich gegenseitig die Briefe, und zwar abwechselnd Satz für Satz (1–10), sodass schließlich beide TN die Briefe vollständig vorliegen haben. Anschließend werden die Briefe ausgetauscht und gegenseitig korrigiert.

▶ **Hausaufgaben:** Als Hausaufgabe lässt KL Herrn Müller einen Antwortbrief schreiben.

▶ **Alltag EXTRA:** Das Zusatzkapitel 26 greift ein neues, aber für in Deutschland lebende TN sehr wichtiges Thema auf, die Haftpflichtversicherung.

Kopiervorlage 26f: „Wechseldiktat"

Man ist, was man isst 27

Thematische Schwerpunkte: Essgewohnheiten, Gesundheit, im Restaurant

Lernziele

Die TN können

- über Essgewohnheiten sprechen
- Tipps für gesunde Ernährung verstehen
- im Restaurant bestellen und bezahlen
- Ratschläge zum Thema Essen geben

Lerninhalte

Wortschatz/Redemittel:

- Essgewohnheiten (*der Geschmack, Kalorien, das Übergewicht* etc.)
- gesunde Ernährung (*die Flüssigkeit, sich entschließen für* etc.)
- Ernährung und Lebensgewohnheiten (*Essgewohnheiten, die Qualität der Lebensmittel etc.)*
- Gaststätten (*die Imbissbude, die Kantine* etc.)
- Im Restaurant (*Haben Sie noch einen Wunsch?, Zahlen, bitte* etc.)

Grammatik:

- Infinitivgruppen mit *zu*
- Nebensätze mit *obwohl*

Aussprache:

- Umlaute *ä, ö, ü* (im Arbeitsbuchteil)

Lernziele: TN können über Essgewohnheiten sprechen und Sprichwörter zum Thema „Essen und Trinken" verstehen.
Lerninhalte: WS: Essgewohnheiten (*der Geschmack, Kalorien, das Übergewicht* etc.)

	TN-/KL-Aktivitäten	Hinweise (▶ führt zum didaktischen Glossar)	Material
	Einstieg: KL gibt ein Beispiel an der Tafel vor (*Italiener essen gerne Pasta*), fragt nach den Nahrungsmitteln in verschiedenen Kulturen und notiert sie auf Zuruf an der Tafel.	▶ **Interkulturelle Perspektive:** Der Gedanke, dass jemand sich so fühlt oder so aussieht, wie er sich ernährt, ist TN möglicherweise erst einmal fremd – oder auch nicht für jeden Menschen angenehm. Einfacher ist es deshalb, mit dem Gedanken einzusteigen, dass verschiedene Gesellschaften und Kulturen ihre eigenen Nahrungsmittel und Essgewohnheiten haben: Italiener essen Pasta, Chinesen Reis, Äthiopier Teff, Franzosen Crêpes usw.	
1a	TN betrachten die Fotos und überlegen, welches Foto ihren eigenen Einkaufs-, Koch- und Essgewohnheiten am meisten entspricht – oder weshalb sie sich mit keinem der Fotos identifizieren können. KL regt den Austausch in kleinen Gruppen an. Im Plenum werden die Ergebnisse zusammengetragen.		
1b	**Präsentation:** TN lesen die Texte in EA und äußern dann ihre Meinung.	▶ **Leseverstehen (Detailliertes Lesen):** Die Texte geben individuelle Aussagen zu Esswohnheiten wieder. TN lesen genau, um herauszufinden, welche Meinung jeweils geäußert wird ▶ **Textkompetenz:** KL gibt die Texte ohne Angabe der Person aus (Kopiervorlage). In GA lesen TN jeweils einen Text und überlegen, was das wohl für eine Person ist, die das gesagt hat. Wo kommt sie her? Ist sie jung oder älter? Usw.	Kopiervorlage 27a: „Wer hat das gesagt?"
1c	**Freie Anwendung:** TN schreiben kurze Texte zur Frage, was sie gern und oft essen.	▶ **Hausaufgaben:** Diese Aufgabe kann auch zuhause erledigt werden.	

2	**Transfer:** TN lesen die Sprichwörter zum Thema „Essen und Trinken" und klären gemeinsam ihre Bedeutung. Wer ein weiteres Sprichwort aus seinem Land kennt, schreibt es samt Übersetzung auf ein Kärtchen.	Bei der Übersetzung können natürlich TN aus demselben Herkunftsland zusammenarbeiten. Alle anderen greifen zum Wörterbuch. ▶ **Sprachenvielfalt im Unterricht:** Alle Kärtchen werden an der Wand des Unterrichtsraums gesammelt und dokumentieren die sprachliche Vielfalt im Kurs.	Wörterbücher der TN Kopiervorlage 27b: „Sprichwörter und Redensarten"

Lernziele: TN können Tipps zum gesunden Essen verstehen und ihre Meinung zu Essgewohnheiten sagen.
Lerninhalte: WS: gesunde Ernährung (*die Flüssigkeit, sich entschließen für* etc.); GR: Infinitivgruppe mit *zu*

	TN-/KL-Aktivitäten	Hinweise (▶ führt zum didaktischen Glossar)	Material
	Einstieg: KL hat Äpfel, Müsli usw. mitgebracht, um so die Aufmerksamkeit auf gesunde Ernährung zu lenken.		Realien
3a	TN ordnen in PA die Lebensmittel den drei Bereichen der Ernährungspyramide (Kopiervorlage) zu. Gemeinsam wird an der Tafel (am OHP oder interaktiven Whiteboard) verglichen, gesammelt und begründet.	▶ **Neue Medien (interaktives Whiteboard)** ▶ **Wiederholung:** Viele Wörter sind schon bekannt, nur wenige sind neu.	Kopiervorlage 27c: „Ernährungspyramide", auf Folie, OHP und für TN kopiert
3b	**Präsentation:** KL gibt TN eine Minute Zeit, um die Aufgaben 1–10 zu lesen. KL spielt dann das Interview mit der Ernährungsberaterin zweimal vor. TN kreuzen beim ersten Hören R/F an und kontrollieren ihre Lösungen beim zweiten Hören.	▶ **Hörverstehen (Detailliertes Hören),** ▶ **Prüfungsvorbereitung:** Diese Aufgabe bereitet auf die Prüfung zum ZD, Hörverstehen, Teil 2, vor. **Lösung 3b:** 1 – F, 2 – R, 3 – R, 4 – F, 5 – R, 6 – R, 7 – R, 8 – R, 9 – F, 10 – R	CD: Track 1.15
3c	**Transfer:** KL moderiert den Meinungsaustausch im Plenum und lenkt dabei auf die Essgewohnheiten in den Herkunftsländern bzw. in dem Land, in dem der Kurs stattfindet, hin.	▶ **Interkulturelle Perspektive:** Hier wird detaillierter auf die Ernährungsgewohnheiten in verschiedenen Ländern/Kulturkreisen eingegangen.	
4a	**Bewusstmachung:** TN lesen in PA die Tipps zum gesunden Essen und markieren die Verben mit zwei Farben (eine Farbe für das Verb am Anfang des Satzes, eine andere für das Verb am Ende). KL lässt die Grammatikübersicht auf der fünften Doppelseite aufschlagen, auf der die Infinitivgruppen dargestellt sind. KL benutzt zur Verdeutlichung ein Komma vor dem mit *zu* erweiterten Infinitiv, das Komma kann aber auch weggelassen werden.	▶ **Grammatik (Infinitiv mit *zu*):** Infinitivkonstruktionen hängen von bestimmten Verben ab. Sie haben kein Subjekt, so wird auch das Verb nicht konjugiert. Es steht im Infinitiv am Ende des Satzes. KL weist auf die Stellung von *zu* beim trennbaren und untrennbaren Verb hin. **Beispiel:** Ich bitte ihn(,) Gemüse zu kaufen. Er hat vergessen(,) Gemüse einzukaufen. (trennbares Verb) Sie hat Lust(,) Gemüse zu verkaufen. (nicht trennbares Verb)	
4b	**Verständnissicherung:** TN sammeln – an der Tafel / im Heft – Tipps, was man tun soll, um gesund zu leben.	Zur Semantisierung wird auf das Modalverb *sollen* zurückgegriffen, das die TN im Zusammenhang mit Ratschlägen/Tipps schon kennengelernt haben. ▶ **Binnendifferenzierung:** TN, die mit der Übertragung der in 4a vorgegebenen Sätze schnell fertig sind, überlegen sich selbst weitere Tipps.	

4c	**Üben:** TN wählen aus dem Angebot im Redemittelkasten die Satzanfänge aus und schreiben Aussagen auf, die auf sie zutreffen. In GA wird verglichen.	▶ **Binnendifferenzierung:** KL ergänzt die Arbeitsanweisung „Schreiben Sie mindestens drei, maximal zehn Aussagen" und gibt damit den TN die Möglichkeit, in ihrem eigenen Tempo zu arbeiten. Fortgeschritteneren TN wird ein Ziel gesetzt, langsamer lernende TN müssen sich nicht unter Druck gesetzt fühlen.	
4d	**Systematisierung:** TN sortieren die Verben und Ausdrücke, die eine Infinitivkonstruktion einleiten, in eine Tabelle an der Tafel.	▶ **Lernerorientierung:** In Kursen mit TN, die sich mit der Systematisierung eher schwertun, lässt KL alle Beispiele als Satzanfänge aufschreiben. (Tabelle siehe unten)	
4e	**Transfer:** TN wählen aus dem Kasten von Aufgabe 4c oder der Tabelle einen Satzanfang und spielen in der vorgegebenen Weise.	▶ **Spiele**	weicher Ball, Wollknäuel o. Ä.
		▶ **Alltag EXTRA:** Für TN im Inland gehört zum Thema „Gesunde Ernährung" auch, dass sie verdorbene Lebensmittel reklamieren können. Dies wird im Zusatzkapitel aufgegriffen.	

Verben	**Adjektive + sein/finden**	**Nomen + Verb**
Ich versuche, …	Es ist teuer, …	Ich habe keine Zeit, …
…		

Lernziele: TN können Informationen zu Ernährung und Lebensgewohnheiten verstehen und sich zu Gewohnheiten in ihrer Kultur und anderen Kulturen äußern.
Lerninhalte: WS: Ernährung und Lebensgewohnheiten (*Essgewohnheiten, die Qualität der Lebensmittel* etc.); GR: Nebensätze mit *obwohl*

	TN-/KL-Aktivitäten	Hinweise (▶ führt zum didaktischen Glossar)	Material
5a	**Präsentation:** TN lesen in EA die drei Texte 1–3 und anschließend die Überschriften A–F. Sie ordnen jedem Text die passende Überschrift zu.	▶ **Leseverstehen (Globales Lesen),** ▶ **Prüfungsvorbereitung:** Diese Aufgabe bereitet auf die Prüfung zum ZD, Testteil „Leseverstehen 1", vor. Sie wird daher in EA und mit einer Zeitvorgabe von 10 Minuten durchgeführt. **Lösung 5a:** Text 1 – Überschrift E, Text 2 – Überschrift D, Text 3 - Überschrift A	
5b	**Verständnissicherung:** In PA ergänzen die TN die Sätze. Im Plenum wird verglichen.	▶ **Leseverstehen (Selektives Lesen)** **(Mögliche) Lösung 5b:** Text 1: Es ist in Deutschland üblich geworden, dass sich jeder etwas aus dem Kühlschrank holt. Man sagt, alle Deutschen essen Wurst und alle Franzosen Baguette. Text 2: Die kleinen Geschäfte haben Probleme, weil die meisten Leute im Supermarkt einkaufen. Man gibt in Italien viel Geld für Lebensmittel aus. Text 3: Das Lieblingsessen der Deutschen ist die Currywurst. In jeder Region in Deutschland gibt es Wurst und Würstchen. ▶ **Landeskundeheft „Treffpunkt D-A-CH 3":** In Kursen im Ausland interessieren evtl. ergänzend die Abschnitte über regionale Lebensmittel in den D-A-CH-Ländern, z. B. das Thema „Käseherstellung in der Schweiz".	

6a	**Präsentation:** KL spielt Sigrids Aussage ein- bis zweimal vor und fordert TN auf, unter den drei Sätzen den passenden anzukreuzen. Die Aussagen von Celia und George werden dann mit kurzen Pausen vorgespielt. TN kreuzen die richtigen Lösungen an.	▶ **Hörverstehen (Selektives Hören)** **Lösung 6a:** 1. Sigrid – b, 2. Celia – a, 3. George – a	CD: Track 1.16–18
6b	**Transfer:** In GA sprechen TN über die Ernährungsgewohnheiten in ihrer Kultur und in anderen Kulturen. Sie notieren ihre Ergebnisse mithilfe der Satzanfänge und präsentieren sie im Plenum.	▶ **Interkulturelle Perspektive** ▶ **Lernerorientierung (Kurse im Ausland):** Unterstützend zieht KL die Fotoserien „Was die Welt isst" von Peter Menzel und Faith D'Aluisio hinzu. Die Fotografen haben rund um den Globus Familien mit den Lebensmitteln fotografiert, die sie in einer Woche brauchen (siehe z. B. http://kindo.com/blog/2007/10/07/was-familien-so-essen/de/). KL kann die Fotos ausdrucken und von den TN in GA besprechen lassen.	Fotos „Was die Welt isst"
7a	**Bewusstmachung:** TN unterstreichen in den Aussagen *obwohl* und das Verb im Nebensatz. Zur Semantisierung von *obwohl* lässt KL den Konzessivsatz mit dem Kausalsatz vergleichen: *Ich habe viel gegessen,* **weil** *mir das Essen geschmeckt hat.* (Grund) *Ich habe viel gegessen,* **obwohl** *mir das Essen nicht geschmeckt hat.* (sog. Gegengrund)	▶ **Grammatik:** Beim *obwohl*- (oder Konzessiv-) Satz ist etwas anders als erwartet.	
7b	**Üben:** TN schreiben *obwohl*-Sätze. Die Sätze werden im Plenum verglichen und besprochen.	▶ **Binnendifferenzierung:** TN, die schnell mit der Übung fertig sind, ergänzen eigene Beispiele oder erledigen Übung 7.1 im Arbeitsbuchteil. ▶ **Methoden (lebendige Sätze):** KL lässt bei Bedarf den Satzbau anhand der Kopiervorlage üben.	Kopiervorlage 27d: „*obwohl*-Sätze"

Lernziele: TN können im Restaurant bestellen und bezahlen bzw. als Kellner/in Gespräche mit Gästen führen
Lerninhalte: WS: Gaststätten (*die Imbissbude, die Kantine* etc.); Redemittel: Im Restaurant (*Haben Sie noch einen Wunsch?, Zahlen, bitte* etc.)

	TN-/KL-Aktivitäten	Hinweise (▶ führt zum didaktischen Glossar)	Material
8a	**Einstieg:** Anhand der Übung werden die unterschiedlichen Bezeichnungen für *Gaststätten* thematisiert.	▶ **Landeskunde (Gaststätten),** ▶ **Interkulturelle Perspektive,** ▶ **Wortschatzarbeit (Suchfragen):** KL fordert TN auf, sog. Suchfragen aus ihrer kulturellen Perspektive zu stellen, z. B.: *Gehen dort eher junge oder ältere Menschen hin? Bezahlen die Männer, wenn sie mit einer Frau ausgehen?* Usw. Im Plenum oder in kleinen Gruppen tauschen sich TN anschließend anhand ihrer Fragen aus. ▶ **Lernerorientierung:** Im Inland recherchieren TN ggf. selbst vor Ort die unterschiedlichen Gaststätten und präsentieren ihre Eindrücke im Unterricht (Kopiervorlage).	Kopiervorlage 27e: „Gaststätten"
8b	**Freie Anwendung:** In GA tauschen sich die TN über ihre Erfahrungen und Gewohnheiten aus.	▶ **Lernerorientierung (Kurse im Ausland):** TN in Kursen im Ausland tauschen sich darüber aus, welche der genannten Gaststätten sie in Deutschland besuchen würden.	

<table>
<tr>
<td>9a</td>
<td>Präsentation: TN lesen die Speisekarte und ordnen die passenden Überschriften zu.</td>
<td>▶ Leseverstehen (Globales Lesen)
▶ Leseverstehen (Detailliertes Lesen): In 9a geht es um das Verständnis der Rubriken, nicht darum, die Bezeichnungen aller Speisen zu verstehen. Gerade das aber kann für TN interessant sein. KL gibt dann Zeit für die Entschlüsselung mithilfe des Wörterbuchs.
Lösung 9a: Reihenfolge der Überschriften: Vorspeisen und leichte Gerichte, Hauptgerichte, Fischgerichte, Kalte Gerichte, Lokale Spezialitäten, Nachspeisen und Süßes, Für unsere kleinen Gäste
▶ Binnendifferenzierung: KL hat evtl. Speisekarten verschiedener Restaurants (Pizzeria, chinesisches Restaurant etc.) mitgebracht. TN schneiden die Überschriften heraus und lassen andere TN die Überschriften ergänzen.</td>
<td>Wörterbücher der TN

Speisekarten</td>
</tr>
<tr>
<td>9b</td>
<td>Präsentation: TN betrachten erst einmal die Fotos (siehe Kopiervorlage). KL spielt dann alle vier Dialoge nacheinander ohne Pausen vor. Beim zweiten Abspielen macht KL Pausen nach den einzelnen Dialogen, sodass die TN ausreichend Zeit haben, ihre Entscheidung zu treffen und sich Notizen zu machen. Im Plenum werden die Ergebnisse verglichen.</td>
<td>▶ Hörverstehen (Globales Hören)
Lösung 9b:
Bild A – Hörtext 4, Bild B – Hörtext 1, Bild C – Hörtext 2, Bild D – Hörtext 3</td>
<td>Kopiervorlage 27f: „Die Rechnung, bitte! 1“, auf Folie
CD: Track 1.19–22</td>
</tr>
<tr>
<td>9c</td>
<td>Verständnissicherung: TN ordnen in PA die Ausdrücke den Bildern zu (Kopiervorlage) und sammeln so die Redemittel für die jeweilige Dialogphase.</td>
<td>▶ Hörverstehen (Detailliertes Hören)
Bei Interesse werden die Dialoge ein weiteres Mal gespielt und die TN lesen anhand der Transkripte der Hörtexte mit.</td>
<td>Kopiervorlage 27g: „Die Rechnung, bitte! 2“
Transkripte der Hörtexte</td>
</tr>
<tr>
<td>9d</td>
<td>Freie Anwendung: In 3er-Gruppen spielen TN Gespräche im Restaurant und nutzen dazu die Redemittel aus 9c.</td>
<td>▶ Spiele (Rollenspiel)</td>
<td></td>
</tr>
<tr>
<td>10a</td>
<td>Präsentation: TN hören Dialog 1, bringen ihn in die richtige Reihenfolge, hören den Dialog erneut und korrigieren ggf. ihre Ergebnisse. Ebenso wird mit den beiden anderen Dialogen verfahren.</td>
<td>▶ Hörverstehen (Selektives Hören)
Lösung 10a:<table><tr><th>Dialog 1</th><th>Dialog 2</th><th>Dialog 3</th></tr><tr><td>2 – 1 – 3 – 4</td><td>2 – 4 – 3 – 1</td><td>3 – 4 – 2 – 1 – 5</td></tr></table></td>
<td>CD: Track 1.23–25</td>
</tr>
<tr>
<td>10b</td>
<td>Freie Anwendung: TN schreiben und spielen selbst Dialoge.</td>
<td>▶ Spiele (Rollenspiel): KL kann auch Situationskärtchen vorbereiten (Kopiervorlage).</td>
<td>Kopiervorlage 27h: „Rollenspiel: Beim Essen“</td>
</tr>
<tr>
<td></td>
<td>Üben: TN schreiben ein Diktat.
Gesunde Ernährung macht ein gutes Lebensgefühl und spart Zeit beim Arzt. / Wer weniger und dafür bessere Produkte isst, der gibt nicht mehr Geld für das Essen aus. / Trinken Sie viel! Ein erwachsener Mensch braucht zwei bis drei Liter Flüssigkeit am Tag. / Man hat auch weniger Hunger, wenn man viel Wasser oder Fruchtsäfte trinkt. / Zu viel Tee oder Kaffee ist aber nicht gut für den Körper. / Essen Sie viel Obst und Gemüse, am besten roh. / Vermeiden Sie Produkte, die viel Fett enthalten. Zu viel Wurst ist nicht gesund. / Fertiggerichte enthalten oft viel Salz und Zucker und belasten so den Körper. / Essen Sie möglichst früh zu Abend und am besten nach 20 Uhr nichts mehr. / Zur gesunden Ernährung gehört auch, dass man sich bewegt.</td>
<td>▶ Diktate (Laufdiktat)</td>
<td>Kopiervorlage 27i: „Laufdiktat Ernährung“</td>
</tr>
</table>

Wiederholungsspiel: Wortschatz von *Berliner Platz 1–3 NEU*

	TN-/KL-Aktivitäten	Hinweise (▶ führt zum didaktischen Glossar)	Material
1a	**Wiederholung:** Gemeinsam wird die Aufgabenstellung geklärt. Im Plenum suchen TN aus den 120 Wörtern Oberbegriffe heraus. Sie wählen, zu welchem Oberbegriff sie ein Plakat erstellen wollen, und suchen dann in GA oder auch PA passende Wörter aus der Liste aus. Sie einigen sich in den jeweiligen Gruppen auf eine Systematisierungsmöglichkeit und schreiben die Wörter auf Plakate.	▶ **Wortschatzarbeit:** KL fragt nach den Möglichkeiten, Wortschatz zu systematisieren, die die TN schon kennen, z. B. – Wörter zu einem Thema sammeln (z. B. in einem Wortfeld oder Wortigel), – Wörter nach Kategorien sortieren (z. B. *Verben, Nomen, Adjektive*), – Wörter Wortfamilien zuordnen (z. B. *fliegen, Flughafen, Flugzeug, Abflug …*), – Oberbegriffe finden (z. B. *Vorspeisen, Hauptspeisen, Desserts*), – Wortpartnerschaften (Kollokationen) zuordnen (z. B. *eine Reise – machen; ein Zimmer – buchen*) – Reihengliederungen finden (z. B. *nie, selten, manchmal, häufig, oft, immer*) **Lösung 1a:** Mögliche Oberbegriffe könnten sein: Arbeit und Ausbildung, Essen und Trinken, Familie, Freizeit, Wohnen, Urlaub	Packpapier/ Flipchartpapier, dicke Stifte
1b	TN stellen ihre Wortfelder im Kurs vor.		
1c	Die Plakate werden an den Wänden des Unterrichtsraums befestigt. TN gehen herum und ergänzen die Wortfelder mit weiteren bekannten Wörtern.		
1d	**Freie Anwendung:** TN schreiben eine kleine Geschichte, in der Wörter aus der Liste vorkommen.	▶ **Hausaufgaben:** Diese Aufgabe eignet sich gut als Hausaufgabe. KL kann die Aufgabenstellung ggf. etwas vereinfachen, indem er/sie die Vorgabe der Wörter aus der Liste auf 10–0 beschränkt.	
2	**Freie Anwendung:** TN schreiben einen kurzen Text oder einen Dialog. Dazu wählen sie zunächst aus 1–12 zwei zusammenpassende Texte/Abbildungen aus, besprechen sie und schreiben ihren Text. Der Text wird dann im Plenum vorgelesen.	▶ **Handlungsorientierung (Task)** ▶ **Binnendifferenzierung:** TN können hier wählen zwischen dem Schreiben eines Dialogs oder eines monologischen Texts. KL kann auch die Sozialform, also EA, PA oder GA, frei wählen lassen.	

Landeskunde: Ausflug an den Rhein

	TN-/KL-Aktivitäten	Hinweise (▶ führt zum didaktischen Glossar)	Material
	Einstieg: KL gibt ein Quiz mit Fragen zum Rhein aus (Kopiervorlage). Anschließend betrachten alle die Karte vom Mittelrheintal und tauschen sich über die Besonderheiten der Gegend aus. TN berichten ggf. über Reiseerfahrungen.	▶ **Landeskunde (der Rhein)**	Kopiervorlagen Raststätte 9a: „Quiz: der Rhein“, und 9b: „Das Mittelrheintal“, auf Folie, OHP
3a	**Präsentation:** TN lesen die Aussagen 1–4 und hören dann die Informationen des Vereinsvorsitzenden zum Ausflug an den Rhein zweimal. TN korrigieren die Sätze. Die Lösungen werden im Plenum besprochen, bevor der Hörtext ein weiteres Mal gespielt wird.	▶ **Hörverstehen (Detailliertes Hören)** **Lösung 3a:** 1. Der Rhein fließt von den Alpen zur Nordsee. 3. Sechs Länder liegen am Rhein. 4. Der Rhein ist der längste Fluss Deutschlands.	CD: Track 1.26

3b	KL spielt den zweiten Teil der Rede des Vereinsvorsitzenden ein erstes Mal vor. TN vergleichen ihre Ergebnisse im Plenum. TN lesen die vier Texte zur Aufgabe und klären gemeinsam unbekannte Wörter. Sie ordnen die Informationen in der richtigen Reihenfolge.	▶ **Hörverstehen (Detailliertes Hören):** KL lässt nach jeder Station eine kleine Pause, sodass die TN die Station auf der Karte finden und markieren können. Ein/e TN hält die einzelnen Stationen an der Tafel fest. ▶ **Leseverstehen (Detailliertes Lesen),** ▶ **Wortschatzarbeit:** KL weist auf die vielen Komposita im Text hin und erläutert noch einmal ihre Entschlüsselung. **Lösung 3b:** Text D – 1, Text B – 2, Text C – 3, Text A – 4	CD: Track 1.27 Kopiervorlage Raststätte 9b: „Das Mittelrheintal", auf Folie, OHP
	Einstieg: KL erzählt, dass sich um den Rhein unzählige Sagen und Legenden ranken. Eine der bekanntesten ist die Sage von der schönen Loreley. TN betrachten das Bild von der Loreley und stellen Vermutungen an, wovon die Sage handeln mag. KL erklärt, dass der Dichter Heinrich Heine ein Gedicht zur Sage geschrieben hat, das 1824 veröffentlich wurde. 1837 wurde das Gedicht vertont und ist ein bekanntes Volkslied.	▶ **Landeskunde (der Rhein):** Wer mehr über die Sagen und Legenden des Rheins erfahren will, sollte diese Internetseite besuchen: www.rheinischersagenweg.de. ▶ **Neue Medien:** Ggf. zeigt KL einen YouTube-Clip zur Loreley, von denen es viele gibt, z. B. unter www.youtube.com/watch?v=wawRbdEE1Hc.	
4a	**Präsentation:** TN hören das Lied bei geschlossenen Büchern. Im Plenum tauschen sie sich über den Inhalt des Liedes aus und erzählen, wie ihnen das Lied gefallen hat.	▶ **Hörverstehen (Globales Hören)**	CD: Track 1.28
4b	**Semantisierung:** TN lesen die Ausdrücke und Bedeutungen und ordnen sie einander zu.	**Lösung 4b:** 1 – d, 2 – a, 3 – e, 4 – c, 5 – f, 6 – g, 7 – b	
4c	**Verständnissicherung:** KL lässt sechs Gruppen bilden, jede Gruppe erarbeitet eine Strophe des Gedichts mithilfe des Wörterbuchs. Im Plenum werden alle Strophen noch einmal besprochen. Das Gedicht wird dann ganz noch einmal vorgelesen.	▶ **Leseverstehen (Detailliertes Lesen):** Wenn die TN mögen, können sie die Strophe auch sinngemäß übersetzen. Ggf. lässt KL das Gedicht noch einmal hören, z. B. von der Seite www.vorleser.net; KL weist Literaturinteressierte darauf hin, dass sie hier kostenlose MP3-Hörbücher zum legalen Download finden. ▶ **Methode (Wischgedicht):** Wenn die TN mögen, lernen sie das Gedicht oder Teile des Gedichts mithilfe der Methode auswendig.	Wörterbücher der TN
4d	**Transfer:** TN berichten von ähnlichen Geschichten von schönen Frauen, die sie aus anderen Ländern kennen.	▶ **Interkulturelle Perspektive**	
	Projekt: TN wählen auf einer Deutschlandkarte einen Rhein-Abschnitt. Sie planen in GA einen Ausflug an den Rhein. Leitfragen sind dabei: • *Wer fährt mit? Sind auch Kinder dabei?* • *Wie lange soll der Ausflug sein? Übernachtet man irgendwo oder nicht?* • *Welche Städte/Sehenswürdigkeiten am Rhein sollen besucht werden?* • *Wie ist das Programm?* Die Gruppen verteilen die Recherche-Aufträge untereinander und erledigen sie ggf. auch außerhalb des Unterrichts (evtl. unter Nutzung der Kopiervorlage). Die Reisepläne aller Gruppen werden im Plenum präsentiert.	Der Rhein wird üblicherweise in sechs Abschnitte geteilt: Alpenrhein, Hochrhein, Oberrhein, Mittelrhein, Niederrhein, Rheindelta. Gruppen können sich anhand dieser Abschnitte oder auch frei nach Interesse bilden. ▶ **Projekte:** Dieses Projekt beinhaltet eine Recherchephase, die gut im Internet erledigt werden kann. Idealerweise sollten jeweils zwei TN an einem Rechner arbeiten können. Steht jedoch kein Internetzugang zur Verfügung, können die TN auch andere Informationsquellen (Reisebüros, Stadtbücherei etc.) in Anspruch nehmen.	Deutschlandkarte Kopiervorlage Raststätte 9c: „Eine Stadt am Rhein"

Prüfungsvorbereitung: Deutsch-Test für Zuwanderer (Sprechen Aufgabe 2: über eigene Erfahrungen berichten und auf Nachfragen eingehen)

	TN-/KL-Aktivitäten	Hinweise (▶ führt zum didaktischen Glossar)	Material
5a	**Gesprächsvorbereitung**: TN einigen sich in PA, wer von ihnen das Foto für Gesprächspartner A, wer das für Gesprächspartner B bearbeitet. KL klärt im Plenum mit den TN schwierigen Wortschatz aus den Fragen, z. B. *Atmosphäre*. Jede/r arbeitet zunächst alleine und beantwortet für sich die Fragen. Gemeinsam werden dann die Redemittelkästen in 5b gelesen. KL weist darauf hin, dass diese Redemittel für jede Bildbeschreibung zu benutzen sind.	▶ **Prüfungsvorbereitung:** In *Berliner Platz 3 NEU* wird auf den „Deutsch-Test für Zuwanderer (DTZ)" auf dem A2-/B1-Niveau sowie die Prüfung zum „Zertifikat Deutsch (ZD)" auf B1-Niveau vorbereitet. Da sich die Testformate unterscheiden (siehe www.klett-langenscheidt.de/berliner-platz unter Lernen/Tests), werden sie an verschiedenen Stellen trainiert. Hier geht es um Sprechen, Aufgabe 2, im DTZ, bei der die TN auf der Basis eines Fotos über ein Alltagsthema sprechen und es im Hinblick auf die Migrationssituation reflektieren sollen.	
5b	**Gespräch:** TN berichten einander nacheinander, d. h. monologisch, unter Nutzung der Redemittel, was sie auf dem Foto sehen und was für eine Situation auf dem Bild gezeigt ist.	▶ **Sprechen (monologisches):** In der Prüfung selbst hat jede/r Gesprächspartner/in ein bis zwei Minuten Zeit, über sein/ihr Bild zu berichten. Zum Üben gibt KL an dieser Stelle aber etwas mehr Zeit.	
5c	Im nächsten Schritt werden wieder zunächst gemeinsam die Redemittel gelesen. Die Partner stellen einander die Fragen und beantworten sie nacheinander. KL weist darauf hin, dass in der Prüfung nicht der Partner / die Partnerin, sondern ein Prüfer / eine Prüferin die Fragen stellt. KL lässt zum Abschluss noch den Tipp auf der rechten Seite lesen und fordert TN auf, die Redemittel zu Hause zu trainieren.	▶ **Sprechen (dialogisches):** In der Prüfung stellt der Prüfer / die Prüferin dann ein oder zwei Fragen. Der/Die TN berichtet über eigene Erfahrungen und stellt Vergleiche mit den Verhältnissen im Herkunftsland an. Dann kommt der/die nächste TN an die Reihe.	

Prüfungsvorbereitung: Zertifikat Deutsch (Hören: Gesprächsbeiträge, Lesen: Kurze Texte), Deutsch-Test für Zuwanderer (Hören: Private und berufliche Gespräche, Lesen: Anzeigen, Werbung … sowie Produktinformationen)

	TN-/KL-Aktivitäten	Hinweise (▶ führt zum didaktischen Glossar)	Material
	Gemeinsam werden die einführenden Informationen zum Testtraining gelesen. KL lässt die Symbole **P** ZD und **P** DTZ, die die Testteile für die verschiedenen Prüfungen markieren, auf den Seiten 96–99 suchen.	▶ **Prüfungsvorbereitung:** Bei der Prüfungsvorbereitung geht es ganz wesentlich um das Kennenlernen der Prüfungsformate. TN bereiten sich auf die Teile der Prüfung vor, an denen sie teilnehmen werden. Den Antwortbogen des jeweils benutzten Prüfungssatzes findet man unter www.goethe de (→ Deutschprüfungen → Unsere Prüfungen) und www.telc.net (→ telc Sprachprüfungen → Deutsch). KL weist TN auf die Videos von DTZ-Prüfungen unter https://dtz1.telc.net/portal/index.php?id=60 und die Materialien zum Online-Üben des ZD unter www.goethe.de/lrn/pro/ZD-online/ZD.htm hin.	
HV **P** ZD	**Hören** (globales Verstehen): TN hören die fünf Texte einmal und kreuzen Richtig oder Falsch an.	Dieser Trainingsteil dient der Vorbereitung auf den Prüfungsteil „Hörverstehen, Teil 1" im ZD. Zum Lesen der Aufgaben haben die TN 30 Sekunden Zeit. Für jede richtige Lösung gibt es 5 Punkte, insgesamt sind hier also 25 Punkte möglich. **Lösung HV:** 1 – Richtig, 2 – Richtig, 3 – Falsch, 4 – Richtig, 5 – Falsch	CD: Track 3.24–28
HV **P** DTZ	**Hören** (globales und selektives Verstehen): TN hören erst das Beispielgespräch. Dann werden die vier Gespräche einmal vorgespielt, TN entscheiden, ob die Aussage richtig oder falsch ist und welche Antwort am besten passt.	Dieser Trainingsteil dient der Vorbereitung auf den Prüfungsteil „Hören, Aufgabe 3" im DTZ. Jedes Item des Prüfungsteils „Hören" wird mit einem Punkt bewertet, sodass sich hier insgesamt 8 Punkte ergeben. **Lösung HV:** 1 – Falsch, 2 – c, 3 – Richtig, 4 – a, 5 – Falsch, 6 – c, 7 – Richtig, 8 – a	CD: Track 3.29–33
LV **P** DTZ	**Lesen** (selektives Verstehen): TN lesen die Situationen und Anzeigen und lösen die Aufgaben.	Hier wird für den Prüfungsteil „Lesen, Aufgabe 2" des DTZ trainiert. Jedes Item dieses Prüfungsteils wird mit einem Punkt bewertet, sodass man hier 5 Punkte bekommen kann. **Lösung LV:** 1 – g, 2 – X, 3 – a, 4 – e, 5 – d	
LV **P** ZD	**Lesen** (globales Verstehen): Gemeinsam werden zunächst die Tipps besprochen. TN lesen zuerst die Überschriften und entscheiden, welcher Text am besten zu welcher Überschrift passt. TN dürfen jede Überschrift nur einmal verwenden.	Dieser Trainingsteil dient der Vorbereitung auf den Prüfungsteil „Leseverstehen, Teil 1" im ZD. Für jede richtige Lösung gibt es 5 Punkte, insgesamt können TN hier also 25 Punkte bekommen. **Lösung LV:** 1 – h, 2 – d, 3 – j, 4 – a, 5 – f	
LV **P** DTZ	**Lesen** (globales Verstehen): TN lesen die Informationen und lösen die Aufgaben.	Hier geht es um den Prüfungsteil „Lesen, Aufgabe 4" im DTZ. Für jede richtige Lösung bekommt man einen Punkt. **Lösung LV:** 1 – Richtig, 2 – Falsch, 3 – Falsch	
	Im Plenum werden nun die Ergebnisse besprochen. TN notieren die erreichte Punktzahl. Sie tauschen sich darüber aus, was sie noch üben müssen.	▶ **Hausaufgaben:** Das Testtraining kann auch selbstständig bearbeitet werden. Dann werden im Kurs nur die Ergebnisse verglichen.	

Geschichte

Thematische Schwerpunkte: politische und historische Ereignisse, Migration, Europa

Lernziele

Die TN können

- Texte zur Geschichte verstehen
- über Ereignisse in der Vergangenheit sprechen
- über Migration sprechen
- Meinungen zu Europa äußern
- über eine Stadt/Region (in Deutschland oder ihrem Herkunftsland) berichten

Lerninhalte

Wortschatz/Redemittel:

- Geschichte (*der Zweite Weltkrieg, die Arbeitskraft* etc.)
- historische/politische Ereignisse (*die Wiedervereinigung, der Putsch* etc.)
- Ereignisse im Heimatland (*Seit wann ist … unabhängig?, Es hat eine Revolution gegeben* etc.)
- Migration (*die Zuwanderung, Aussiedler* etc.)
- Europa (*der Fortschritt, demokratisch* etc.)
- Meinungen zu Europa (*die Bürokratie, abschaffen* etc.)
- Städte/Regionen (*die Stadtgeschichte, die Partnerstadt* etc.)

Grammatik:

- Nebensätze mit *als* und *nachdem*
- Plusquamperfekt

Aussprache:

- Satzakzent (im Arbeitsbuchteil)
- Wortakzent
- Zahlen sprechen

Lernziele: TN können Texte zur deutschen Geschichte verstehen.
Lerninhalte: WS: Geschichte (*der Zweite Weltkrieg, die Arbeitskraft* etc.)

	TN-/KL-Aktivitäten	Hinweise (▶ führt zum didaktischen Glossar)	Material
1a	**Einstieg:** KL lenkt nun die Aufmerksamkeit auf die deutsche Geschichte. TN betrachten die Fotos und sammeln Assoziationen und Informationen. Es erfolgt eine grobe zeitliche Einordnung.	▶ **Einstiegsaktivitäten:** Je nach Vorwissen der TN stellt KL das Quiz zur Weltgeschichte (Kopiervorlage) voran. Dazu wird der Kurs in zwei Gruppen geteilt. Die Gruppen werden aufgefordert, die Quizfragen innerhalb von fünf Minuten zu beantworten. Im Plenum wird jedes genannte Ereignis kurz erklärt und auf der Weltkarte lokalisiert. KL hat die Fotos auf Folie kopiert. Zu jedem Foto notiert ein/e „Freiwillige/r" die Assoziationen der anderen TN auf der Folie. ▶ **Landeskunde (deutsche Geschichte)**	Weltkarte, Kopiervorlagen 28a: „Quiz zur Weltgeschichte", und 28b: „Geschichte in Bildern", auf Folie, OHP, (abwaschbare) Folienstifte
1b	**Präsentation:** TN lesen die Texte und ordnen sie den Bildern zu.	▶ **Leseverstehen (Globales Lesen):** Im Plenum wird besprochen, welche Signalwörter bzw. Passagen bei der Zuordnung geholfen haben. **Lösung 1b:** 1 – B, 2 – D, 3 – A, 4 – E, 5 – C	

	Verständnissicherung: Jede/r TN erhält einen der Texte (Kopiervorlage). TN mit demselben Text bilden eine Gruppe. Sie lesen den Text und notieren Stichpunkte. KL schreibt die folgenden Redemittel für die Präsentation an die Tafel: *In unserem Text geht es um …, In unserem Text steht, dass …* Jede Gruppe stellt ihren Text im Plenum vor.	▶ **Leseverstehen (Detailliertes Lesen)** ▶ **Wortschatzarbeit:** Die Gruppen klären gemeinsam neue Wörter mithilfe ihrer Wörterbücher. Sie schreiben die Wörter auf Kärtchen und erklären sie den anderen TN. ▶ **Aussprache (Akzent und Rhythmus):** KL gibt den Tipp, neue Wörter immer mit Wortakzent zu lernen und beim Lernen laut zu sprechen. Bei trennbaren Verben ist der Wortakzent auf dem Präfix (*einführen, eingeführt*). Bei Komposita ist der Akzent auf dem Bestimmungswort (*Arbeitskräfte, Ökobewegung*). ▶ **Textkompetenz:** Soll noch weiter mit den Texten gearbeitet werden, kann KL auf die Kopiervorlage zurückgreifen.	Wörterbücher der TN Kopiervorlagen 28c: „Geschichte in Texten", und 28d: „Satzpuzzle"
2a	**Präsentation:** Beide Erzählungen werden ohne Pause gespielt. Die TN entscheiden, zu welchen Fotos sie passen.	▶ **Hörverstehen (Globales Hören)** **Lösung 2a:** Text 1 – Foto E, Text 2 – Foto C	CD: Track 1.29–30
2b	**Verständnissicherung:** Text 1 wird ein weiteres Mal vorgespielt. TN notieren sich in EA, was zu den einzelnen Stichwörtern gesagt wird. Im Plenum wird verglichen und der Bericht ggf. nochmals gehört.	▶ **Hörverstehen (Selektives Hören)** ▶ **Binnendifferenzierung:** KL gibt einzelnen TN die Aufgabe, sich speziell auf je eines der Stichwörter zu konzentrieren.	CD: Track 1.29
2c	Text 2 wird ein weiteres Mal vorgespielt. TN kreuzen R/F an und vergleichen ihre Lösungen. Zur Kontrolle wird Text 2 ein weiteres Mal vorgespielt.	▶ **Hörverstehen (Selektives Hören)** **Lösung 2c:** 1 – R, 2 – F, 3 – R, 4 – F ▶ **Sprechen (Gespräch zum Text):** Die Texte bieten viel Gesprächspotential, das verloren geht, wenn man sich nur auf die Informationsentnahme beschränkt. KL teilt deshalb die Transkriptionen der Hörtexte aus. TN wählen einen Text, lesen und diskutieren in GA. Im Plenum werden die Diskussionsergebnisse zusammengefasst. ▶ **Aussprache (Artikulation):** Sollte sich gezeigt haben, dass die TN noch Schwierigkeiten mit der Aussprache der Jahreszahlen haben, lässt KL die Aussprache der Zahlen noch einmal anhand der Kopiervorlage üben.	CD: Track 1.30 Transkriptionen der Hörtexte Kopiervorlage Aussprache: „Zahlen sprechen"

Lernziele: TN können über Ereignisse in der Vergangenheit sprechen, die gleichzeitig / zeitlich versetzt stattfanden.
Lerninhalte: WS: historische/politische Ereignisse (*die Wiedervereinigung, der Putsch* etc.); Redemittel Ereignisse im Heimatland (*Seit wann ist … unabhängig?, Es hat eine Revolution gegeben* etc.); GR: Nebensätze mit *als* und *nachdem*; Plusquamperfekt

	TN-/KL-Aktivitäten	Hinweise (▶ führt zum didaktischen Glossar)	Material
3a	**Einstieg:** KL fragt, weshalb das Jahr 1989 ein historisch wichtiges Jahr war. TN nennen vermutlich die Öffnung der Grenze zwischen den beiden deutschen Staaten, KL lenkt das Gespräch auf das Ende des Kalten Krieges. TN sammeln daraufhin in GA historische Ereignisse seit 1989, schreiben Stichwörter auf und tauschen ihre Gedanken im Plenum aus.	▶ **Landeskunde (das Jahr 1989)** ▶ **Einstiegsaktivitäten:** Die Einstiegsaufgabe bezieht sich nicht nur auf die deutsche Geschichte, sondern auf historische Ereignisse weltweit. Persönliche Erlebnisse, die in der Vergangenheit liegen, werden allerdings erst in 4b thematisiert.	

3b	**Präsentation:** KL erläutert ggf. die Aufgabenstellung „Wie stehen 1–5 im Text?" nochmals. Es geht darum, dass die Sachverhalte zwar so im Text stehen, aber etwas anders formuliert sind. TN lesen in PA und suchen die entsprechenden Textstellen heraus und notieren sie (Kopiervorlage).	▶ **Leseverstehen (Selektives Lesen)** ▶ **Textkompetenz:** TN rekapitulieren mithilfe der Kopiervorlage noch einmal die Chronologie der Ereignisse. **Lösung 4b:** 1 – Der Staat investierte Milliarden in die Erneuerung der Infrastruktur Ostdeutschlands. 2 – In den Jahren nach 1990 gingen viele Wirtschaftsbetriebe der ehemaligen DDR bankrott ... Viele Menschen verloren ihre Arbeitsplätze. 3 – Von 1995 bis 2009 traten 15 neue Länder der Europäischen Union bei. 4 – Seit 2002 wird der Euro in immer mehr Staaten Europas als Währung eingeführt. 5 – Seitdem ist der 3. Oktober ein Nationalfeiertag. Jedes Jahr findet ein Bürgerfest in einem anderen Bundesland statt.	Kopiervorlagen 28e: „Wie steht es im Text?" und 28f: „Chronologie der Ereignisse"
4a	**Transfer:** TN sammeln zuerst in EA Ereignisse/Daten aus der Geschichte ihres Herkunftslandes und schreiben sie einzeln auf Kärtchen. Gemeinsam werden die Redemittel im Kasten besprochen. In Gruppen tauschen sich die TN zu den auf den Kärtchen notierten Ereignissen aus.	▶ **Hausaufgaben:** KL sollte diese Aufgabe evtl. zu Hause vorbereiten lassen, damit auch TN, die weniger gut informiert sind, über die Geschichte ihres Herkunftslands berichten können. Die Kärtchen beschränken und steuern die Anzahl der Themen und bieten so den TN die Sicherheit, dass sie nicht nach etwas gefragt werden, zu dem sie sich nicht äußern können. Nach einer Weile werden sie jedoch im Gespräch weitere Daten/Ereignisse ansprechen. ▶ **Lernerorientierung (Kurse im Ausland):** In Kursen im Ausland kann diese Aufgabe auf weitere Länder, für die sich die TN interessieren, ausgedehnt werden.	Kärtchen
4b	**Freie Anwendung:** In Gruppen tauschen sich die TN über wichtige persönliche Erlebnisse aus.	▶ **Binnendifferenzierung:** KL kann 4b als Alternative zu 4a anbieten. TN, deren Interesse sehr auf das persönliche Erleben ausgerichtet ist, können den Austausch über persönlich bedeutsame Ereignisse wählen. TN hingegen, die dies eher scheuen, wählen den Austausch über allgemeine historische Ereignisse. KL lässt entsprechende Gruppen bilden.	
5a	**Bewusstmachung:** TN suchen die Verbformen im Präteritum, KL markiert sie auf der Folie, die TN markieren sie in ihren Büchern. TN schlagen in ihren Wörterbüchern nach, wie die Formen der unregelmäßigen Verben dort angegeben sind.	▶ **Wiederholung:** Das Präteritum von *sein* und *haben* wurde schon in *Berliner Platz 1 NEU*, Kap. 6, eingeführt. Das Präteritum der regelmäßigen und unregelmäßigen Verben haben TN in *Berliner Platz 2 NEU*, Kap. 23, kennengelernt. Hier werden die unterschiedlichen Erscheinungsformen noch einmal wiederholt: regelmäßige Verben: *bauen, baute, hat gebaut* unregelmäßige Verben: *erfinden, erfand, hat erfunden* ▶ **Spiele:** TN üben und wiederholen die Formen mithilfe des Vergangenheits-Terzetts (Kopiervorlage). **Lösung 5a:** 1 – erfand, erfinden, hat erfunden 2 – kam, kommen, ist gekommen 3 – baute, bauen, hat gebaut 4 – trafen ein, eintreffen, sind eingetroffen 5 – gründeten, gründen, haben gegründet 6 – öffnete, öffnen, hat geöffnet	Wörterbücher der TN Kopiervorlage 28g: „Perfekt und Präteritum 1", auf Folie, OHP Kopiervorlage 28h: „Vergangenheits-Terzett"

5b	**Üben:** Im Plenum wird der Unterschied zwischen der geschriebenen und der gesprochenen Sprache besprochen. TN übertragen Sätze im Präteritum in Fragen im Perfekt (Kopiervorlage).	KL verweist auf das Beispiel zur Nutzung von Präteritum und Perfekt im Grammatiküberblick auf der 5. Doppelseite.	Kopiervorlage 28i: „Perfekt und Präteritum 2"
6	**Bewusstmachung:** TN lesen das Beispiel im Grammatikhinweis. Sie verstehen, dass die Ereignisse in Haupt- und Nebensatz gleichzeitig stattfanden. **Üben:** TN verbinden in PA die Sätze 1–5. Ein Paar schreibt die Sätze an die Tafel. Gemeinsam werden die Sätze kontrolliert. An der Tafel wird demonstriert, dass der *als*-Satz auch nachgestellt werden kann: *Man brauchte Arbeitskräfte, als die Wirtschaft wuchs.*	▶ **Grammatik:** Die Konjunktion *als* leitet einen Nebensatz ein, der eine in der Vergangenheit liegende Handlung ausdrückt. Diese läuft gleichzeitig mit der Handlung im Hauptsatz ab. *Als* wird bei einmaligen bzw. punktuellen Handlungen benutzt im Gegensatz zu *wenn*, das in der Vergangenheit bei wiederholten Handlungen gebraucht wird. **Beispiel:** *Als* Ayhan nach Deutschland kam, war Winter. (Immer) *wenn* Ayhan in die Türkei fuhr, nahm er Geschenke für seine Familie mit. ▶ **Binnendifferenzierung:** TN, die schon früher fertig sind, überlegen sich weitere Beispiele. **Lösung 6:** 1. Als die Wirtschaft wuchs, brauchte Deutschland Arbeitskräfte. 2. Als die DDR-Regierung das Reisen erlaubte, konnte niemand das glauben. 3. Als der Euro eingeführt wurde, hatten viele Angst vor der Inflation. 4. Als Leos Vater zum ersten Mal wählen durfte, war er über 50. 6. Als Olga schon 22 war, hat sie ihren Führerschein gemacht. ▶ **Methoden (lebendige Sätze):** KL schiebt mit den Sätzen der Aufgabe 6 im AB (Kopiervorlage) noch eine zusätzliche Übungsphase ein.	Kopiervorlage 28j: „Lebendige Sätze mit ‚als'"
7a	**Bewusstmachung:** TN lesen die Sätze und markieren die Konjunktion *nachdem* und die Verbformen in Haupt- und Nebensatz.	▶ **Grammatik:** Die Handlung im *nachdem*-Satz liegt zeitlich vor der Handlung im Hauptsatz. Deshalb wird im *nachdem*-Satz das Plusquamperfekt benutzt.	
7b	**Systematisierung:** TN überlegen sich die zeitliche Reihenfolge der Ereignisse und ergänzen die Tabelle an der Tafel. KL erklärt den Unterschied zwischen *nachdem* und *danach.*	▶ **Selbst entdeckendes Lernen:** TN erkennen, welche Verbform für die Handlungen unter „Das passierte zuerst" und welche für die Handlungen unter „Das passierte danach" verwendet werden. **Lösung 7b:** **Das passierte zuerst.** – **Das passierte danach.** Benz baute das Auto. – Berta machte eine Fernreise. Die DDR-Bürger hörten die Nachricht. – Sie gingen zu den Grenzübergängen. Man öffnete die Grenzen. – Die europäische Einigung ging schnell voran. Die Grenze fiel. – Es dauerte nur ein Jahr, …	
7c	TN ergänzen die Regel. Anhand des Grammatikhinweises erläutert KL, dass auch der *nachdem*-Satz voran- oder nachgestellt sein kann.	In diesem Zusammenhang wird wiederholt, welche Verben mit *haben*, welche mit *sein* gebraucht werden.	

Geschichte

Lernziele: TN können über Migration sprechen und über eine Stadt/Region (in Deutschland oder ihrem Herkunftsland) berichten.
Lerninhalte: WS: Migration (*die Zuwanderung, Aussiedler* etc.), Europa (*der Fortschritt, demokratisch* etc.), Städte/Regionen (*die Stadtgeschichte, die Partnerstadt* etc.)

	TN-/KL-Aktivitäten	Hinweise (▶ führt zum didaktischen Glossar)	Material
	Einstieg: KL lenkt die Aufmerksamkeit der TN zurück auf Text 4 und Foto E der Einstiegsseite (der Portugiese Armando Rodriguez war der millionste Gastarbeiter) und so auf das Thema „Migration nach Deutschland."	▶ **Neue Medien:** Wenn möglich, zeigt KL Ausschnitte eines Films, z. B. aus der Reihe „Gastarbeiter & ihr Leben in Deutschland" (www.youtube.com/watch?v=My5JB17xleM). ▶ **Landeskunde (Migration nach Deutschland)**	
8a	**Präsentation:** TN lesen die Texte zu den abgebildeten Migrantinnen und Migranten. Ggf. übertragen TN die Texte in persönliche Aussagen (Kopiervorlage).	▶ **Leseverstehen (Detailliertes Lesen)** ▶ **Landeskunde:** Das Wort *Gastarbeiter*, das in den 60–70er Jahren umgangssprachlich für Migranten verwandt wurde, wird heute nur noch in der Rückschau benutzt. KL spricht andere Begriffe an: *Ausländer, Menschen mit Migrationshintergrund, Zuwanderer, Kontingentflüchtlinge, Asylbewerber, Asylanten* (negativ besetzt), aber auch *Bildungsausländer* oder *Fußballdeutscher*, und bespricht, welche negativ, welche neutral sind und welche eher eine positive Haltung ausdrücken (siehe „Zuwanderung von A–Z" unter www.zuwanderung.de).	Kopiervorlage 28k: „Sprechblase"
	Transfer: In kleinen Gruppen sprechen TN über die Texte und über eigene Erfahrungen bzw. die von Bekannten und Familienangehörigen.	▶ **Umgang mit heiklen Themen/Situationen:** Nicht nur in Inlandskursen kann es vorkommen, dass TN die Gelegenheit wahrnehmen, über schmerzliche oder frustrierende Erlebnisse zu berichten. Dies ist in der vertrauensvolleren Atmosphäre kleiner Gruppen besser möglich als im Plenum. KL gibt den nötigen Raum für den Austausch, wenn dieser von den TN gewünscht wird, und achtet auf eine wertschätzende Atmosphäre.	
8b	**Üben:** TN lesen den Text. Gemeinsam wird unbekannter Wortschatz geklärt. Fragen aus 7b werden aufgegriffen. In PA ergänzen TN die Verbformen im Perfekt. Im Plenum werden die Lösungen verglichen.	**Lösung 8b:** 1 – gekommen waren, 2 – hatte … bezeichnet, 3 – angefangen hatte, 4 – begonnen hatte	
	Einstieg: TN bekommen ca. eine Minute Zeit, um in EA zu notieren, was ihnen zum Begriff „Europa" einfällt. Zwei TN sammeln die Gedanken in Stichwörtern an der Tafel.	KL hat Kärtchen mit Themengebieten (Kopiervorlage) vorbereitet, die in einem zweiten Schritt an die entsprechenden Stellen an der Tafel geheftet werden.	Kopiervorlage 28l: „Stichworte zu Europa"
9a	**Präsentation:** TN überfliegen den Text und tauschen sich im Plenum dazu aus, zu welchen Textstellen die Fotos passen könnten.	▶ **Leseverstehen (Globales Lesen):** KL gibt für die Zuordnung der Fotos zu den Textstellen nur wenige Minuten Zeit. **Lösung 9a:** Foto A – Zeilen 1–5 (die kleine Emma mit ihrer französischen Mutter und ihrem deutschen Vater); Foto B – Zeilen 16–27 (Erleichterungen beim Reisen, Leben und Arbeiten in der EU); Foto C – Zeilen 21–24 (Lucie kann billiger mit dem Handy nach Frankreich telefonieren); Foto D – Zeile 6 (Umzug der Familie nach Passau) und Zeilen 16–17 (Das Reisen, Leben und Arbeiten in der EU ist leichter geworden.)	

9b	**Verständnissicherung:** In PA lesen die TN den Text und kreuzen R/F/0 an. Jeweils zwei Paare vergleichen ihre Ergebnisse.	▶ **Leseverstehen (Selektives Lesen)** **Lösung 9b:** 1 – F, 2 – 0, 3 – R, 4 – R, 5 – F, 6 – R ▶ **Textkompetenz:** TN schreiben zum Stichwort *eine Erfolgsgeschichte* alle im Text angeführten positiven Aspekte der EU auf.	Wörterbücher der TN
	Projekt: TN sammeln im Plenum mögliche Fragestellungen: Alter der Stadt, die ältesten Orte der Region, interessante Personen aus der Gegend, gute/schlechte Zeiten der Region, historische/politische Ereignisse etc.	▶ **Projekte,** ▶ **Binnendifferenzierung:** TN können wählen, ob sie über eine Stadt/Region in Deutschland oder einem anderen Land recherchieren und berichten und ob sie alleine oder zu mehreren arbeiten wollen.	
		▶ **Landeskundeheft „Treffpunkt D-A-CH 3“:** Auch im Landeskundeheft wird der Blick auf historisch Interessantes geworfen, z. B. auf berühmte Persönlichkeiten und Dinge, die die Menschen in D-A-CH erfunden haben.	

Lernziele: TN können Meinungen zu Europa äußern, sagen, was sie in ihrem Leben anders machen würden.
Lerninhalte: WS: Meinungen zu Europa (*die Bürokratie, abschaffen* etc.)

	TN-/KL-Aktivitäten	Hinweise (▶ führt zum didaktischen Glossar)	Material
	Einstieg: KL teilt die Kopiervorlage aus. TN schlagen im Wörterbuch nach, laufen im Kursraum umher und erklären sich gegenseitig die Begriffe. Anschließend werden die Wörter gemeinsam besprochen.	▶ **Wortschatzarbeit**	Kopiervorlage 28m: „Politikwörter“ Wörterbücher der TN
10a	**Präsentation:** TN hören drei Meinungen zum Thema „Europa“. Jeder Hörtext wird mehrmals vorgespielt, sodass die TN ausreichend Zeit haben, zu jeder Meinung Stichwörter zu notieren. Die eigenen Stichwörter werden dann mit den Stichwörtern unter den Fotos verglichen und diese den Personen zugeordnet.	▶ **Hörverstehen (Globales Hören)** **Lösung 10a:** 1. Badrak Singh: freier Handel, Hoffnung, Wirtschaft, Chancen, Angst 2. Jiri Dmytrak: Geschichte, ohne Pass reisen, Währung/Euro, Bürokratie 3. Me Sun Shin: junge Leute, Amerika, eigene Kultur	CD: Track 1.31–33
10b	**Verständnissicherung:** TN hören die Aussagen ein weiteres Mal und ordnen den Sprecher / die Sprecherin zu.	▶ **Hörverstehen (Selektives Hören)** **Lösung 10b:** 1 – B, 2 – J, 3 – M, 4 – B, 5 – M, 6 – J	
11a	**Transfer:** An der Tafel werden die Vor- und Nachteile der Europäischen Union gesammelt und besprochen.	▶ **Landeskunde (Europa),** ▶ **Neue Medien:** Wenn möglich, zeigt KL die Animation „Was hat Europa je für uns getan?“ (www.washateuropajegetan.at/).	PC, Internetanschluss, Beamer
11b	**Freie Anwendung:** TN schreiben ihre Meinung zu Europa in einem kurzen Text (drei Sätze) auf. TN lesen alle Texte und notieren sich Fragen und Anmerkungen für das anschließende Kursgespräch.	Alle Texte werden – wie in der Abbildung – an einer Pinnwand oder Tafel aufgehängt.	Kärtchen
12a	**Einstieg:** Die Bücher sind geschlossen. KL hat die Stichwörter *Freizeit, Politik, Beruf, mein Leben, Geld, Macht, Spaß* auf so viele Kärtchen geschrieben, wie TN im Kurs sind. Jede/r TN wählt das Stichwort, das ihn/sie besonders interessiert.	▶ **Binnendifferenzierung:** TN erhalten den Auftrag, den Text zu lesen und dabei besonders Textstellen anzustreichen, die sich mit „ihrem“ Thema beschäftigen.	Kärtchen

	Präsentation: Im Plenum wird kurz geklärt, dass eine „Talkshow" eine Unterhaltungssendung in Form eines Gesprächs ist. TN überlegen, was *Eine zweite Chance* bedeuten mag, lesen bzw. überfliegen dann den Text in EA und berichten im Plenum, was sie zu „ihrem" Stichwort gelesen haben.	▶ **Leseverstehen (Globales Lesen)** ▶ **Landeskunde:** Talkshows sind aus dem deutschen Fernsehen nicht mehr wegzudenken.	
12b	**Verständnissicherung:** TN lesen die Aussagen 1–6 und ordnen sie den Gästen der Talkshow zu. Im Plenum werden die Zuordnungen verglichen und begründet.	▶ **Leseverstehen (Selektives Lesen)** **Lösung 10b:** 1 – D, 2 – S oder P, 3 – S oder D, 4 – P oder D, 5 – S, 6 – P	
12c	**Freie Anwendung:** TN bilden Gruppen und diskutieren die Frage „Was würden Sie anders machen?".	▶ **Sozialformen:** KL überlässt die Gruppenbildung den TN, allerdings sollten in den Gruppen möglichst TN mit unterschiedlichen Themenkärtchen sein.	
	Üben: TN diktieren sich gegenseitig einen Text der ersten Doppelseite. Während ein/e TN diktiert, hält der/die andere das Buch geschlossen und schreibt. Nachdem auch der/die zweite TN einen der Texte geschrieben hat, wird mit dem Original verglichen und korrigiert.	▶ **Diktate (Partnerdiktat)** ▶ **Alltag EXTRA:** Am Ende der Lektion kann noch die Sprachenvielfalt Deutschlands thematisiert werden. TN denken über ihre eigene Sprachengeschichte nach und erzählen.	

Männer und Frauen

Thematische Schwerpunkte: Liebe, Gefühle, Familie und Beruf

Lernziele

Die TN können

- über Beziehungen sprechen
- über Liebenswürdigkeiten und Macken sprechen
- Gefühle äußern
- Gegensätze ausdrücken
- ein Konfliktgespräch führen
- Probleme benennen und Wünsche äußern

Lerninhalte

Wortschatz/Redemittel:

- Liebe und Beziehungen (*verliebt, romantisch, der Streit* etc.)
- Liebenswürdigkeiten und Macken (*Unpünktlichkeit, Humor* etc.)
- Gefühle äußern (*Das finde ich sympathisch, Das stört mich*)
- Konfliktsituationen (*Killerphrasen, die Ich-Aussage, Nie kümmerst du dich um …* etc.)
- Konfliktlösung (*Ich wünsche mir, dass …, Ich fühle mich manchmal …* etc.);
- Elterngeld (*familienfreundlich, die Mutterschutzfrist, die Babypause* etc.)
- Familie und Beruf (*Ich denke …, Kinder brauchen …, Der Staat sollte …* etc.)

Grammatik:

- zweigliedrige Konjunktionen (*entweder – oder, sowohl – als auch, nicht nur – sondern auch* und *weder – noch*)
- Nebensätze mit *während*
- temporale Nebensätze mit *bis* und *bevor*

Aussprache:

- Konsonanten *s, st, sp, sch* (im Arbeitsbuchteil)

Lernziele: TN können über Beziehungen sprechen und einen Bericht verstehen, in dem ein Paar erzählt, wie es sich kennengelernt hat.
Lerninhalte: WS: Liebe und Beziehungen (*verliebt, romantisch, der Streit* etc.)

	TN-/KL-Aktivitäten	Hinweise (▶ führt zum didaktischen Glossar)	Material
1a	**Einstieg:** In PA scheiben TN das Wort *LIEBE* in großen Buchstaben auf ein Plakat und assoziieren zu jedem Buchstaben ein Wort, das mit Liebe zu tun hat. Die Plakate werden im Kursraum aufgehängt. Jedes Paar stellt sein Ergebnis vor.	**▶ Einstiegsaktivitäten (Männer und Frauen)** **▶ Binnendifferenzierung:** Wenn den Paaren noch mehr Wörter einfallen, ergänzen sie sie in ihrem Wortgitter evtl. auch in vertikaler Richtung. H G L ü c k e I e r s t E r K u s s z B l u m e n E	großformatiges Papier, bunte Stifte
1b	Gemeinsam werden die Ausdrücke geklärt. In GA wählen die TN dann ein Bild und entwickeln eine Geschichte, z. B. *Die beiden haben sich … kennengelernt. Sie lieben sich, weil …., Die Liebe macht sie sehr glücklich …* Die Geschichten/Gedanken werden im Plenum vorgetragen; die anderen TN raten, welches Bild gemeint ist.	Ggf. bringt KL weitere Fotos und/oder Realien mit (ein Lebkuchenherz vom Weihnachtsmarkt, eine Postkarte, einen Briefumschlag, auf dem ein Lippenstiftkussabdruck zu sehen ist, o. Ä.). So gibt es mehr Wahlmöglichkeiten. **▶ Interkulturelle Perspektive:** TN sammeln „Ich liebe dich" in ihrer Sprache (Kopiervorlage) und berichten, auf welche Weise man in ihrer Kultur Liebe ausdrückt. **▶ Lieder:** An dieser Stelle macht sicherlich das „Liebeslied (in allen Sprachen)" von Bodo Wartke Spaß (www.youtube.com/watch?v=ZOb0bErcDyg).	Fotos und Realien Kopiervorlage 29a: „Liebe in unseren Sprachen"

2	**Präsentation:** TN hören den Text bei geschlossenen Büchern einmal ganz. Sie lesen dann die Sätze und klären danach im Plenum unbekanntes Vokabular. Während des zweiten Hörens bringen TN die Sätze nun in die richtige Reihenfolge und vergleichen zuerst in PA, schließlich im Plenum.	▶ **Hörverstehen (Detailliertes Hören)** ▶ **Binnendifferenzierung:** Langsamer lernende TN erhalten eine in Einzelsätze zerschnittene Kopie der Sätze in 2, legen sie vor sich aus und bringen die Sätze durch Verschieben in die richtige Reihenfolge (das kann übrigens auch mit einer Folie am OHP geschehen). **Lösung 2:** 1 (Anna) Wir kennen uns seit über zwei Jahren, … 2 (Michael) Erst als ich in Annas Büro zu tun hatte, … 3 (Anna) Obwohl Michael mit seiner Arbeit fertig war, … 4 (Michael) Ich habe danach häufig bei Anna angerufen … 5 (Anna) Ich habe schnell gemerkt, dass er nicht nur … 6 (Michael) Bei unserem ersten Treffen habe ich Anna … 7 (Anna) Aber Michael kann nicht nur erzählen, sondern … ▶ **Lernerorientierung:** Vielleicht mögen TN selbst erzählen, wie sie ihren Partner / ihre Partnerin kennengelernt haben. KL teilt dazu die Kopiervorlage aus, damit die zuhörenden TN mit Zwischenrufen ihren Empfindungen Ausdruck geben können.	CD: Track 1.34 Kopiervorlage 29b: „Interjektionen"

Lernziele: TN können über Liebenswürdigkeiten und Macken sprechen und Gefühle äußern.
Lerninhalte: WS: Liebenswürdigkeiten und Macken (*Unpünktlichkeit, Humor* etc.); Redemittel: Gefühle äußern (*Das finde ich sympathisch, Das stört mich*); GR: zweigliedrige Konjunktionen (*entweder – oder, sowohl – als auch, nicht nur – sondern auch* und *weder – noch)*

	TN-/KL-Aktivitäten	Hinweise (▶ führt zum didaktischen Glossar)	Material
	Einstieg: Die Wörter *Liebenswürdigkeiten* und *Macken* werden im Plenum anhand von Beispielen und mithilfe von „Freiwilligen" geklärt.		
3a	**Präsentation:** TN lesen die Texte und stellen zu jedem Text Vermutungen darüber an, ob hier über Anna oder über Michael gesprochen wird. **Verständnissicherung/Üben:** In PA lesen TN die Texte dann genau und setzen die entsprechenden Namen (Anna oder Michael) und Personalpronomen ein.	▶ **Leseverstehen (Globales Lesen und Detailliertes Lesen)** ▶ **Binnendifferenzierung:** Langsamer lesende TN erarbeiten nur zwei oder drei Texte. Schnellere TN füllen die Lücken sowohl für Anna als auch für Michael aus.	
3b	**Präsentation/Verständnissicherung:** TN hören nun die Hörtexte und korrigieren ggf. ihre Ergebnisse.	▶ **Hörverstehen (Detailliertes Hören):** Ggf. trägt ein/e TN die richtigen Personalpronomen am OHP in die auf Folie kopierte Vorlage ein. **Lösung 3b:** 1. Michael spricht über Anna: sie, sie, sie, Sie, ihr, sie 2. Anna spricht über Michael: ihm, er, ihm, er, seine, ihm, Er 3. Michael spricht über Anna: ihr, Sie, sie, sie, ihr, Sie 4. Anna spricht über Michael: Er, ihm, er, ihm, er, er, ihm	CD: Track 1.35–38
4a	**Bewusstmachung:** TN suchen in den vier Texten in 3a nach den vorgegebenen Konjunktionen. Im Plenum werden die Ergebnisse verglichen.	▶ **Grammatik:** *Sowohl – als auch* und *entweder – oder* verbinden Satzglieder. (Beispiel: *Sie mag sowohl den Sommer als auch den Winter.*) *Nicht nur – sondern auch* und *weder – noch* verbinden sowohl Satzglieder als auch Sätze. (Beispiele: *Sie mag nicht nur den Frühling, sondern auch den Herbst. Sie geht nicht nur einkaufen, sondern bringt auch ihren Sohn in den Kindergarten.*)	

4b

Präsentation/Verständnissicherung: TN hören das Gespräch einmal vollständig, dann in Absätzen. Sie ordnen die passenden zweigliedrigen Konjunktionen den Blumenbildern zu.

▶ **Hörverstehen (Selektives Hören)**

Lösung 4b:
A: Sie mag sowohl Rot als auch Gelb.
B: Er schenkt entweder gelbe oder rote Rosen. / Er schenkt weder gelbe noch rote Rosen.
C: Er schenkt nicht nur rote, sondern auch gelbe Rosen.

CD: Track 1.39

4c

Üben: In PA ordnen TN den Teilsätzen 1–8 die jeweils passende Konjunktion und die entsprechende Ergänzung zu.
TN überlegen sich in GA mindestens ein weiteres Beispiel zu jeder Konjunktion (am besten zu den TN in der Gruppe): *Deniz ist nicht nur groß, sondern auch witzig. Asile spricht sowohl Kurdisch als auch Arabisch. Mirvete hat weder Brüder noch Schwestern. Fabio fährt im Urlaub entweder nach Rom oder nach Sardinien.* O. Ä.

Lösung 4c:

1	als auch	f
2	noch	h
3	sondern auch	b
4	noch	e
5	oder	c
6	sondern auch	g
7	als auch	d
8	oder	a

▶ **Spiele:** Zum spielerischen Üben der Formen erhalten TN einen Stapel Kärtchen, die sie kombinieren müssen (Kopiervorlage).

Kopiervorlage 29c: „Herzchen"

5a

Transfer: TN klären die Redemittel im Kasten gemeinsam. KL gibt einige Beispiele für Macken, z. B. laute Musik spielen, Zahnpastatube nicht zumachen etc. TN tauschen sich in GA über Macken aus.

▶ **Sprachbewusstheit:** KL thematisieren, welche Redemittel umgangssprachlich, welche eher formell sind.

5b

An der Tafel werden die sympathischsten und die unangenehmsten Macken festgehalten.

▶ **Methode (Punkten):** TN bestimmen die liebenswürdigste und die unangenehmste Macke.

Lernziele: TN können Gegensätze ausdrücken. Sie können ein Streitgespräch führen und dabei Probleme benennen und Wünsche äußern.
Lerninhalte: WS: Konfliktsituationen (*Killerphrasen, die Ich-Aussage* etc.); Redemittel: Konfliktlösung (*Ich wünsche mir, dass …, Ich fühle mich manchmal …* etc.); GR: Nebensätze mit *während;* Aussprache: Konsonanten *s, st, sp, sch* (im Arbeitsbuchteil)

	TN-/KL-Aktivitäten	Hinweise (▶ führt zum didaktischen Glossar)	Material
6a	**Bewusstmachung:** TN sammeln gemeinsam Gegensätze (ggf. mithilfe der Kopiervorlage am OHP). KL zeigt, dass man Gegensätze auch in einem Satzgefüge mit der Konjunktion *während* ausdrücken kann.	▶ **Grammatik:** Die Konjunktion *während* leitet hier einen Nebensatz ein, der einen Gegensatz zum im Hauptsatz formulierten Sachverhalt ausdrückt. KL zeigt, dass der *während*-Satz vor- oder nachgestellt sein kann, und weist auf die Stellung der Verben hin. B. (hat) sieben Geschwister. S. (ist) ein Einzelkind. B. (hat) 7 Geschwister, während S. ein Einzelkind (ist). Während S. ein Einzelkind (ist), (hat) S. 7 Geschwister.	Kopiervorlage 29d: „Gegensätze in unserem Kurs", auf Folie, OHP
6b	**Üben:** TN formen die gesammelten Beispiele um wie im Buch vorgegeben. Sie vergleichen mit ihrer Nachbarin / ihrem Nachbarn.	Zum weiteren Üben schreiben TN in PA je einen Hauptsatz mit passendem *während*-Nebensatz auf zwei Kärtchen. *Jorge ist immer unpünktlich,* | *während Selma immer zu früh kommt.* Alle Kärtchen werden gemischt und neu verteilt, TN laufen im Kursraum umher und suchen ihren Gegenpart.	

	Einstieg: KL lenkt die Aufmerksamkeit der TN anhand eines Bildes von einem streitenden Paar (Kopiervorlage) auf das Thema „Streit/Konfliktgespräch" und lässt Vermutungen zum Begriff *Killerphrasen* anstellen.	▶ **Interkulturelle Perspektive:** Da das Streitverhalten kulturell sehr unterschiedlich ist und nicht unbedingt so wie im Text dargestellt, sollte KL hier unbedingt Fragen stellen: *Wie verhalten sich Männer und Frauen im Fall eines Konflikts? Ist Schreien erlaubt/normal/tabu? Wer hilft im Konfliktfall? Wie kommt es zu einer Lösung?* Usw. Falls KL merkt, dass TN nicht darüber sprechen möchten, insistiert er/sie aber nicht.	Kopiervorlage 29e: „Streit"
7a	**Präsentation:** Gemeinsam wird der Vorspann gelesen und geklärt. TN lesen in EA die Überschriften, dann den Text und weisen den Textabschnitten die Überschriften zu. Im Plenum werden die Ergebnisse verglichen.	▶ **Leseverstehen (Globales Lesen)** **Lösung 7a:** 4 Mann und Frau denken unterschiedlich. 3 Der Ton macht die Musik. 2 Ich-Aussagen verwenden, Wünsche äußern! 1 Du/Sie-Aussagen vermeiden.	Wörterbücher der TN
7b	**Verständnissicherung:** TN lesen die zwei Textabschnitte nochmals, lesen die Schnipsel-Aussagen und schreiben die entsprechenden Sätze in die beiden Rubriken.	▶ **Leseverstehen (Detailliertes Lesen)** KL lässt evtl. die Sätze aus Schnipseln zusammensetzen (Kopiervorlage). ▶ **Binnendifferenzierung:** Literaturbegeisterte TN wagen sich vielleicht an das Gedicht „Ehekrach" von Kurt Tucholsky (Kopiervorlage).	Kopiervorlagen 29f: „Nie hörst du mir zu!", und 29g: „Ehekrach"
8a	**Transfer:** TN schreiben in PA mithilfe der vorgegebenen Ausdrücke einen kurzen Auszug aus einem Streitgespräch.	▶ **Lernerorientierung:** In schwächeren Gruppen lässt KL erst alle Satzfragmente zu ganzen Sätzen ausformulieren.	
8b	**Freie Anwendung:** TN spielen ihre Dialoge im Rollenspiel mit ihrem Partner / ihrer Partnerin.	▶ **Binnendifferenzierung:** Sollte es TN im Kurs geben, die Schwierigkeiten haben, einen solchen Konfliktdialog zu spielen, gibt KL die Möglichkeit, andere Paare zu wählen (Mutter – Tochter, Vater – Sohn, langjährige Freunde/Freundinnen, Arbeitskollegen usw.). ▶ **Lernerorientierung:** Hier können sich lustige, lebendige Dialoge ergeben. Die Präsentation sollte aber unbedingt freiwillig sein, damit z. B. TN, die in ihrem Alltag von Konflikten belastet sind, sich nicht überfordert fühlen.	
8c	TN schreiben ihre Dialoge unter Verwendung von Ich-Aussagen um und spielen sie dann im Plenum vor.	▶ **Binnendifferenzierung:** Ggf. erarbeiten unterschiedliche Gruppen jeweils die eine oder andere Variante (Du-Botschaften/Killerphrasen oder konstruktive Ich-Aussagen) und tragen Sie nacheinander im Plenum vor. ▶ **Aussprache (Artikulation):** KL weist TN auf die Aussprache der Konsonanten *s, st, sp, sch* hin, die sie anhand der Übung im Arbeitsbuchteil selbstständig trainieren können.	

Lernziele: TN können einen Text zum „Elterngeld“ verstehen und sich über das Thema „Babypause für Männer“ und „Familie und Beruf“ austauschen.
Lerninhalte: WS: Elterngeld (*familienfreundlich, die Mutterschutzfrist, die Babypause* etc.); Redemittel: Familie und Beruf (*Ich denke …, Kinder brauchen …, Der Staat sollte …* etc.); GR: temporale Nebensätze mit *bis* und *bevor*

	TN-/KL-Aktivitäten	Hinweise (▶ führt zum didaktischen Glossar)	Material
	Einstieg: Zum Einstieg hören TN Babygeräusche.	▶ **Einstiegsaktivitäten:** MP3-Dateien mit Babygeräuschen gibt es unter www.sounddogs.com.	
9a	**Präsentation:** TN lesen den Text und ordnen jedem Textabschnitt die passende Abbildung zu. Der Vergleich erfolgt im Plenum.	▶ **Leseverstehen (Globales Lesen)** **Lösung 9a:** Zeichnung A – dritter Textabschnitt Zeichnung B – erster Textabschnitt Zeichnung C – zweiter + dritter Textabschnitt ▶ **Landeskunde (Mutterschutz)** ▶ **Alltagsorientierung:** Die Kenntnis des Elterngeldes ist besonders für die jungen Eltern unter den TN im Inland wichtig. ▶ **Alltag EXTRA:** Das Thema „Elterngeld“ wird auch im Zusatzkapitel „Alltag EXTRA“ aufgegriffen, wo noch mehr Informationen zu finden sind und das Ausfüllen des Antragsformulars geübt werden kann.	
9b	**Verständnissicherung:** TN lesen den Text ein zweites Mal und ordnen die Satzteile einander zu. Sie vergleichen ihre Ergebnisse mit dem Nachbarn / der Nachbarin.	▶ **Leseverstehen (Selektives Lesen)** **Lösung 9b:** 1 – c, 2 – d, 3 – a, 4 – e, 5 – f, 6 – b	
9c	**Freie Anwendung:** TN diskutieren im Plenum oder in GA die Frage einer „Babypause“ für Mütter und Väter.	An dieser Stelle wird die in 10b angeregte Diskussion evtl. schon vorweggenommen. ▶ **Interkulturelle Perspektive:** Eine Babypause ist in manchen Ländern genauso ungewöhnlich wie die Betreuung der Kinder durch die Väter. TN tauschen sich über die kulturell unterschiedliche Aufteilung von Kinderpflege- und Erziehungsaufgaben aus.	
10a	**Präsentation:** KL spielt das Interview zweimal vor. TN kreuzen a, b oder c an. Die Lösungen werden in Plenum verglichen. Zur Kontrolle spielt KL das Interview ein weiteres Mal vor.	▶ **Hörverstehen (Selektives Hören)** **Lösung 10a:** 1 – c, 2 – b, 3 – b, 4 – b	CD: Track 1.40
10b	**Transfer:** TN erzählen in GA, wie Kinderpflege in ihrem Herkunftsland gehandhabt wird und welche Rolle Mütter und Väter übernehmen.	▶ **Hausaufgaben:** Haben die TN schon im Zusammenhang mit Aufgabe 9c über das Thema diskutiert, gibt KL 10b als schriftliche Hausaufgabe und bittet die TN, 5 bis 10 Sätze zu dem Thema zu schreiben.	
11	**Bewusstmachung/Üben:** KL erläutert den Nebensatz mit *bis* anhand des Grammatikkastens. TN schreiben Sätze wie im Beispiel. TN versuchen sich entsprechend am Nebensatz mit *bevor* und formulieren die Sätze 4–6 wie im Beispiel.	▶ **Grammatik:** KL wählt zur Bewusstmachung des Sachverhaltes Beispiele aus dem Kursalltag, z. B. Handlung A — o (bis zu einem Zeitpunkt) *Sie arbeiten zu zweit, bis die Pause beginnt.* Handlung A ← bevor (vor Handlung B) *Sie arbeiten zu zweit, bevor die Pause beginnt.*	

12	**Freie Anwendung:** Gemeinsam werden die Redemittel gelesen und ergänzt. Dann überlegen sich TN, welche Meinung sie selbst zu den Thesen (bzw. zu mindestens zwei Thesen) haben und diskutieren die Thesen in GA.	▶ **Kooperatives Lernen (Think-Pair-Share):** Jede/r TN arbeitet zuerst für sich alleine (Think), in PA oder GA werden die Überlegungen dann diskutiert (Pair) und in einem dritten Schritt präsentieren die Paare oder Gruppen ihre Ergebnisse im Plenum und vergleichen sie miteinander (Share).	Kopiervorlage 29h: „Familie und/oder Beruf?"
	Üben: Die TN schreiben ein Diktat. *Meine Schwester hat viele positive Eigenschaften. / Sie kann sowohl lustig erzählen / als auch gut zuhören. / Wenn ich Probleme habe, / spreche ich mit ihr. / Entweder treffen wir uns in einem Café / oder wir essen zusammen zu Abend. / Sie nimmt sich Zeit / und ist weder ungeduldig noch ärgerlich, / auch wenn es spät wird / und sie viel zu tun hat. / Das finde ich toll! / Sie ist sowohl meine Schwester als auch meine beste Freundin. / Dabei sind wir wirklich unterschiedlich. / Während sie gerne ins Theater geht, / schaue ich mir lieber ein Fußballspiel an. / Und während sie den Winter liebt, / ist für mich der Sommer die beste Jahreszeit. / Und natürlich trinkt sie Tee, / während ich Kaffee mag. /*	▶ **Diktate (Lückendiktat):** Die TN erhalten eine Kopie des Lückentextes. Ein/e TN bekommt den gesamten Text und diktiert den anderen TN zweimal mit kurzen Pausen nach jeder Sinneinheit. Ein/e TN erhält den Lückentext auf Folie und ergänzt die Lücken. Anhand dieser Vorlage kontrollieren die TN (am OHP) ihre Ergebnisse.	Kopiervorlage 29i: „Lückendiktat", als Kopien und als Folie

Krankenhaus 30

Thematische Schwerpunkte: Krankenhausaufenthalt, Notfall/Notruf, Gesundheitsberufe

Lernziele

Die TN können

- einen Notfall melden
- ein Gespräch mit dem Arzt / der Ärztin führen
- ein Konfliktgespräch führen
- über Pflegeberufe sprechen
- ihre Meinung zum Thema „Männer bei der Geburt“ sagen

Lerninhalte

Wortschatz/Redemittel:

- Krankenhaus (*das Aufnahmeformular, die Diagnose* etc.)
- Unfall (*der Rettungsdienst, der Notruf* etc.)
- Notruf (*Was genau ist passiert?, Welche Verletzungen hat …?* etc.)
- Packen fürs Krankenhaus (*die Medikamentenliste, der Kulturbeutel* etc.)
- Aufnahmegespräch (*Haben Sie Schmerzen?, Ist Ihnen schlecht?* etc.)
- Konflikt (*Ich brauche …, Ich habe einen Vorschlag …* etc.)
- Pflegeberufe (*die Physiotherapeutin, spezialisiert* etc.)
- Geburt (*die Schwangerschaftsgymnastik, die Hebamme* etc.)
- Meinungsaustausch (*Das ist Unsinn / Das stimmt* etc.)

Grammatik:

- Relativsätze im Dativ
- Relativpronomen mit Präpositionen

Aussprache:

- Wortakzent (im Arbeitsbuchteil)
- im Dialog sprechen

Lernziele: TN können Situationen im Krankenhaus beschreiben und einen Notfall melden.
Lerninhalte: WS: Krankenhaus (*das Aufnahmeformular, die Diagnose* etc.), Unfall (*der Rettungsdienst, der Notruf* etc.); Redemittel: Notruf (*Was genau ist passiert?, Welche Verletzungen hat …?* etc.)

	TN-/KL-Aktivitäten	Hinweise (▶ führt zum didaktischen Glossar)	Material
1a	**Einstieg:** TN betrachten die Fotos, lesen die Begriffe und ordnen sie in EA oder PA den Bildern zu.	Im Inland werden einige Begriffe aus dem Alltag bekannt sein, im Ausland erschließen sich TN Wörter. TN schlagen die neuen Wörter in ihren Wörterbüchern nach. KL hilft bei Bedarf. ▶ **Neue Medien (interaktives Whiteboard)**	Wörterbücher der TN
1b	TN sammeln weitere Begriffe in Wortigeln (Kopiervorlage). Im Plenum (am OHP oder an der Tafel) werden die Wortigel noch einmal gemeinsam besprochen und ergänzt.	▶ **Binnendifferenzierung:** Im Kapitel geht es um beide Rollen: Patient/in im Krankenhaus und Krankenhausmitarbeiter/in. TN wählen hier den Wortigel, der sie am meisten interessiert.	Kopiervorlage 30a: „Wortigel Krankenhaus“
1c	KL gibt einige Minuten Zeit, in der die TN ein Bild wählen und dazu Notizen machen können. Im Plenum wird dann ein Bild nach dem anderen betrachtet und gemeinsam kommentiert.	▶ **Interkulturelle Perspektive:** In Kursen im Inland werden TN sein, die bereits in einem deutschen Krankenhaus waren, und andere, die zwar die deutschen Verhältnisse nicht, die Verhältnisse in ihrem Herkunftsland aber umso besser kennen. KL regt (evtl. mithilfe der Kopiervorlage) einen Vergleich / den Austausch an.	Kopiervorlage 30b: „Krankenhaus – international“
2a	**Präsentation:** KL lenkt die Aufmerksamkeit noch einmal auf Szene C und spielt den Notruf ein- bis zweimal. TN fassen kurz zusammen, was passiert ist.	▶ **Hörverstehen (Globales Hören)** ▶ **Alltagsorientierung**	CD: Track 1.41

2b	**Verständnissicherung:** TN hören das Telefongespräch ein weiteres Mal und bringen die Fragen in die richtige Reihenfolge. Sie vergleichen ihre Lösung im Plenum.	▶ **Hörverstehen (Detailliertes Hören)** **Lösung 2b:** 7 Wie ist Ihre Telefonnummer? 1 Wie ist Ihr Name? 4 Was genau ist passiert? 2 Wo ist der Unfall genau passiert? 3 Wann ist der Unfall passiert 6 Welche Verletzungen hat Ihr Mitarbeiter? Ist er ansprechbar? 5 Gibt es noch mehr Verletzte?	
2c	KL lässt „Auf einen Blick: Im Alltag" (am Ende des Kapitels) aufschlagen und weist auf die Notrufnummern in D-A-CH hin. **Üben:** TN notieren in PA anhand der Kopiervorlage 30c noch einmal die Informationen zu Herrn Kölmels Unfall.	▶ **Landeskunde:** Notrufinformationen stehen im Vorspann jedes Telefonbuchs. ▶ **Interkulturelle Perspektive:** Bei Interesse sammeln TN die Notrufnummern unterschiedlicher Länder (Kopiervorlage).	Kopiervorlagen 30c: „Notruf", und 30d: „Notruf international"
2d	**Freie Anwendung:** TN bilden Paare und wählen eine der Situationen. Mithilfe der Liste (*Wer? Wo? Was? Wie viele? Welche?*) beschreiben sie die Situation und spielen dann einen Notruf. Die Telefongespräche werden im Plenum vorgespielt.	Hier können aber auch Gruppen gebildet werden, die verschiedene Rollen übernehmen: **Beispiel zu „Eine alte Dame ist auf der Straße gestürzt":** A die alte Dame, B ihr ebenfalls alter Ehemann, C das Enkelkind der beiden, D die Besitzerin des Blumenladens, vor dem die alte Dame gestürzt ist, E der Fahrradfahrer, der mit seinem Handy den Notruf absetzt	

Lernziele: TN können ein Aufnahmegespräch im Krankenhaus führen und einen Konflikt zwischen Bettnachbarn im Krankenzimmer aushandeln.
Lerninhalte: WS: Packen fürs Krankenhaus (*die Medikamentenliste, der Kulturbeutel* etc.); Redemittel: Aufnahmegespräch (*Haben Sie Schmerzen?, Ist Ihnen schlecht?* etc.), Konflikt (*Ich brauche …, Ich habe einen Vorschlag …* etc.); GR: Präpositionen mit Akkusativ; Aussprache: im Dialog sprechen

	TN-/KL-Aktivitäten	Hinweise (▶ führt zum didaktischen Glossar)	Material
	Einstieg: KL lässt Wortschatz über Krankenhaus, Krankheiten etc. aus *Berliner Platz 1* und *2 NEU* wiederholen.	▶ **Spiele (Tabu):** KL hat bekannte Wörter (aus Kap. 11, „Gesund und fit") auf Zettel geschrieben (*untersuchen, krankschreiben, die Krankenkasse* u. a., siehe auch die Wortlisten in „Deutsch-Test für Zuwanderer A2–B1, Prüfungsziele, Testbeschreibung"). Jeder/Jedem TN wird ein Zettel auf den Rücken geheftet. Alle laufen herum und lassen sich ihr Wort erklären, ohne dass es allerdings dabei genannt werden darf.	Wäscheklammern, Klebeband
3a	**Präsentation:** KL sagt einführend, dass Herr Schiller mit dem Rettungswagen ins Krankenhaus gekommen ist und jetzt ein Aufnahmegespräch stattfindet. TN lesen 1–7 und a–g, schlagen unbekannte Wörter nach und ordnen die Aussagen des Arztes denen des Patienten zu. Der Vergleich erfolgt im Plenum.	▶ **Leseverstehen (Selektives Lesen)** **Lösung 3a:** 1 – b, 2 – f, 3 – c, 4 – a, 5 – g, 6 – d, 7 – e	Wörterbücher der TN
3b	**Präsentation:** TN hören das Aufnahmegespräch und vergleichen und korrigieren ihre Ergebnisse.	▶ **Hörverstehen (Selektives Hören)** ▶ **Fehlerkorrektur (Selbstkorrektur)**	CD: Track 1.42
3c	**Transfer:** An der Tafel werden gemeinsam weitere Fragen an den Arzt gesammelt.	▶ **Landeskunde (Krankenhaus)**	

3d	**Üben:** TN wiederholen in PA das Gespräch zwischen Herrn Schiller und dem Arzt.	▶ **Lernerorientierung:** Abhängig von der Kursgruppe lässt KL die Beantwortung der wichtigsten Fragen des Arztes noch einmal üben (Kopiervorlage).	Kopiervorlage 30e: „In der Notaufnahme"
4a	**Präsentation:** Gemeinsam werden die Aussagen gelesen; unbekannte Wörter werden geklärt. TN hören den Dialog zwischen Herrn und Frau Schiller einmal und bearbeiten die Aufgabe. Sie hören das Gespräch ein zweites Mal und ergänzen/kontrollieren ihre Ergebnisse. Bei Bedarf spielt KL den Text noch einmal vor.	▶ **Hörverstehen (Detailliertes Hören)** **Lösung 4a:** 1 – F, 2 – F, 3 – R, 4 – R, 5 – R, 6 – F, 7 – F Ggf. teilt KL den Kurs vorab in zwei Gruppen: Gruppe A erhält den Lückentext „Doris", Gruppe B den Lückentext „Paul" (Kopiervorlage). KL macht nach jeder Aussage eine Pause, sodass die TN die Lücken ergänzen können.	CD: Track 1.43 Kopiervorlage 30f: „In der Notaufnahme – Lückentext"
4b	**Transfer:** TN schreiben einen Notizzettel für Pauls Tochter, auf dem sie kurz erklären, was passiert ist und was Silvie tun soll.	KL teilt dazu gelbe Haftnotizzettel aus.	Haftnotizzettel
4c	**Freie Anwendung:** In GA erzählen TN einander von eigenen Erfahrungen in Krankenhäusern als Patienten, Besucher, Krankenhausmitarbeiter etc.	▶ **Sprachenvielfalt im Unterricht (Codeswitching):** In sprachlich gemischten Kursen bittet KL TN, sprachhomogene Gruppen zu bilden und sich zunächst in der betreffenden Sprache auszutauschen. Nach zwei Minuten wechseln TN auf ein Signal ins Deutsche. KL lässt die Sprache drei oder vier Mal wechseln, sodass TN zwischen Deutsch und einer anderen Sprache mehrmals in Zeitspannen von zwei bis drei Minuten alternieren. ▶ **Alltag EXTRA:** In Inlandskursen kann KL hier zusätzlich die Krankenversicherung bzw. Krankenkassen thematisieren und einen Vergleich mit der Gesundheitsversorgung in anderen Ländern anregen.	
5a	**Einstieg:** TN sammeln zuerst in GA Dinge, die sie ins Krankenhaus mitnehmen (ggf. anhand der Kopiervorlage). Im Plenum wird zusammengetragen und diskutiert, welche Dinge am wichtigsten sind, also auf keinen Fall vergessen werden dürfen.	▶ **Landeskunde:** Evtl. hat KL die TN schon zuvor gebeten, im Internet zu recherchieren, was man ins Krankenhaus mitnehmen sollte (z. B. unter dem Suchwort „Packen fürs Krankenhaus").	Kopiervorlage 30g: „Packen fürs Krankenhaus"
5b	**Üben:** TN üben den Wortschatz mit dem Kettenspiel „Kofferpacken".	▶ **Spiele (Kofferpacken)**	
6a	**Präsentation:** TN lesen im Plenum die Rollenvorgaben und klären gemeinsam, worin der Konflikt besteht.	▶ **Leseverstehen (Detailliertes Lesen)**	
6b	**Üben:** TN bilden Gruppen mit jeweils drei TN: Patient/in 1, Patient/in 2, Schwester. Gemeinsam werden die Redemittel gelesen und geklärt. Jede/r TN übernimmt eine Rolle. Gemeinsam wird das Rollenspiel erarbeitet und anschließend gespielt.	▶ **Methoden (Kursschreiber/innen):** Wenn Gruppen à 4 TN gebildet werden, übernimmt ein/e TN die Aufgabe des Schriftführers. Er/Sie hält Stichworte für den Dialog, an denen sich die Spieler dann orientieren können, auf einem großen Bogen Papier fest. ▶ **Aussprache (Dialoge):** KL schiebt die Ausspracheübung „Im Dialog sprechen" (Kopiervorlage) ein, die den TN auch ein Modell für ein Konfliktgespräch gibt.	Flipchartpapier Kopiervorlage Aussprache: „Im Dialog sprechen 2"
6c	**Transfer:** TN überlegen sich in GA weitere Konflikte, die es im Krankenhaus geben kann.	▶ **Berufsorientierung:** KL lenkt die Aufmerksamkeit der TN auf die Perspektive „Arbeitnehmer/in im Krankenhaus".	

Krankenhaus

Lernziele: TN können über Pflegeberufe sprechen und etwas näher beschreiben.
Lerninhalte: WS: Pflegeberufe (*die Physiotherapeutin, spezialisiert* etc.); GR: Relativsätze im Dativ, Relativpronomen mit Präpositionen

	TN-/KL-Aktivitäten	Hinweise (▶ führt zum didaktischen Glossar)	Material
7a	**Einstieg:** TN lesen die Sprechblasen und stellen Vermutungen zu den Berufen der Sprecher an.	**▶ Landeskunde (Gesundheitsberufe), (Mögliche) Lösung 7a:** A – Physiotherapeutin, B – Kinderarzt/ Kinderärztin, C – Krankenschwester, D – Augenarzt/Augenärztin **▶ Neue Medien:** Auf der Seite www.berufe.tv der Arbeitsagentur finden sich Informationsvideos zu Ausbildungsberufen im Pflegebereich, aus denen KL eine Sequenz für den Einstieg wählen kann.	Laptop mit Internetanschluss, Beamer
7b	**Präsentation:** TN lesen die Texte und ordnen die entsprechenden Sprechblasen zu.	**▶ Leseverstehen (Globales Lesen):** KL gibt nur wenige Minuten Zeit, denn TN sollen zunächst nur erfassen, um welche Berufe es sich handelt. **Lösung 7b:** Katia Schulz – Sprechblase A, Paolo Milano – Sprechblase B	
7c	**Verständnissicherung:** Die Aussagen werden gemeinsam gelesen und unbekannte Wörter geklärt. TN lesen die Texte noch einmal und kreuzen die richtigen Aussagen an. Die falschen Aussagen werden anhand von Textbelegen berichtigt: *Das ist falsch. Im Text steht …* In diesem Zusammenhang werden wiederum unbekannte Wörter aufgegriffen und nachgeschlagen.	**▶ Leseverstehen (Selektives Lesen)** **Lösung 7c:** ☒ 3. Frau Schulz kann von ihrem Gehalt nicht sehr gut leben. ☒ 6. Herr Milano sagt, dass die Arbeit sehr anstrengend ist. **▶ Methoden (Schnippeltext):** KL gibt Kopien der Texte (Kopiervorlage) aus. In PA schneiden die TN Textschnipsel und geben sie an die Nachbarn weiter. Diese müssen die Texte dann wieder zusammensetzen.	Kopiervorlage 30h: „Gesundheitsberufe" Wörterbücher der TN
8a	**Präsentation:** TN hören die Aussage von Niko Alto zu seinem Beruf als Altenpfleger einmal. Sie hören den Text ein zweites Mal (mit Pausen) und schreiben Stichpunkte zu den Vorteilen und Nachteilen des Berufs auf. Ein/e TN schreibt Stichpunkte an die Tafel. Es gibt mehrere Lösungsmöglichkeiten. Ggf. nach erneutem Hören Diskussionen im Kurs.	**(Mögliche) Lösung 8a:** Vorteile: Er hat direkt mit Menschen zu tun. Er kann die alten Leute von ihren Sorgen ablenken. Er hat eine enge Beziehung zu den Leuten. Es gibt viele Hilfsmittel, die die Arbeit erleichtern. Nachteile: Er muss Abschied von Menschen nehmen, die er lange gepflegt hat. Er hat oft Rückenschmerzen. Er muss am Tag bis zu 14 Stunden arbeiten. Die Altenpflege gehört zu den am schlechtesten bezahlten Berufen in Deutschland.	CD: Track 1.44
8b	**Transfer:** KL sammelt mit TN Gesundheitsberufe und erklärt bei Bedarf die entsprechenden Berufsbilder. TN wählen einen Gesundheitsberuf, der sie interessiert und erstellen eine Tabelle mit den Kriterien +/–. Sie schreiben jeweils fünf Punkte auf.	In diesem Zusammenhang werden auch die Bezeichnungen der Berufe für Männer und Frauen angesprochen (die Bezeichnung für *Hebamme* für Männer ist in Deutschland z. B. *Entbindungspfleger*, in Österreich *Hebamme*). **▶ Hausaufgaben:** KL gibt diese Aufgabe als Hausaufgabe und bittet TN, sich nach Möglichkeit die Berufe im Internet anzuschauen (unter www.berufe.tv oder www.br-online.de/br-alpha/ich-machs/, „Berufe im Überblick").	

9a	**Bewusstmachung:** TN lesen die Texte in 7b noch einmal und schauen sich an, wie die Sätze miteinander verbunden sind. Sie sammeln die Sätze wie im Beispiel an der Tafel. KL verdeutlicht mit Pfeilen, dass man in zwei Richtungen, auf das Bezugswort und das Verb im Relativsatz, schauen muss. *Ich helfe Menschen, **die** sich nicht gut bewegen (können).*	▶ **Grammatik:** Relativsätze im Nominativ und Akkusativ sind den TN schon aus *Berliner Platz 2 NEU*, Kap. 21, bekannt. Neu ist hier das Relativpronomen im Dativ und in Verbindung mit Präpositionen. Bei Bedarf wird das Prinzip in drei Schritten wiederholt: 1. das Bezugswort im Hauptsatz erkennen und Numerus und Genus bestimmen: *Ich helfe <u>Menschen</u>, …* 2. überlegen, welchen Kasus das Verb im Relativsatz beim Bezugswort bzw. Relativpronomen verlangt: *<u>Die Menschen</u> (können) sich nicht gut bewegen.* 3. Bilden des Relativpronomens (Kasus, Genus, Numerus): *Ich helfe <u>Menschen</u>, **die** sich nicht gut bewegen (können).*	
9b	**Üben:** TN ordnen in EA die Satzteile einander zu. Der Vergleich erfolgt erst in PA, dann im Plenum.	**Lösung 9b:** 1 – b, 2 – a oder c, 3 – d, 4 – a oder c	
9c	**Üben:** In PA ergänzen TN die Präpositionen und Relativpronomen.	**Lösung 9c:** Ich komme mit zu der Untersuchung, vor der du Angst hast. Kennen Sie die Medikamente, gegen die Sie allergisch sind? Haben Sie den Druck, von dem Sie sprechen, schon lange? Hast du die Ohrstöpsel, ohne die du nicht schläfst, eingepackt?	
9d	**Üben:** TN schreiben Relativsätze.	▶ **Binnendifferenzierung:** TN, die schnell fertig sind, überlegen sich eigene Beispiele (*Es gibt hier ein Café, in dem ich in der Pause meine Freundin treffe*). ▶ **Spiele:** TN bilden in GA so viele Relativsätze zu einem Bezugswort wie möglich (Kopiervorlage).	Kopiervorlage 30i: „Relativsätze bilden"
9e	**Üben:** TN schreiben in Kleingruppen mindestens drei Definitionen. Dabei wird für Haupt- und Relativsatz jeweils ein Kärtchen benutzt. Dann mischen sie die Kärtchen und geben sie an die nächste Gruppe weiter. Diese setzt sinnvolle Sätze zusammen.	KL hat weitere Sätze vorbereitet (Kopiervorlage).	Kopiervorlage 30j: „Zerschnittene Relativsätze"

Lernziele: TN können ihre Meinung zum Thema „Männer bei der Geburt" sagen.
Lerninhalte: WS: Geburt (*die Schwangerschaftsgymnastik, die Hebamme* etc.); Redemittel: Meinungsaustausch (*Das ist Unsinn / Das stimmt* etc.)

	TN-/KL-Aktivitäten	Hinweise (▶ führt zum didaktischen Glossar)	Material
	Einstieg: KL zeigt die Abbildung C (Kopiervorlage, die anderen Abbildungen werden abgedeckt) und lässt TN Vermutungen anstellen, um was es im Folgenden wohl gehen mag.		Kopiervorlage 30k: „Wir bekommen …", auf Folie, OHP
10a	In PA ordnen TN die Wörter und Ausdrücke den sechs Szenen zu. Im Plenum wird verglichen.	▶ **Binnendifferenzierung:** Jedes Paar wählt eine oder mehrere Szenen, mit der/denen es sich beschäftigen will, und beschriftet die Abbildung (Kopiervorlage). Dabei werden auch die vorgegebenen Wörter und Ausdrücke benutzt.	
10b	TN betrachten nun gemeinsam alle sechs Zeichnungen und erzählen, was ihrer Meinung nach passiert.		

10c	**Präsentation:** TN überfliegen die Textabschnitte in EA und ordnen sie in PA/GA den Abbildungen zu. Im Plenum wird verglichen. TN geben eine kurze Zusammenfassung der Geschichte und klären ggf. weitere Fragen.	▶ **Leseverstehen (Globales Lesen)** **Lösung 10c:** 1 – C, 2 – D oder E, 3 – E, 4 – B, 5 – F, 6 – A	
10d	**Verständnissicherung:** TN lesen den Text in der richtigen Reihenfolge noch einmal intensiver und beantworten die Fragen.	▶ **Leseverstehen (Detailliertes Lesen)** **(Mögliche) Lösung 10d:** 1. Oskar kauft Spielzeug und Kleidung. 2. Tanja will nicht unbedingt, dass ihr Mann bei der Geburt dabei ist. 3. Oskar will Tanja bei der Geburt helfen. 4. Oskar schläft dabei meist fast ein. 5. Er ist sehr nervös und aufgeregt. 6. Er wird ohnmächtig. ▶ **Textkompetenz:** Jede/r TN schreibt mindestens zwei *Warum*-Fragen zum Text auf ein Blatt Papier und gibt ihn an den Nachbarn / die Nachbarin weiter, die/der die Fragen schriftlich beantwortet. KL geht herum und hilft, wo nötig. Das Blatt wird dann an die nächste Person weitergegeben, die die Fragen und Antworten vorliest.	
10e	**Freie Anwendung:** TN diskutieren in GA über die Thesen. KL bereitet vier Wandplakate vor, auf denen jeweils eine der Thesen steht, und hängt sie im Kursraum auf. TN gehen im Anschluss an die Diskussion von Plakat zu Plakat, lesen die Kommentare anderer TN und schreiben ihre Meinung auf.	▶ **Binnendifferenzierung:** Hier bietet es sich an, nach Geschlechtern getrennte Gruppen bilden zu lassen. ▶ **Interkulturelle Perspektive:** In diesem Zusammenhang bietet sich ein Austausch darüber an, wie sich Menschen in anderen Kulturen auf die Geburt eines Babys vorbereiten (vgl. www.payer.de).	Wandplakate
	Üben: TN schreiben ein Diktat. *Ein Unfallbericht für die Versicherung:* *Sehr geehrte Damen und Herren, /* *am 4. Juli abends / wollte ich ein Buch lesen, / das ganz oben im Bücherregal stand. / Deshalb bin ich auf einen Stuhl gestiegen. / Als ich das Buch, / nach dem ich gesucht hatte, / gerade in der Hand hatte, / ging der Stuhl unter mir kaputt. / Ich fiel zu Boden / und verletzte mich an der linken Hand, / in der ich das Buch gehalten hatte. / Im Krankenhaus, / in das mich meine Frau / sofort gebracht hatte, / untersuchte man mich. / Die Verletzung war zwar nicht so schlimm, / aber ich konnte ein paar Tage nicht arbeiten./* *Mit freundlichen Grüßen* *H. Meral*	▶ **Diktate**	

Raststätte

Wiederholungsspiel: Stoff der Kapitel 28–30

	TN-/KL-Aktivitäten	Hinweise (▶ führt zum didaktischen Glossar)	Material
1	**Wiederholung:** Das Wiederholungsspiel, das Wortschatz und Strukturen aus den Kapiteln 28–30 aufgreift, wird mit zwei gleich großen Parteien gespielt, also entweder zu zweit oder mit zwei Mannschaften à zwei oder mehr Personen, die sich dann untereinander helfen. Gemeinsam werden die Spielregeln gelesen und besprochen. TN bilden Paare oder Gruppen, benutzen das Spielbrett im Buch oder die Kopiervorlage, würfeln und machen mit ihrer Spielfigur einen entsprechenden Zug. Kommen sie auf ein Nummernfeld (z. B. 4), so muss die Aufgabe (dann Nr. ④ aus dem gelben, grünen oder blauen Feld) gewählt werden.	▶ **Spiele** ▶ **Binnendifferenzierung:** KL kann die Spielregeln dahin gehend ändern, dass für jede richtig beantwortete Frage aus dem gelben, grünen und blauen Feld generell 2 Punkte vergeben werden. Damit haben alle TN die Möglichkeit, die ihnen entsprechenden Fragen zu wählen; fortgeschrittenere TN haben ein Angebot, das größere Herausforderungen birgt, schwächere TN sind nicht automatisch die Verlierer, weil sie für die Beantwortung leichterer Fragen weniger Punkt bekommen.	Spielfiguren und einen Würfel pro Gruppe Kopiervorlage Raststätte 10a: „Spielbrett"

Landeskunde: Das Grüne Band

	TN-/KL-Aktivitäten	Hinweise (▶ führt zum didaktischen Glossar)	Material
2a	**Einstieg:** In einem Wortigel sammeln TN, was sie zum Thema „Zwei deutsche Staaten" wissen.	▶ **Landeskunde:** KL zeigt evtl. Abb 1 größer auf Folie (Kopiervorlage), damit TN genauer sehen können, welche Orte auf beiden Seiten der deutsch-deutschen Grenze lagen. Nach Möglichkeit zeigt KL auch einen YouTube-Clip zum Todesstreifen, z. B. den der Deutschen Welle: www.youtube.com/watch?v=jlbAUFvh04k.	Kopiervorlage Raststätte 10b: „Das Grüne Band"
2b	**Präsentation:** TN lesen den Text in 4er-Gruppen und beantworten die Quizfragen.	▶ **Leseverstehen (Selektives Lesen)** ▶ **Kooperatives Lernen (Gruppenpuzzle):** TN bilden Gruppen. KL hat den Text in vier Abschnitte (A, B, C, D) geteilt und gibt jedem Gruppenmitglied einen Buchstaben (A, B, C, D). Jede/r TN liest „sein/ihr" Puzzlestück des Gesamttextes. Alle „Experten/Expertinnen" für einen bestimmten Textabschnitt stellen sich dann zusammen, um die Informationen aus ihrem Textteil abzugleichen. Anschließend kehren sie in ihre ursprüngliche Gruppe zurück, wo sie ihre Informationen den anderen weitergeben. **Lösung 2b** 1 – (Helmut) Kohl, 2 – das größte Naturschutzgebiet in Mitteleuropa, 3 – ein Naturschutzprojekt entlang dem ehemaligen Eisernen Vorhang vom Eismeer bis zum Schwarzen Meer, 4 – der Mauerfall, 5 – von 1945 bis 1989, 5 – fast 1400 Kilometer lang, 7 – die deutsch-deutsche Grenze, der sog. Todesstreifen, 8 – von Travemünde an der Ostsee, Dreiländereck bei Hof	Kopiervorlage Raststätte 10c: „Gruppenpuzzle"
2c	**Präsentation:** TN hören das Interview mit Herrn Berger zweimal und kreuzen die Lösungen an. Im Plenum werden die Ergebnisse verglichen.	▶ **Hörverstehen (Selektives Hören)** **Lösung 2c:** 1 – b, 2 – c, 3 – a, 4 – b	CD: Track 1.45

2d	**Freie Anwendung:** TN diskutieren über das Radfahren auf dem Todesstreifen.	▶ **Binnendifferenzierung:** KL lässt evtl. vier unterschiedliche Interessengruppen bilden: Gruppe A: begeisterte Radfahrer, Gruppe B: naturbegeisterte TN, Gruppe C: TN, die sich besonders für die deutsche Geschichte interessieren, Gruppe D: alle anderen	
2e	**Freie Anwendung:** TN planen in GA Radtouren an der deutsch-deutschen Grenze (Kopiervorlage). Sie müssen dabei im Internet recherchieren, können dies aber auch in der Stadtbibliothek tun. Jede Gruppe stellt ihr Ergebnis in der Gruppe vor.	▶ **Projekte**	Kopiervorlage Raststätte 10d: „Radtour an der deutsch-deutschen Grenze“

Prüfungsvorbereitung: Prüfung zum „Zertifikat Deutsch“ (Sprechen, Aufgabe 2: die Hauptinformationen eines Textes bzw. Schaubilds wiedergeben)

	TN-/KL-Aktivitäten	Hinweise (▶ führt zum didaktischen Glossar)	Material
3a	**Gesprächsvorbereitung:** Je zwei TN bilden ein Prüfungspaar. Partner/in A und Partner/in B sitzen sich gegenüber und schauen sich jeweils ihre Grafik an und lesen den entsprechenden Text dazu.	▶ **Prüfungsvorbereitung:** Diese Sequenz bereitet auf den Teil „mündliche Interaktion“ des „Zertifikats Deutsch“ vor. Hier wird geprüft, ob sich der/die TN mit einem Gesprächspartner über die wesentlichen Informationen aus Schaubild und Text austauschen kann.	
3b	Beide Partner bearbeiten Schritt 1 (*Das Thema nennen*) und Schritt 2 (*Wichtige Fakten zusammenfassen*) in EA und ergänzen die Sätze. In Schritt 3 berichtet Partner/in A über seinen/ihren Text, anschließend erzählt Partner/in B. Die Partner/innen tauschen sich über die Texte bzw. das Thema aus, indem sie kommentieren, einander Fragen stellen und auf die jeweiligen Gesprächsbeiträge reagieren.	▶ **Sprechen (monologisches)**	
3c	**Freies Sprechen:** A und B lesen nun die Fragen und ordnen sie nach persönlicher Priorität an. Sie bereiten so das anschließende Gespräch vor. Für das Gespräch setzen sich zwei Paare zusammen. Während ein Paar das Gespräch übt, hört das zweite Paar zu und gibt dann Feedback.	▶ **Sprechen (dialogisches)** Ggf. absolvieren Freiwillige eine Musterprüfung vor dem Plenum.	

Prüfungsvorbereitung: Zertifikat Deutsch (Lesen: Zeitungsartikel, Hören: Gespräch), Deutsch-Test für Zuwanderer (Hören: Ansagen, Sprechen: Über sich sprechen, Kontaktaufnahme, Lesen/Sprachbausteine)

	TN-/KL-Aktivitäten	Hinweise (▶ führt zum didaktischen Glossar)	Material
LV P ZD	**Lesen (Detailliertes Verstehen):** Im Plenum wird zuerst einmal der Tipp zum Leseverstehen gelesen und besprochen. TN lesen den Text und die Aufgabenstellung und lösen dann die fünf Aufgaben zum Text.	Dieser Trainingsteil dient der Vorbereitung auf den ZD-Prüfungsteil „Leseverstehen, Teil 2". Für jede richtige Lösung bekommt man fünf Punkte. **Lösung LV:** 1 – b, 2 – a, 3 – c, 4 – b, 5 – b	
HV P ZD	**Hören (Detailliertes Verstehen):** TN hören ein Gespräch zweimal. Dazu sollen sie zehn Aufgaben lösen. TN lesen erst die Aufgaben. Dazu haben sie eine Minute Zeit.	Dieser Trainingsteil dient der Vorbereitung auf den ZD-Prüfungsteil „Hörverstehen, Teil 2". Auch hier kann man insgesamt 25 Punkte bekommen, 2,5 Punkte für jede richtige Lösung. **Lösung HV:** 1 – Richtig; 2 – Richtig; 3 – Falsch; 4 – Richtig; 5 – Falsch; 6 – Richtig; 7 – Richtig; 8 – Falsch; 9 – Richtig; 10 – Falsch	CD: Track 3.50
HV P DTZ	**Hören (Globales Verstehen):** TN hören jede der fünf Ansagen aus dem Radio ein einziges Mal und kreuzen die Antwort an, die am besten passt.	Jede richtig gelöste Aufgabe im Prüfungsteil „Hören, Aufgabe 2" des DTZ wird mit einem Punkt bewertet. **Lösung HV:** 1 – c, 2 – c, 3 – b, 4 – a, 5 – c	CD: Track 3.51–55
M P DTZ	**Sprechen:** TN üben in PA, wie sie sich anhand der Stichpunkte vorstellen. Dabei liegt das Buch mit den Stichpunkten aufgeschlagen vor ihnen. In lernschwachen Kursen erarbeitet KL davor gemeinsam mit den TN nochmals die entsprechenden Redemittel an der Tafel und gibt ein Beispiel vor.	Den DTZ-Prüfungsteil „Sprechen, Aufgabe 1" üben TN mit einem Partner / einer Partnerin im Kurs. Die mündlichen Leistungen werden beim DTZ zur Hälfte nach dem Kriterium der Aufgabenbewältigung, zur anderen Hälfte nach dem Kriterium der sprachlichen Angemessenheit (Aussprache/Intonation, Flüssigkeit, Korrektheit, Wortschatz), beim ZD nach den Kriterien Ausdrucksfähigkeit, Aufgabenbewältigung, formale Richtigkeit sowie Aussprache und Intonation bewertet. Details hierzu findet man in den jeweiligen Modellsätzen.	
M P ZD	**Sprechen:** TN üben in PA ein zwangloses Gespräch zu den aufgelisteten Themen. Anschließend reflektieren sie, inwieweit ihre Leistungen den jeweiligen Bewertungskriterien entsprachen.		
SB P DTZ P ZD	**Sprachbausteine:** TN entscheiden hier, welches Wort jeweils passt, und kreuzen entsprechend a, b oder c an.	Für die letzte Aufgabe des Prüfungsteils „Lesen" im DTZ kann man insgesamt sechs Punkte bekommen. **Lösung Sprachbausteine:** 1 – a, 2 – a, 3 – a, 4 – c, 5 – c, 6 – b Der Prüfungsteil „Sprachbausteine" im ZD funktioniert auf dieselbe Weise; hier kann KL auch einen Modelltest hinzuziehen.	
	Im Plenum werden nun die Ergebnisse besprochen. TN notieren die erreichte Punktzahl und überlegen, was sie noch üben müssen.		

Bewegung

Thematische Schwerpunkte: Sport, Bewegung und Fitness, Sportberufe

Lernziele

Die TN können

- etwas erzählen
- Aussagen zu Bewegung und Fitness machen
- Abläufe schildern
- den Zweck von etwas angeben
- Einstellungen, Gefühle und Haltungen beschreiben

Lerninhalte

Wortschatz/Redemittel:

- Sportarten (*Volleyball, skaten, schwimmen* etc.)
- Bewegung und Fitness (*der Leistungssport, der Wettkampf* etc.)
- Sport und Beruf (*in jeder freien Minute, den Sport zum Beruf machen, der Druck* etc.)
- Auto und Fahrrad (*das Straßennetz, die Radtour* etc.)

Grammatik:

- Pronomen und Pronominaladverbien bei Präpositionen
- Nebensätze mit Pronominaladverbien
- Reflexivpronomen im Dativ
- Nebensätze (Finalsätze) mit *damit* und Infinitivkonstruktion mit *um … zu*

Aussprache:

- Satzakzent (im Arbeitsbuchteil)

Lernziele: TN können Sportarten und Aktivitäten nennen und sagen, was man dafür braucht.
Lerninhalte: WS: Sportarten (*Volleyball, skaten, schwimmen* etc.)

	TN-/KL-Aktivitäten	Hinweise (▶ führt zum didaktischen Glossar)	Material
	Einstieg: KL lenkt die Aufmerksamkeit mithilfe von mitgebrachten Realien auf das neue Thema. TN betrachten die Fotos und erzählen, welches Foto sie am meisten anspricht.	▶ **Neue Medien,** ▶ **Bewegung:** Bewegungsliebende Kurse legen zum Einstieg eine kleine Gymnastiksequenz ein, z. B. mithilfe des YouTube-Clips „TELE-GYM Gesunder Rücken" (www.youtube.com/watch?v=Jjb4bjAbqkE).	Realien (Ball, Hüpfseil, Sportbrille, Gewicht o. Ä.)
1a	In zwei Wortigeln sammeln TN Begriffe und Assoziationen zu den Themen „In Bewegung sein" und „Sportarten".	KL hat Plakate mit jeweils einem Wortigel an unterschiedlichen Wänden des Kursraums befestigt, sodass die TN ausreichend Platz haben und sich alle beteiligen können. ▶ **Lernerorientierung:** KL schreibt ggf. auch eine Aktivität wie „Bügeln" auf und weitet so das Thema auf alle möglichen Aktivitäten aus. So können sich auch TN beteiligen, die keiner sportlichen Aktivität nachgehen.	
1b	**Präsentation:** TN hören den Bericht von Frau Burgmann und machen sich Notizen zu den Aktivitäten.	▶ **Hörverstehen (Selektives Hören)** **(Mögliche) Lösung 1b:** Für Frau Burgmann ist wichtig: viel Bewegung, Abwechslung nach der Arbeit. Sie joggt und fährt mit dem Fahrrad. Sie möchte an der frischen Luft sein. Wenn sie wenig Zeit hat, geht sie mit Freundinnen oder ihrem Mann spazieren. Im Winter geht sie eislaufen und im Sommer schwimmen.	CD: Track 2.2

2a	**Verständnissicherung:** TN suchen in PA (Kopiervorlage) Wörter in der Wortschlange und klären sie gemeinsam mithilfe ihrer Wörterbücher. TN überlegen, welche Sportarten aus der Wortschlange sie den Fotos zuordnen können.	KL erklärt unbekannte Sportarten oder lässt sie von TN erklären, (z. B. *Slackline*, eine Trendsportart, bei der man auf einem zwischen zwei Befestigungspunkten gespannten Band balanciert). **(Mögliche) Lösung 2a:** Foto A: Volleyball spielen, schwimmen Foto B: Basketball, Ski fahren, Rad fahren, tauchen, langlaufen, Schlitten fahren, Slackline Foto C: Ski springen mit der Wii® Foto D: bergsteigen, klettern Foto E: laufen, wandern Foto F: Gymnastik, Yoga ▶ **Sprachenvielfalt im Unterricht:** KL thematisiert die Nomen-Verb-Verbindungen (*Sport treiben/machen, Fußball spielen, Ski fahren*, die sich von den Erstsprachen der TN sehr unterschieden können; so heißt es im Türkischen z. B. *Judo spielen* und nicht *Judo machen*).	Kopiervorlage 31a: „Wortschlange" Wörterbücher der TN
2b	**Üben:** TN hören die Geräusche und versuchen, die Sportarten zu identifizieren.	▶ **Hörverstehen (Detailliertes Hören)** **Lösung 2b:** Tennis – Fußball – Schwimmen/Rudern – Reiten – Skifahren – Tischtennis	CD: Track 2.3
2c	**Transfer:** Der Reihe nach stellen TN pantomimisch eine Sportart vor; die anderen TN raten. Ist eine Sportart geraten, schreiben TN auf, was man dazu braucht. Im Plenum werden die Ergebnisse verglichen und die Wörter geklärt.	▶ **Spiele (Pantomime):** In kleineren Kursen kann im Plenum gespielt werden, größere Kurse werden in zwei oder drei Gruppen geteilt. ▶ **Lernen durch Lehren:** Hier bietet sich an, dass TN in GA den Wortschatz jeweils zu einer Sportart erarbeiten. Die Ergebnisse werden auf Flipchart-Bogen (Packpapier, Folien) geschrieben und dann den anderen TN im Plenum präsentiert. ▶ **Interkulturelle Perspektive:** Hier werden evtl. auch Sportarten genannt, die den anderen TN unbekannt sind (z. B. das Eisschwimmen in Russland oder der französische *Jeu de Boule*). Der/Die TN erklärt dann selbst, um was für einen Sport es sich handelt und was man dafür braucht ▶ **Spiele (Tabu):** In lernstarken Kursen wird ein Tabuspiel gespielt. Auf jedem Tabukärtchen (Kopiervorlage) stehen eine Sportart und zwei Begriffe, die bei einer späteren Umschreibung nicht genannt werden dürfen. 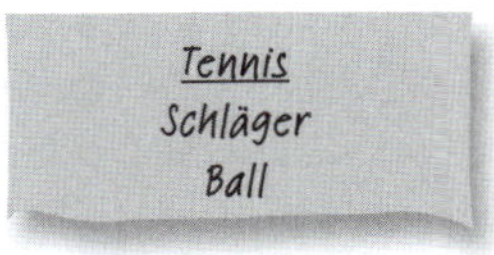 	Wörterbücher der TN Flipchartbögen/Packpapier/Folien ggf. OHP Kopiervorlage 31b: „Tabuspiel Sport"

Bewegung

Lernziele: TN können Aussagen zu Bewegung und Fitness machen.
Lerninhalte: WS: Bewegung und Fitness (*der Leistungssport, der Wettkampf* etc.); GR: Pronomen und Pronominaladverbien bei Präpositionen, Nebensätze mit Pronominaladverbien

	TN-/KL-Aktivitäten	Hinweise (▶ führt zum didaktischen Glossar)	Material
3a	**Präsentation:** TN überfliegen die Texte und klären: *Welche Person macht Sport, welche nicht?* **Verständnissicherung:** In PA lesen TN die Aussagen 1–6 und ordnen sie den Texten A–D zu. Der Vergleich der Ergebnisse erfolgt im Plenum.	▶ **Leseverstehen (Globales Lesen),** ▶ **Leseverstehen (Selektives Lesen)** **Lösung 3a:** 1 – Aussage passt nicht, 2 – A, 3 – B, 4 – Aussage passt nicht, 5 – D, 6 – C	
3b	**Verständnissicherung:** TN lesen die Texte noch einmal unter der Fragestellung, ob und aus welchen Gründen die Personen Sport machen. Sie markieren die entsprechenden Textstellen.	▶ **Leseverstehen (Detailliertes Lesen)** ▶ **Kooperatives Lernen:** Ggf. teilt KL den Kurs in Vierergruppen. Jede/r TN liest nur einen Textteil (Kopiervorlage) und berichtet über die Einstellung „seiner/ihrer" Person zum Sport. Die anderen TN sagen, um welche der Personen es sich handelt.	Kopiervorlage 31c: „Bewegung und Fitness – Meinungen"
3c	**Transfer:** TN sammeln (mithilfe der Kopiervorlage) Fragen, die Sie den anderen TN stellen wollen, und machen eine Umfrage im Kurs.	▶ **Alltag EXTRA:** Im Zusatzkapitel geht es um die Themen „Integration und Sport" und um Sportvereine in Deutschland. Sie können in Kursen im Inland an dieser Stelle ergänzend aufgegriffen werden. ▶ **Landeskundeheft „Treffpunkt D-A-CH 3":** Fußballbegeisterte TN im Ausland interessieren sich sicherlich auch für das Kapitel „Fußball und Film" im Landeskundeheft.	Kopiervorlage 31d: „Umfrage Bewegung und Fitness"
	KL lässt in Vorbereitung auf 4 die Verben mit Präpositionen spielerisch wiederholen (Kopiervorlage).	▶ **Spiele (Schnickschnack)**	Kopiervorlage 31e: „Schnickschnack"
4	**Bewusstmachung/Systematisierung:** Die Beispiele im Grammatikkasten werden besprochen. TN erkennen, dass mit der Unterscheidung zwischen Person und Sache bei Verben mit Präpositionen unterschiedliche Frage- und Antwortstrukturen verknüpft sind. TN suchen und markieren die Sätze 1–5 in den Texten in 3a. Gemeinsam wird jeder Satz an der Tafel analysiert und ergänzt. Mit Pfeilen und Farben wird der Sachverhalt visualisiert.	▶ **Grammatik (Pronominaladverbien):** Ggf. erläutert KL schrittweise an der Tafel. *Ich hatte Probleme mit dem neuen Turnlehrer. (= Person)* *Mit wem? Mit dem neuen Turnlehrer. Oder:* *Mit ihm. (→ Präposition + Pronomen)* *Ich hatte Probleme mit Sport. (= Sache)* *Womit? Mit Sport. Oder:* *Damit. (→ da + Präposition)* Genauso dann mit: *Es ist Schluss mit dem neuen Turnlehrer.* (= Person) *Es ist Schluss mit Sport.* (= Sache) **Lösung 4:** 1 – Dafür, 2 – mit ihnen, 3 – daran, 4 – Dafür, 5 – mit ihr	
	Üben: TN schreiben ähnliche Sätze wie im Buch und üben in PA, indem sie sich die Sätze abwechselnd vorlesen und nachfragen. Um die Nachfrage authentischer wirken zu lassen, kann KL als Situation vorgeben, dass der jeweilige Partner schlecht hört. **Beispiel:** *Ich interessiere mich für Musik. – Wie bitte? Wofür interessierst du dich?*	▶ **Arbeitsbuch:** KL lässt bei Bedarf an dieser Stelle die Pronomen und Pronominaladverbien bei Präpositionen im Arbeitsbuch, Ü 4.1–4.3, weiter üben.	

5a	**Bewusstmachung/Systematisierung:** TN lesen die Beispielsätze. Auch hier wird jeder Satz an der Tafel analysiert; der Sachverhalt wird Schritt für Schritt erklärt und mit Pfeilen und Farben visualisiert: *Ich freue mich. Die Arbeit ist bald vorbei.* *die Arbeit* = anderes Subjekt Verb + Präposition: *sich freuen auf* Frage: *Worauf freust du dich?* Satzverbindung: *Ich freue mich darauf, dass die Arbeit bald vorbei ist.* *Ich freue mich. Ich trainiere mit Peter.* *ich* = gleiches Subjekt Satzverbindungen: *Ich freue mich darauf, dass ich mit Peter trainiere.* Oder: *Ich freue mich darauf, mit Peter zu trainieren.*	▶ **Grammatik (Pronominaladverb en):** TN erkennen, dass Pronominaladverbien auch Nebensätze einleiten können. Dabei gibt es zwei Möglichkeiten: Hat der Nebensatz ein anderes Subjekt als der Hauptsatz, wird der Nebensatz mit *dass* gebildet. Hat der Nebensatz dasselbe Subjekt wie der Hauptsatz, kann im Nebensatz ein Infinitiv mit *zu* stehen.	
5b	**Üben:** Der erste Beispielsatz, *Wir haben uns darauf gefreut, im Urlaub viel zu unternehmen,* wird gemeinsam an der Tafel besprochen. TN schreiben die Sätze 2–5. Anschließend formulieren sie mit den Fragewörtern vollständige Fragesätze. TN schreiben weitere Sätze nach dem Muster. Einige Beispiele werden im Plenum vorgetragen.	Zum weiteren Üben schreiben TN selbst Fragen auf Kärtchen (oder nutzen die Kopiervorlage): *Wofür interessiert du dich? Worauf freust du dich?* Die Kärtchen werden gemischt; jede/r TN zieht eine Karte und beantwortet die Frage. **Lösung 5b:** 2 – Wir waren enttäuscht davon, dass das Wetter schlecht war. 3 – Ich habe mich darüber geärgert, dass es nur geregnet hat. 4 – Ich hatte Angst davor, dass die Stimmung schlecht wird. 5 – Wir haben uns dazu entschlossen, jeden Tag ein paar Stunden zu wandern.	Kopiervorlage 31f: „Wofür interessierst du dich?"

Lernziele: TN können Einstellungen/Gefühle/Haltungen zum Sport beschreiben
Lerninhalte: WS: Sport und Beruf (*in jeder freien Minute, den Sport zum Beruf machen, der Druck* etc.); GR: Reflexivpronomen im Dativ

	TN-/KL-Aktivitäten	Hinweise (▶ führt zum didaktischen Glossar)	Material
6a	**Einstieg:** KL zeigt am OHP das Schwarz-Weiß-Foto der Kinder auf Skiern. TN stellen Vermutungen an, welchen Beruf ein bestimmtes Kind wohl ergreifen wird. TN betrachten dann alle Fotos, klären miteinander unbekannte Wörter (z. B. *Pokale*) und sammeln in PA Fragen an Herrn Spiegl.	▶ **Einstiegsaktivitäten:** Indem die TN ihre Fragen an Herrn Spiegl sammeln, stellen sie einen persönlichen Bezug zum Thema her.	Kopiervorlage 31g: „Sportlich", auf Folie, OHP
6b	**Präsentation:** TN hören das Interview einmal ganz und kreuzen die Stationen aus dem Lebenslauf an. Dann teilt KL jedem/jeder TN eine Station zu mit der Anweisung, noch einmal genau hinzuhören, ob die Station genannt wird. Im Plenum werden die Ergebnisse verglichen.	▶ **Hörverstehen (Selektives Hören)** **Lösung 6b:** Volksschule Götzens, Universität Innsbruck, Skilehrer und Manager der Skischule Götzens, Trainer in der Rennschule Rossland in Kanada	CD: Track 2.4
6c	**Verständnissicherung:** Das Interview wird ein weiteres Mal vorgespielt; jetzt kreuzen TN R/F an.	▶ **Hörverstehen (Selektives Hören)** **Lösung 6c:** 1 – R, 2 – F, 3 – F, 4 – R, 5 – R, 6 – R, 7 – R, 8 – F, 9 – F, 10 – F	
7a	**Präsentation:** TN lesen in PA die beiden Texte und überlegen sich, welchen Aussagen sie zustimmen und welchen nicht.	▶ **Leseverstehen (Detailliertes Lesen)** ▶ **Binnendifferenzierung:** Schwächere TN wählen einen der beiden Texte aus.	
7b	**Transfer:** TN äußern ihre Meinung zu einer ausgewählten Aussage aus dem Text.	KL kann dies auch als schriftliche Aufgabe geben: TN schreiben die Aussage aus dem Text auf, die sie kommentieren wollen, und schreiben ihren Kommentar dazu in eine Sprechblase (Kopiervorlage).	Kopiervorlage 31h: „Meine Meinung"

8a	**Bewusstmachung/Systematisierung:** TN markieren die Reflexivpronomen im Dativ in den Sätzen 1–6 und sammeln sie in einer Tabelle wie im Grammatikkasten vorgegeben. KL lässt die Liste „Verben mit Präpositionen" hinten im Buch aufschlagen. TN suchen die reflexiven Verben heraus und erkennen den Zusammenhang von Kasus und Präposition.	▶ **Wiederholung:** Reflexive Verben im Akkusativ haben die TN bereits in Kap. 20 kennengelernt. KL wiederholt einige der bekannten Beispiele (*sich langweilen, sich verabreden, sich vorstellen* u. a.). **Lösung 8a:** 1 – dir (sich merken), 2 – mir (sich Sorgen machen), 3 – euch (sich vorstellen), 4 – sich (sich vornehmen), 5 – sich (sich wünschen), 6 – uns (sich kaufen)	
8b	**Üben:** TN bilden Sätze zu den vorgegebenen Verben wie im Beispiel.	▶ **Binnendifferenzierung:** TN schreiben je nach Vermögen zwei bis fünf Sätze. ▶ **Spiele:** TN üben in GA anhand der Kopiervorlage.	Kopiervorlage 31i: „Reflexivpronomen-Spiel"
9a	**Transfer:** TN lesen die Aussagen und listen weitere Argumente für Sport an der Tafel auf.	KL lässt ggf. Pro- und Kontragruppen bilden. TN der Gruppe A schreiben weitere Argumente für Sport auf, die der Gruppe B überlegen Gegenargumente zu den Sätzen 1–6. Welche weiteren Argumente könnte Gruppe A sammeln, und wie könnte man sie entkräften? ▶ **Handlungsorientierung:** Auf Meinungen zu reagieren gehört zu den elementaren Sprachhandlungen im Alltag in Deutschland. Dies kann zusätzlich anhand der Kopiervorlage trainiert werden.	Kopiervorlage 31j: „Diskussionen führen"
9b	TN äußern Gegenargumente zu den im Buch und an der Tafel aufgelisteten Argumenten.	Die Gruppen spielen nun gegeneinander, wobei Gruppe B spontan auf die neuen Argumente von Gruppe A reagieren muss.	

Lernziele: TN können den Zweck von etwas angeben.
Lerninhalte: WS: Auto und Fahrrad (*das Straßennetz, die Radtour* etc.); GR: Nebensätze (Finalsätze) mit *damit* und Infinitivkonstruktion mit *um … zu*

	TN-/KL-Aktivitäten	Hinweise (▶ führt zum didaktischen Glossar)	Material
10a	**Präsentation:** TN überfliegen den Text und beantworten die Frage.	▶ **Leseverstehen (Globales Lesen)** **Lösung 10a:** das Auto ▶ **Textkompetenz:** KL fragt, welche Informationen im Text speziell zu Deutschland, welche speziell zu Münster gegeben werden. TN notieren. ▶ **Interkulturelle Perspektive:** Nicht in allen Ländern ist das Auto das Verkehrsmittel Nr. 1. Das kann KL anhand von Abbildungen thematisieren, die er/sie auf Folie kopiert hat (z. B. von Amsterdam www.flickr.com/photos/inot2007/3854142706/ und Hanoi www.flickr.com/photos/30957604@N06/2945051230/).	Fotos auf Folie, OHP
10b	**Verständnissicherung:** TN lesen den Text jetzt genauer, um die Informationen in 1–6 und a–f zuordnen zu können.	▶ **Leseverstehen (Selektives Lesen)** **Lösung 10b:** 1 – e, 2 – c, 3 – f, 4 – a, 5 – d, 6 – b	

10c	**Transfer:** In GA tauschen sich TN zu den Fragen aus.	▶ **Lernerorientierung:** Evtl. erweitert KL hier die Aufgabenstellung und fragt nach weiteren sportlichen Fortbewegungsmitteln, wie Cityroller, Inlineskates, Springstelzen, Skateboards usw.	
11a	**Bewusstmachung:** TN lesen die Beispiele im Grammatikkasten. Gemeinsam wird die Regel besprochen und evtl. aufgeschrieben. Das Wort *Platz* ist im ersten Beispielsatz evtl. nicht ganz leicht als Subjekt zu identifizieren; KL ergänzt weitere Beispiele.	▶ **Grammatik:** Der Finalsatz drückt einen Zweck oder eine Absicht aus. Er wird mit *damit* eingeleitet, wenn das Subjekt im Haupt- und Nebensatz verschieden ist. Wenn im Haupt- und Nebensatz dasselbe Subjekt steht, kann ein *damit*-Satz oder eine Infinitivkonstruktion mit *um … zu* benutzt werden.	
11b	**Üben:** TN schreiben zu 1–6 Nebensätze unter Verwendung der vorgegebenen Satzfragmente.	**Lösung 11b:** 1. Viele Profisportler benutzen das Fahrrad, um ihre Kondition zu trainieren / damit sie ihre Kondition trainieren. 2. Hobbysportler benutzen das Rad, um fit zu bleiben und sich zu erholen / damit sie fit bleiben und sich erholen. 3. Naturfreunde fahren Rad, um sich ein Stück Natur anzusehen / damit sie sich ein Stück Natur ansehen. 4. Briefträger nehmen oft das Fahrrad, um die Arbeit schneller zu erledigen / damit sie die Arbeit schneller erledigen. 5. Manche Leute in der Stadt fahren Rad, um nicht im Stau zu stecken / damit sie nicht im Stau stecken. 6. Viele Schüler fahren mit dem Fahrrad, um schneller in der Schule oder zu Hause zu sein / damit sie schneller in der Schule oder zu Hause sind.	
11c	**Üben:** TN spielen in Gruppen so, wie in der Spielanleitung vorgegeben.	▶ **Spiele:** Ggf. lässt KL vor Beginn des Spiels zu jedem Begriff den unbestimmten Artikel im Akkusativ nennen (Ich brauche *ein Fahrrad, einen Rucksack* usw.).	
	Üben: TN schreiben ein Diktat. *1. Jeden Tag freue ich mich darauf, abends schwimmen zu gehen. 2. Am Wochenende gehe ich oft mit Freunden ins Fußballstadion. 3. Und außerdem habe ich mir ein neues Fahrrad gekauft, um zur Arbeit zu fahren. 4. Sie denken, dass ich ein sportlicher Typ bin? 5. Das war nicht immer so. 6. Früher habe ich Sport gehasst und mich überhaupt nicht dafür interessiert. 7. Aber dann habe ich mich ausgerechnet in eine Leistungssportlerin verliebt. 8. Meine Frau war im Schwimmen hessische Meisterin! 9. Da bin ich natürlich auch immer mit ins Schwimmbad gegangen. 10. Und ich habe mit Sport angefangen, mit Schwimmen natürlich, Joggen und Skifahren. 11. Heute findet meine Frau Leistungssport und Wettkämpfe blöd. 13. Aber glücklicherweise geht sie immer noch gerne ins Schwimmbad, wenn das Wasser warm genug ist.*	▶ **Diktate (Laufdiktat)**	

Einkaufen

Thematische Schwerpunkte: Einkauf, Konsum, Gesprächsstrategien am Telefon, Verbraucherschutz

Lernziele

Die TN können

- über Einkaufsgewohnheiten sprechen
- über Verbraucherschutz und Probleme als Verbraucher sprechen
- etwas telefonisch reklamieren
- Gesprächsstrategien am Telefon nutzen
- ein Gedicht von Erich Kästner verstehen
- über das Thema „Geld regiert die Welt“ sprechen

Lerninhalte

Wortschatz/Redemittel:

- Geld (*nützlich, süchtig* etc.)
- Einkauf (*Ich gehe gerne mit … einkaufen, Einkaufen ist anstrengend, wenn …* etc.)
- Verbraucherschutz (*die Verbraucherberatung, die Reklamation, die Kündigung* etc.)
- Reklamation (*die Beschwerde, die Rechnung* etc.)
- Telefongespräche (*Ich würde gern mit jemandem sprechen, der …* etc.)
- Glück und Geld (*der Kredit, sich drehen* etc.)

Grammatik:

- Genitivattribute
- Präpositionen mit Genitiv (*trotz, wegen*)
- Pronomen als Ergänzungen

Aussprache:

- Wort- und Silbenende (im Arbeitsbuchteil)
- im Dialog sprechen
- Freundlichkeit/Unfreundlichkeit im Dialog

Lernziele: TN können über Einkaufsgewohnheiten sprechen, ein Lied zum Thema „Geld“ verstehen und zu diesem Lied Zeilen selbst ergänzen.
Lerninhalte: WS: Geld (*nützlich, süchtig* etc.), Redemittel: Einkauf (*Ich gehe gerne mit … einkaufen, Einkaufen ist anstrengend, wenn …)*

	TN-/KL-Aktivitäten	Hinweise (▶ führt zum didaktischen Glossar)	Material
1a	**Einstieg:** KL zeigt erst das Foto A (evtl. am OHP) und fragt TN, um was es in diesem Kapitel geht. TN sammeln Wörter und Ausdrücke, die zu den Bildern passen.	**▶ Einstiegsaktivitäten (hinter dem Rücken):** TN setzen sich in Paaren so hin, dass ein/e TN die Rückwand des Unterrichtsraums anschaut, also das gezeigte Foto nicht sehen kann. Der/Die TN, der/die das Foto sehen kann, beschreibt es dem/der anderen TN. Diese/r kann Ja/Nein-Fragen stellen.	Kopiervorlage 32a: „Einkaufen“, auf Folie, OHP
1b	Gemeinsam werden die Redemittel im Kasten gelesen und anhand von Beispielen erklärt. KL fragt TN, wer von ihnen Einkaufen als Spaß, wer eher als Stress empfindet. TN äußern sich im Plenum zur Frage, wann und warum ihnen Einkaufen Spaß bzw. keinen Spaß macht.	Vermutlich dreht sich das Gespräch schnell um die persönlichen Einkaufsgewohnheiten, denn 1b und 2 liegen nahe zusammen. KL fasst ggf. die beiden Aufgaben zusammen.	
2	Gemeinsam werden die Einkaufsmöglichkeiten, die auf den Fotos gezeigt sind, benannt und an der Tafel gesammelt. In GA berichten TN einander, in welchen Geschäften sie kaufen, warum sie dort kaufen usw. In einem zweiten Schritt werden (ggf. mithilfe der Kopiervorlage) die Vor- und Nachteile der jeweiligen Geschäfte benannt. Zusammenfassend listen TN gemeinsam Produkte, Geschäftsart, Vor- und Nachteile in einer Tabelle auf.	**▶ Landeskunde:** In Kursen im Inland werden die dabei genannten Wörter *Markt, Boutique, Kaufhaus, Supermarkt, Fachgeschäft* (z. B. *Bäckerei, Metzgerei/Fleischerei, Buchhandlung, Elektrofachgeschäft*), *Discounter* (z. B. *Aldi, Lidl, Plus*), *Drogeriemarkt, Baumarkt* usw. den meisten TN aus dem Alltag bekannt sein. **▶ Lernerorientierung (Kurse im Ausland):** In Kursen im Ausland werden die unterschiedlichen Einkaufsmöglichkeiten noch einmal wiederholt. Die Aufgabenstellung wird dann erweitert um die Frage: *Wo möchten Sie in Deutschland gerne einkaufen?*	Kopiervorlage 32b: „Einkaufsmöglichkeiten“

3a	**Präsentation:** TN lesen das Lied der Gruppe „Die Prinzen" in PA und überlegen, was X sein könnte.	▶ **Leseverstehen (Detailliertes Lesen)** **Lösung 3a:** X steht für das Wort Geld.	
3b	**Präsentation:** KL spielt das Lied vor; TN lesen mit. Beim zweiten Vorspielen markieren TN die Eigenschaften, die Geld zugeschrieben werden (evtl. in zwei Gruppen: *Geld ist ..., Geld macht ...)*	▶ **Hörverstehen (Detailliertes Hören)**	CD: Track 2.5
3c	**Transfer:** In GA überlegen TN sich, welche Eigenschaften Geld für sie hat.		
3d	**Freie Anwendung:** Mit den von ihnen gewählten Attributen schreiben TN neue Liedzeilen/-strophen und tragen sie anschließend im Plenum vor.	▶ **Schreiben (kreatives Schreiben)**	

Lernziele: TN können Fragen an Verbraucherschutzzentralen und Antworten von Experten verstehen und über Probleme im Zusammenhang mit Verbraucherschutz berichten.
Lerninhalte: WS: Verbraucherschutz (*die Verbraucherberatung, die Reklamation, die Kündigung* etc.); GR: Genitivattribute, Präpositionen mit Genitiv (*trotz, wegen*)

	TN-/KL-Aktivitäten	Hinweise (▶ führt zum didaktischen Glossar)	Material
	Einstieg: Der Begriff *Verbraucher* wird geklärt und der Frage nachgegangen, wovor der Verbraucher / die Verbraucherin evtl. geschützt werden muss. KL erläutert, dass man sich bei den Verbraucherberatungsstellen (persönlich, telefonisch oder per E-Mail) beraten lassen kann, wie es die Personen, um die es im Folgenden geht, getan haben.	▶ **Neue Medien:** Ein einführendes Video zum Verbraucherschutz findet sich unter www.clipfish.de/video/2839477. ▶ **Landeskunde (Verbraucherberatung)**	PC, Internetanschluss, Beamer
4a	**Präsentation:** TN lesen die Texte 1–3. Im Plenum tauschen sie sich darüber aus, welches Problem jeweils angesprochen ist.	▶ **Leseverstehen (Selektives Lesen)** ▶ **Alltagsorientierung:** Hier werden typische Probleme von Verbrauchern in Deutschland angesprochen.	
4b	TN lesen anschließend die Antworten und Ratschläge der Verbraucherzentralen (Texte A–C) und ordnen sie den Fragen zu.	▶ **Leseverstehen (Selektives Lesen)** **Lösung 4b:** 1 – C, 2 – A, 3 – B	
4c	**Bewusstmachung:** TN berichten, welche Wörter ihnen bei der Zuordnung geholfen haben (z. B. *Handyrechnung – Rechnung, Telefongesellschaft – Telefonanbieter*).	▶ **Wortschatzarbeit (Semantisierung):** Hier sollte KL unbedingt ausreichend Zeit einräumen, damit Schlüsselwörter geklärt werden können. **Beispiele:** Das Abo ist ein Vertrag. / Das Gerät funktioniert nicht, d. h., es hat einen Mangel. / Die Gewährleistung bedeutet, dass der Verkäufer gesetzlich zeitlich befristet zur Reparatur verpflichtet ist (im Unterschied zur Garantie, die eine vertragliche Vereinbarung zwischen Verkäufer und Käufer ist). Usw.	
4d	**Verständnissicherung:** In PA ordnen TN den Auskünften der Verbraucherzentralen die entsprechenden Probleme zu.	▶ **Leseverstehen (Selektives Lesen)** **Lösung 4d:** 1 – B, 2 – C, 3 – A, 4 – passt nicht, 5 – passt nicht	

4e

Transfer: TN tauschen sich in GA über ähnliche Erfahrungen aus.
Der interessanteste Fall jeder Gruppe wird im Plenum vorgestellt und gemeinsam diskutiert.

▶ **Interkulturelle Perspektive:** KL weist darauf hin, dass die Erfahrungen nicht auf Deutschland beschränkt sein müssen. Wenn TN Probleme ansprechen, die sie in ihrem Herkunftsland / anderen Ländern hatten, bietet sich ein schöner Anlass zum interkulturellen Vergleich.

▶ **Schreiben (Briefe und E-Mails):** TN können ihre Erlebnisse auch als (E-Mail-)Anfragen an die Verbraucherberatung auf ein Blatt Papier schreiben. Die Anfragen werden dann an eine andere Gruppe weitergegeben, die sie – am besten nach einer Recherche im Internet – beantwortet.

▶ **Alltag EXTRA:** Im Zusatzkapitel schreiben TN ergänzend ein Reklamationsschreiben.

5a

Bewusstmachung: TN markieren in b (a–f) alle Endungen.

▶ **Selbst entdeckendes Lernen**

5b

KL schreibt Satz 1 mit einer großen Lücke an die Tafel und sammelt mögliche Genitivattribute aus a–f. TN ergänzen die Sätze 2–6.

KL hat die Kopiervorlage auf Folie kopiert, die Attribute a–f ausgeschnitten und kann sie am OHP an verschiedene Stellen verschieben.

Lösung 5b:
1 – einer kaputten Schreibtischlampe, meines alten Autos, eines technischen Geräts
2 – unserer neuen Firma
3 – meiner letzten Telefonrechnung
4 – eines technischen Geräts
5 – einer kaputten Schreibtischlampe, eines technischen Geräts
6 – Ihres neuen Vertrags

Kopiervorlage 32c: „Genitivattribute 1", auf Folie, OHP

5c

Bewusstmachung/Systematisierung: Gemeinsam werden die Beispiele im Grammatikhinweis gelesen und analysiert.

▶ **Grammatik:** Der Genitiv drückt in diesem Fall Besitz und Zugehörigkeit aus. Genitivattribute spielen in schriftlichen Texten eine Rolle, sind aber in der alltäglichen, mündlichen Kommunikation nicht sehr frequent.

Wenn TN nach der Bildung des Genitivs fragen, erläutert KL kurz das Paradigma:

	Nominativ Singular	Nominativ Plural
Maskulinum	des Computers	der Computer
Maskulinum (n-Deklination)	des Menschen	der Menschen
Neutrum	des Gerät(e)s	der Geräte
Femininum	der Kamera	der Kameras

Üben: TN kombinieren Nomen und Genitivattribute. Gemeinsam werden die Ergebnisse besprochen.

▶ **Lernerorientierung:** Ggf. geht KL hier schrittweise vor. Zuerst werden die Genitivattribute ohne Adjektive gebildet (*die Kündigung des Abos*), anschließend werden die Adjektive (*die Kündigung des neuen Abos*) ergänzt.

Lösung 5c:
die Kündigung des neuen Abos, die Erstattung der hohen Kosten, die Rückgabe des neuen Recorders, die Reparatur meiner teuren Kamera, der Umtausch eines Pullovers, das Ergebnis des langen Gespräch(e)s, der Grund meines letzten Anruf(e)s, die Namen ihrer Gesprächspartner, die Organisation des Fest(e)s, die Augen meines neuen Freund(e)s, der Freund meiner jüngeren Schwester

	TN-/KL-Aktivitäten	Hinweise	Material
5d	**Üben:** TN ergänzen/verändern die Kombinationen, sodass ganze Sätze entstehen.	▶ **Fehlerkorrektur (gegenseitige):** TN schreiben ihre Sätze auf einzelne Zettel und reichen sie an den Nachbarn / die Nachbarin zur Begutachtung und Fehlerkorrektur weiter. Er/Sie reicht den Zettel weiter an den/die nächste/n TN, sodass jeder Satz mehrmals begutachtet wird. ▶ **Binnendifferenzierung:** TN können hier unterschiedlich komplexe/lange Sätze bilden. ▶ **Methoden (lebendige Sätze):** KL gibt Sätze in einzelnen Wortkärtchen aus (Kopiervorlage). TN stellen sich in der richtigen Reihenfolge auf.	Kopiervorlage 32d: „Lebendige Sätze mit Genitiv"
6a	**Bewusstmachung:** KL erläutert, dass der Genitiv auch im Zusammenhang mit bestimmten Präpositionen steht. *Trotz* und *wegen* gehören zu den gebräuchlichsten. Gemeinsam wird der Grammatikhinweis angeschaut und besprochen.	Im *Berliner Platz 2 NEU* haben TN Präpositionen mit Akkusativ und/oder Dativ kennengelernt. Sie wissen daher bereits, dass im Deutschen die Präpositionen ganz bestimmte Kasus verlangen. *Weil*-Sätze kennen TN bereits aus Kap. 15, *obwohl*-Sätze aus Kap. 27. Hier werden die entsprechenden Sachverhalte mithilfe der Präpositionen *wegen* und *trotz* ausgedrückt. ▶ **Sprachbewusstheit:** KL weist darauf hin, dass im mündlichen Sprachgebrauch und in informellen Situationen nach *trotz/wegen* auch der Dativ gebraucht werden kann.	
	Üben: TN bilden Sätze und vergleichen zuerst in PA, dann im Plenum.	▶ **Binnendifferenzierung:** Schneller lernende TN formen zusätzlich die Sätze 1–6 in *weil-* und *obwohl*-Sätze um. ▶ **Spiele:** Mit einem Kettenspiel wird weiter geübt: TN 1 beginnt einen Satz *Trotz der Hitze …*, TN 2 vervollständigt den Satz *… bin ich heute in den Deutschkurs gekommen,* und beginnt einen weiteren Satz, den TN 3 beendet usw.	Wollknäuel oder weicher Ball
6b	**Transfer:** Jede/r TN formuliert einen Satz mit *wegen* und einen mit *trotz* über sich selbst.	KL gibt ggf. ein persönliches Beispiel vor: *Wegen der Hitze gehe ich heute ins Schwimmbad.*	

Lernziele: TN können etwas telefonisch reklamieren. Sie können sich am Telefon freundlich/unfreundlich ausdrücken.
Lerninhalte: WS: Reklamation (*die Beschwerde, die Rechnung* etc.); Redemittel: Telefongespräche (*Ich würde gern mit jemandem sprechen, der …* etc.); GR: Pronomen als Ergänzungen; Aussprache: Freundlichkeit/Unfreundlichkeit im Dialog

	TN-/KL-Aktivitäten	Hinweise (▶ führt zum didaktischen Glossar)	Material
	Einstieg: TN tauschen sich zur Frage aus, ob sie gerne auf Deutsch telefonieren, wenn nicht, welche Schwierigkeiten es gibt und was ihnen beim Telefonieren in D-A-CH aufgefallen ist. Vorbereitend auf 7b, wiederholt KL die Phasen eines Telefongesprächs (siehe *Berliner Platz 1 NEU*, Kap. 10, „Im Alltag") und ordnet sie in einer Tabelle: vor dem Telefongespräch | das Gespräch (Gesprächseröffnung, Informationsaustausch, Abschluss des Gesprächs) | nach dem Telefongespräch	▶ **Landeskunde:** Die fünf Phasen eines professionellen Telefongesprächs sind u. a. unter www.sekretaer-in.de/telefonieren_lo.htm beschrieben. ▶ **Interkulturelle Perspektive:** Evtl. interessiert ein Vergleich mit den Konventionen in anderen Ländern (*Wie meldet man sich am Telefon? Wie laut wird gesprochen? Wird der Name des Angesprochenen häufig wiederholt?* Usw.).	

7a	**Präsentation:** TN lesen die Fragen und hören anschließend ggf. mehrmals das Telefongespräch, um die Fragen zu beantworten.	▶ **Hörverstehen (Selektives Hören)** **Lösung 7a:** 1 – Er hat einen Computer gekauft. 2 – Der Computer funktioniert nicht. 3 – Sein Sohn Oscar hat den Computer ausgepackt. 4 – Auf der Rechnung steht die Kundennummer. 5 – Er muss die Rechnung finden und dann noch einmal anrufen. ▶ **Aussprache (Dialoge):** TN erhalten die Kopiervorlage und lesen das telefonische Reklamationsgespräch mit verteilten Rollen.	CD: Track 2.6 Kopiervorlage Aussprache: „Im Dialog sprechen 3"
7b	**Präsentation:** TN lesen die Tipps und bestimmen (ggf. mithilfe der Kopiervorlage), welche sich auf die Phase vor, während oder nach dem Gespräch bezieht.	**(Mögliche) Lösung 7b:** 1 – n, 2 – w, 3 – w, 4 – w, 5 – v, 6 – w, 7 – n, 8 – w/n, 9 – v, 10 – w	Kopiervorlage 32e: „Tipps zum Telefonieren"
7c	**Verständnissicherung:** KL spielt das Gespräch ein weiteres Mal und bittet TN, in PA zu notieren, was Herr Oti falsch macht. Die Paare setzen sich dann zu 4er-Gruppen zusammen und tauschen sich aus.	▶ **Hörverstehen (Detailliertes Hören)** **(Mögliche) Lösung 7c:** Er sagt seinen Namen nicht gleich. Er hat sich nicht vorbereitet und kann seine Kundennummer nicht sagen. ▶ **Berufsorientierung:** Im Alltagsleben wird es in der Regel für die TN wichtiger sein, in der Rolle des Anrufenden agieren zu können, also z. B. mit Mitarbeitern von Behörden zu kommunizieren und Informationen zu erfragen. In Kursen jedoch, in denen viele TN am Telefonieren im Beruf interessiert sind, lohnt es sich, hier noch zu unterscheiden: **Kunde, Interessent** / **Mitarbeiter/in der Firma, Sachbearbeiter/in** Sie sollten immer freundlich sein, auch wenn Sie sich beschweren. / Sie sollten immer freundlich sein, auch wenn sich der Kunde beschwert.	
8a	**Präsentation:** KL bittet TN, bei den folgenden Aussagen zu entscheiden, ob sie freundlich oder unfreundlich gesprochen sind. TN hören bei geschlossenem Buch die acht Aussagen und äußern zu jeder Aussage ihre Einschätzung. TN hören ein zweites Mal und tragen nun ihre Ergebnisse im Buch ein. Der Vergleich erfolgt im Plenum.	▶ **Aussprache (Intonation):** Tendenziell wird Freundlichkeit über die Satzmelodie (eher steigend) und Stimmlage wahrgenommen, Unfreundlichkeit über die Lautstärke, fallende Satzmelodie und eine entsprechend autoritäre, fordernde Sprechweise. **(Mögliche) Lösung 8a:** 1 – u, 2 – f, 3 – u, 4 – u, 5 – f, 6 – f, 7 – u, 8 – f ▶ **Nonverbale Kommunikation:** TN üben spielerisch die verschiedenen Ausdrucksweisen. Dabei können sie sich einmal ganz auf Gestik/Mimik konzentrieren und beim nächsten Mal umgekehrt nur auf den Ton: TN drehen sich mit dem Rücken zum Kurs / zum Partner und sprechen freundlich oder unfreundlich. Die Sprechweise wird von anderen TN / dem Partner bewertet.	CD: Track 2.7
8b	**Üben:** TN hören die Aussagen (alle sind freundlich gesprochen) und sprechen sie mit.	▶ **Sprechen (unterschiedliche Stimmungen):** TN sprechen die Aussagen als Dialog mit unterschiedlichen Emotionen: ausgesucht freundlich, verärgert, eilig, schüchtern, verliebt etc.	CD: Track 2.8
8c	TN verändern die Sätze 1–5 so, dass sie höflicher sind. Im Plenum wird besprochen, ob es evtl. noch weitere Möglichkeiten gibt und welche höflicher und formeller sind.	▶ **Sprachbewusstheit:** Die unterschiedlichen Grade der Unhöflichkeit/Höflichkeit werden mithilfe der Kopiervorlage thematisiert. ▶ **Spiele (Quartett):** TN üben die unterschiedlichen Ausdrucksmöglichkeiten mithilfe des „Höflichkeitsquartetts".	Kopiervorlage 32f: „Hilfe!", auf Folie, OHP Kopiervorlage 32g: „Höflichkeitsquartett"

9a	**Üben:** An der Tafel werden die Redemittel für die einzelnen Abschnitte des Gesprächs gesammelt.	TN können sich dabei auch an den Redemitteln in der Rubrik „Auf einen Blick" orientieren.	
9b	TN spielen im Plenum paarweise Gespräche mit Cyberpark vor.	Wenn möglich, stellt KL eine Stellwand zwischen zwei Stühlen auf, um die Telefonsituation zu simulieren, d. h., TN können einander nur hören, jedoch nicht sehen. Falls das nicht geht, setzen sich TN Rücken an Rücken.	Stellwand, Realien: Telefonhörer oder Handys der TN
9c	**Transfer:** In PA bereiten die TN Telefongespräche zu anderen Themen vor und spielen sie vor.	▶ **Binnendifferenzierung:** TN wählen das Thema, das sie am meisten interessiert.	
10a	**Bewusstmachung:** Gemeinsam werden die Beispielsätze angeschaut und darin die Akkusativ- und Dativergänzungen markiert. TN erkennen, dass hier der Satzbau umgestellt wird, wenn die Akkusativergänzung ein Personalpronomen ist. TN formulieren gemeinsam die Regel: Nomen + Nomen → Dativ vor Akkusativ Pronomen + Nomen → Pronomen vor Nomen Pronomen + Pronomen → Akkusativ vor Dativ	▶ **Selbst entdeckendes Lernen:** KL demonstriert ggf. schrittweise an der Tafel. *Herr Oti erklärt der Sachbearbeiterin sein Problem nicht.* ↓ *Herr Oti erklärt ihr sein Problem nicht.* *Herr Oti erklärt es der Sachbearbeiterin nicht.* ↓ *Herr Oti erklärt es ihr nicht.*	
10b	**Üben:** TN ergänzen die Personalpronomen in 2–6 in PA. Der Vergleich der Ergebnisse erfolgt im Plenum.	**Lösung 10b:** 2. ihn – ihr, 3. ihn – ihr, 4. sie – es, 5. es – ihm, 6. es – ihm	

Lernziele: TN können ein Gedicht von Erich Kästner verstehen und über das Thema „Geld regiert die Welt" sprechen.
Lerninhalte: WS: Glück und Geld (*der Kredit, sich drehen* etc.)

	TN-/KL-Aktivitäten	Hinweise (▶ führt zum didaktischen Glossar)	Material
	Einstieg: TN sammeln in PA (anhand der Kopiervorlage oder im Plenum am OHP) Assoziationen zu der Abbildung.	▶ **Einstiegsaktivitäten**	Kopiervorlage 32h: „Globus"
11a	**Präsentation:** KL schreibt die Begriffe *Geld, Menschen, Zeit, Fabrik* an die Tafel und bittet TN, sich einen Begriff auszusuchen und sich beim Hören darauf zu konzentrieren, was dazu gesagt wird. TN hören das Gedicht zweimal und tauschen sich über ihre Eindrücke aus.	▶ **Hörverstehen (Selektives Hören)** ▶ **Landeskunde (Erich Kästner)**	CD: Track 2.9
11b	**Verständnissicherung:** TN lesen das Gedicht nun genau und finden Nomen zu den angegebenen Verben.	▶ **Leseverstehen (Detailliertes Lesen):** TN nehmen die Worterklärungen unter dem Gedicht zur Hilfe. **Lösung 11b:** wachsen – die Städte, reden – die Konten, fahren – die Zeit, lenken – kein Mensch, fliegen – das Leben, drehen – der Globus, kursieren – das Geld, sterben – Fabriken, steigen – die Kurse, senken – Minister	
11c	**Freie Anwendung:** TN beantworten die Frage.	▶ **Lernerorientierung:** In diskussionsfreudigen Gruppen ergänzt KL die Frage *Was meinen Sie dazu?* und gibt Zeit für den Austausch.	
11d	**Transfer:** TN besprechen die vorgegebenen Zeilen und/oder selbst gewählte Zeilen des Gedichts in kleinen Gruppen.	▶ **Leseverstehen (Detailliertes Lesen):** KL gibt, wenn nötig, noch weitere Zeilen des Gedichts vor: Die Menschen sperren aus. Die Menschen streiken. / Das Leben fliegt wie ein Gehöft vorbei. / Die Käufer kaufen. Und die Händler werben. / Der Globus dreht sich. Doch man sieht es nicht.	

11e	**Freie Anwendung:** TN wählen eines der genannten Vorgehen und finden sich in Gruppen zusammen.	▶ **Methoden (Punkten):** KL kann auch mithilfe einer Punkteabfrage die Vorgehensweise bestimmen lassen, die alle am meisten interessiert. ▶ **Methoden (Wischgedicht):** Falls TN eine Strophe des Gedichts auswendig lernen möchten, eignet sich das „Wischgedicht". KL hat dazu das Gedicht an die Tafel geschrieben. TN lesen laut in verschiedenen Durchgängen; KL wischt vor jedem Durchgang einige Wörter weg. Am Ende können TN das Gedicht, ohne mitlesen zu müssen, auswendig aufsagen.	
12a	**Einstieg/Präsentation:** TN sprechen über die Abbildungen (Kopiervorlage) und die Überschrift und lesen den Text ein erstes Mal zur globalen Orientierung.	▶ **Einstiegsaktivitäten** ▶ **Leseverstehen (Globales Lesen)**	Kopiervorlage 32i: „Geld hilft", auf Folie, OHP
12b	TN lesen gemeinsam den ersten, einführenden Abschnitt des Textes und erarbeiten die weiteren Abschnitte in GA.	▶ **Leseverstehen (Selektives Lesen)** ▶ **Kooperatives Lernen (Gruppenpuzzle)** **Lösung 12b:** 1: Wenn man ein mittleres Einkommen hat, dann steigert eine Gehaltserhöhung das Lebensglück kaum. (zweiter Abschnitt); 2: Länder mit hohem Einkommen schneiden bei der Frage nach der Zufriedenheit im Leben sehr gut ab. (dritter Abschnitt); 3: Wer seinen Job verliert, wird unglücklich. ... kommt von dem Gefühl, nutzlos zu sein. (vierter Abschnitt); 4: Die Menschen ... überschätzen das Glück, das ihnen materielle Güter bringen. (vierter Abschnitt)	
12c	**Verständnissicherung:** TN beantworten die Fragen in PA und vergleichen im Plenum.		
12d	**Freie Anwendung:** TN schreiben die drei wichtigsten Punkte auf, die sie glücklich machen. Im Plenum werden die Ergebnisse verglichen.	▶ **Methoden (Bewertung in Kreisen):** TN erhalten eine Kopie der Vorlage (oder malen drei unterschiedlich große konzentrische Kreise auf ein großes Stück Papier). In GA einigen sie sich, welche Punkte in den Kern gehören (Hauptsache/n), welche in den zweiten Kreis (auch wichtig, aber nicht ganz so wichtig wie die Hauptpunkte) und was in den dritten Kreis (von geringerer Bedeutung) gehört.	Kopiervorlage 32j: „Glückskreise"
	Üben: TN schreiben ein Diktat (Kopiervorlage). • *Sommer.* □ *Ja, hier ist Schneider, ich rufe wegen des Gebrauchtwagens an, also wegen Ihrer Anzeige heute.* • *Ja?* □ *Ist das Auto noch zu haben?* • *Bis jetzt, ja.* □ *Sie schreiben, dass der Preis Verhandlungssache ist. Wie ist denn der Zustand des Autos?* • *Das kann ich nicht so genau sagen. Es ist nicht mein Auto, sondern das Auto meiner Tochter. Sie verbringt einen Teil ihres Studiums im Ausland. Und ich soll jetzt das Auto verkaufen. Sie sollten es sich selbst anschauen.* □ *Wann?* • *Sagen wir, heute ab 18 Uhr? Ich wohne in der Wilhelmstraße 23, das ist das gelbe Haus.* □ *Ja, okay, ich schaue es mir um 18 Uhr an. Danke und auf Wiederhören!* • *Danke auch. Wiederhören.*	▶ **Diktate (Partnerdiktat):** Jeweils zwei TN erhalten die Vorlage A und B und diktieren sich abwechselnd die Diktatsätze, bis beide das Telefongespräch vervollständigt haben. Die Diktattexte werden ausgetauscht und gemeinsam korrigiert.	Kopiervorlage 32k: „Partnerdiktat"

Thematische Schwerpunkte: Energiesparen, Klimaschutz, Hausmüll, Kleingärten

Lernziele

Die TN können

- über das Energiesparen sprechen
- Wichtigkeit ausdrücken
- etwas für die Zukunft planen
- über Möglichkeiten der Mülltrennung sprechen
- Ratschläge geben
- einen Artikel über Kleingärten verstehen

Lerninhalte

Wortschatz/Redemittel:

- das Klima schonen (*die Solaranlage, umweltfreundlich* etc.)
- Energie sparen (*Ich benutze …, Wir achten auf …* etc.)
- umweltbewusst leben (*energieaufwendig, das EU-Energielabel* etc.)
- Mülltrennung (*der Müllberg, kompostierbar* etc.)
- die Kleingartenkolonie (*die Laube, die Siedlung* etc.)

Grammatik:

- Zukunft mit *werden*
- Konjunktiv-II-Formen der Modalverben

Aussprache:

- emotionales Sprechen (im Arbeitsbuchteil)

Lernziele: TN können über das Energiesparen sprechen und Aussagen zum Energiesparen verstehen.
Lerninhalte: WS: das Klima schonen (*die Solaranlage, umweltfreundlich* etc.); Redemittel: Energie sparen (*Ich benutze …, Wir achten auf …* etc.)

	TN-/KL-Aktivitäten	Hinweise (▶ führt zum didaktischen Glossar)	Material
	Einstieg: KL legt Fotos zum Thema auf dem Boden des Unterrichtsraums aus. TN wählen jeweils ein Foto, erzählen, warum sie das Foto gewählt haben und was sie dazu assoziieren. KL notiert die ersten neuen Wörter an der Tafel: *das Windrad, die Mülltonne* usw.	**▶ Methoden (Fotosprache):** Mithilfe von Fotos können die verschiedenen Facetten des Themas angesprochen werden: die Arten der Energiegewinnung, der Energieverbrauch, tagespolitisch aktuelle Ereignisse, der Klimaschutz, Kosten für private Haushalte etc.	Kopiervorlage 33a: „Fotosprache“
1a	TN betrachten nun die Fotos, äußern sich zu der Frage und notieren ihre Gedanken in einem zweigliedrigen Wortigel an der Tafel.		
1b	Weitere Ideen bzw. Sparmöglichkeiten werden in den Wortigel eingetragen.		
1c	**Präsentation:** Im Plenum werden die Sätze bzw. Satzteile gelesen und einander zugeordnet.	**▶ Leseverstehen (Detailliertes Lesen)** **Lösung 1c:** 1 – e, 2 – b, 3 – a, 4 – f, 5 – c, 6 – d **▶ Landeskunde (Umweltschutz), ▶ interkulturelle Perspektive:** Hier ergeben sich viele Fragen (z. B. *Was ist Lüften? Carsharing? Das EU-Energieetikett?*) und Möglichkeiten zum interkulturellen Vergleich.	Wörterbücher der TN

1d	**Präsentation:** KL spielt den Hörtext einmal im Ganzen, dann Abschnitt für Abschnitt vor. Unbekannte Wörter werden geklärt. TN haben Zeit, sich Notizen zu machen. Sie hören die Aussagen ein drittes Mal, tauschen sich kurz mit der Nachbarin / dem Nachbarn aus. Im Plenum werden die Ergebnisse besprochen.	▶ **Hörverstehen (Selektives Hören)** ▶ **Binnendifferenzierung:** TN können sich auf nur eine Person oder auf beide Personen konzentrieren. **Lösung 1d:** Ana: hat Energiesparlampen, achtet auf Stromfresser, kein Stand-by-Betrieb bei Computer, Fernseher, Haushaltsgeräten, neue Waschmaschine mit EU-Label A Tim: spart Energie beim Heizen. Wohnung ist kühl, nur ein Raum warm. Er zieht sich wärmer an. Er lüftet mehrmals täglich für zehn Minuten.	CD: Track 2.10–2.11

Lernziele: TN können Zukunftspläne (im Hinblick auf das Energiesparen) ausdrücken.
Lerninhalte: WS: umweltbewusst leben (*energieaufwendig, das EU-Energielabel* etc.); GR: Zukunft mit *werden*

	TN-/KL-Aktivitäten	Hinweise (▶ führt zum didaktischen Glossar)	Material
2a	**Präsentation:** TN lesen die Texte in EA und markieren alle Tipps zum Energiesparen bzw. Umweltschutz. Die Tipps werden an der Tafel gesammelt.	Ggf. lässt KL die Texte erst einmal mit einer Fragestellung zum globalen Leseverstehen lesen, z. B.: *Wer engagiert sich am meisten für den Umweltschutz?* ▶ **Leseverstehen (Selektives Lesen)**	Kopiervorlage 33b: „Spartipps"
2b	**Verständnissicherung:** In PA lesen die TN die Texte noch einmal und beantworten die Fragen. KL greift das Smiley am Ende des dritten Texts anhand der Kopiervorlage auf und bittet TN, den Text noch einmal zu lesen und zu einzelnen Aussagen Emoticons zu zeichnen. Verglichen wird dann in PA.	▶ **Leseverstehen (Selektives Lesen)** **Lösung 2b:** 1 – Die Lebensmittel sollen kurze Transportwege haben. 2 – Die Produktion von Fleisch und Wurst verbraucht viel Energie und ist besonders klimaschädlich. 3 – Das Schlafzimmer ist nicht so warm wie das Wohnzimmer. 4 – Wichtig ist, dass die Haushaltsgeräte das EU-Energielabel haben. 5 – Lisa wirft ihrem Vater vor, dass er ein extrem umweltschädliches Auto fährt. 6 – Der Kompromiss ist, dass Guido Seidel mit seiner Familie nicht auf Mallorca, sondern an der Nordsee Urlaub macht. Aber bis zum Hafen fährt er doch mit seinem Jeep. ▶ **Textkompetenz (Reaktion auf den Text):** Wenn TN aufgefordert werden, auf den Text emotional zu reagieren, können sich auch diejenigen TN angesprochen fühlen, die dem Thema „Umweltschutz" eher ablehnend gegenüberstehen.	Kopiervorlage 33c: „Emoticons"
2c	**Freie Anwendung:** TN diskutieren über den Klimaschutz. Sie stellen ihre Ergebnisse im Plenum vor.	▶ **Binnendifferenzierung:** KL bietet unterschiedliche Themen an: Gruppe A: *Was kann man persönlich für den Klimaschutz tun?* Gruppe B: *Was kann/sollte auf politischer Ebene für den Klimaschutz getan werden?* Gruppe C: *Welche Tipps zum Energiesparen finden Sie besonders wichtig / weniger wichtig / eher nicht so wichtig?* ▶ **Interkulturelles Lernen:** KL bittet TN aller Gruppen, die Situation in anderen Ländern in die Diskussion mit einzubeziehen und, wo möglich, Vergleiche anzustellen.	CD: Track 1.3

<table>
<tr>
<td>3a</td>
<td>Bewusstmachung: TN lesen die Texte noch einmal, tauschen sich in PA über die Pläne der Personen aus und markieren die Form von werden und den Infinitiv. Der Vergleich erfolgt im Plenum.</td>
<td>▶ Grammatik (Futur): KL erklärt, dass zukünftige Sachverhalte auch mit dem Präsens ausgedrückt werden können. Das ist z. B. im dritten Text der Fall (… bis zum Hafen fahre ich …, Lisa kommt mit dem Zug nach …).
▶ Leseverstehen (Selektives Lesen)
Lösung 3a:
Annette Schippe
– wird Obst und Gemüse nur noch aus der Region kaufen.
– wird auch weniger Fleisch und Wurst essen.
Robert Althoff und seine Frau
– werden sich eine neue Waschmaschine kaufen.
– werden langfristig auch noch Wasser und Strom sparen können.
Guido und Lisa Seidel
– werden ihren Urlaub an der Nordsee auf einer autofreien Insel verbringen.</td>
<td></td>
</tr>
<tr>
<td>3b</td>
<td>Üben: TN lesen die Beispiele und schreiben entsprechende Sätze im Futur.</td>
<td>▶ Binnendifferenzierung: KL sagt, dass die TN mindestens fünf, höchstens zwölf Sätze schreiben sollen. Dies gibt den schwächeren TN ein klares Ziel und spornt fortgeschrittenere TN hingegen an, das Limit zu erreichen.</td>
<td></td>
</tr>
</table>

Lernziele: TN können über Möglichkeiten der Mülltrennung sprechen und Vorschläge machen.
Lerninhalte: WS: Mülltrennung (*der Müllberg, kompostierbar* etc.); GR: Konjunktiv-II-Formen der Modalverben

<table>
<tr>
<th></th>
<th>TN-/KL-Aktivitäten</th>
<th>Hinweise (▶ führt zum didaktischen Glossar)</th>
<th>Material</th>
</tr>
<tr>
<td>4a</td>
<td>Einstieg: TN hören die Aussage von Ana zweimal und tauschen sich im Plenum aus.
In GA ordnen TN Abfall unterschiedlichster Art (Kopiervorlage).</td>
<td>▶ Hörverstehen (Selektives Hören)
▶ Einstiegsaktivitäten: KL stellt vier kleine „Mülleimer“ (aus Dosen) hin, die mit „Restmüll“ (grau), „Wertstoffe/Recycling“ (gelb), „Biomüll“ (grün) und „Papier“ (blau) beschriftet sind (KL orientiert sich an den Regeln zur Mülltrennung vor Ort). Er/Sie hat einzelne Wörter aus dem Text (4b) auf Kärtchen geschrieben:
Werbeprospekte Verpackungen leere Flaschen Dosen Essensreste Zeitungen alte Kleidung Plastikmüll kompostierbarer Müll Sperrmüll Sondermüll
Die Begriffe werden gemeinsam entschlüsselt, den Mülleimern zugeordnet bzw. für den Sperrmüll oder den Glascontainer beiseitegelegt.</td>
<td>CD: Track 2.12
Dosen
Kopiervorlage 33d: „Mülltrennung“</td>
</tr>
<tr>
<td>4b</td>
<td>Präsentation: TN lesen den Text auf die zu suchenden Informationen hin und sammeln sie in zwei Wortigeln.</td>
<td>▶ Leseverstehen (Selektives Lesen)
▶ Kooperatives Lernen (Västerås-Methode): TN lesen den Text und markieren Textstellen mit vorgegebenen Zeichen, deren Bedeutung zuvor erklärt wurde:
<table>
<tr><td>?</td><td>Das ist mir unklar, das habe ich nicht verstanden.</td></tr>
<tr><td>!</td><td>Diese Aussage finde ich sehr wichtig für das Verständnis des Textes.</td></tr>
<tr><td>*</td><td>Dies hat für mich persönlich eine besondere Bedeutung.</td></tr>
<tr><td>ϟ</td><td>Diese Aussage oder diesen Gedanken lehne ich ab.</td></tr>
</table>
In einer zweiten Phase tauschen sich die TN in GA über den Text, über ihre Markierungen, Gedanken und, wenn sie mögen, ihre Gefühle aus.</td>
<td></td>
</tr>
</table>

4c	**Verständnissicherung:** TN lesen den Text erneut und beantworten in PA die Fragen. Im Plenum werden die Antworten gesammelt.	▶ **Leseverstehen (Selektives Lesen)** ▶ **Binnendifferenzierung:** Jedes Paar wählt zwei bis vier Fragen zur Beantwortung aus. **Lösung 4c:** 1 – ca. 1,6 kg Müll 2 – Vermutlich gibt es in Zukunft riesige Müllberge und teure Müllverbrennungsanlagen. 3 – Man sortiert den Müll. 4 – Biomüll, Papier, Verpackungen, Restmüll, Sperrmüll, Sondermüll, Glas, Kleidung 5 – Sperrmüll, Sondermüll 6 – Man kann sie in Kleidercontainer werfen oder abholen lassen.	
4d	**Freie Anwendung:** In GA tauschen sich die TN über Müllentsorgung in ihren Herkunftsländern / anderen Ländern aus.	▶ **Interkulturelle Perspektive** ▶ **Lernerorientierung (Kurse im Ausland):** In einem national homogenen Kurs, in dem TN mehr oder weniger über denselben Informationsstand verfügen, steht der Vergleich mit Deutschland im Vordergrund. Z. B.: *In Deutschland produziert eine Person 564 Kilo Müll im Jahr. Wie ist das bei uns?*	
5a	**Präsentation:** TN lesen den Text einmal in EA. Sie suchen gemeinsam Beispiele, wie Müll reduziert werden könnte.	▶ **Leseverstehen (Selektives Lesen)** **Lösung 5a:** So könnte Müll reduziert werden: Man sollte die Produktion von sinnlosem Müll vermeiden. / Die Firmen dürften keine unnötigen Verpackungen mehr produzieren. / Man müsste die Industrie zu umweltgerechtem Handeln zwingen. / Für alle Produzenten der Welt müssten die gleichen Regeln gelten. / Jeder Einzelne dürfte Produkte in sinnlosen Verpackungen gar nicht mehr kaufen. / Alle Verpackungen müsste man direkt im Geschäft entsorgen lassen. / Man sollte immer seine eigene Einkaufstasche mitnehmen und nur das kaufen, was man wirklich braucht.	
5b	**Bewusstmachung/Systematisierung:** Auf der Folie am OHP werden die Formen (entweder von TN oder KL selbst) markiert. TN erkennen, dass die Formen von den Präteritumsformen abgeleitet sind.	▶ **Grammatik:** Den Konjunktiv II kennen TN schon aus Kap. 17 (irreale Wünsche) und Kap. 24 (Höflichkeit). Hier wird mithilfe eines Modalverbs im Konjunktiv II eine Empfehlung/Möglichkeit bzw. ein Vorschlag ausgedrückt. KL erklärt dies am Satz: *Man müsste viel mehr tun!* KL erklärt, dass das Pronomen *man* sich auf nicht näher bezeichnete Personen bezieht. *Man* steht nur im Nominativ in der 3. Person Singular.	Kopiervorlage 33e: „Was müsste man tun?“, OHP
5c	**Üben:** TN schreiben die Sätze mit dem Konjunktiv II und vergleichen in PA.	**Lösung 5c:** 1 – Man müsste für kurze Strecken immer das Fahrrad nehmen. 2 – Im Winter sollte man vernünftig heizen und häufig lüften. 3 – Die Industrie dürfte keine unnötigen Verpackungen produzieren. 4 – Man könnte beim Carsharing mitmachen. 5 – Wir alle könnten Gemüse und Obst aus der Region kaufen. 6 – Ich könnte viele Verpackungen direkt im Geschäft entsorgen. ▶ **Binnendifferenzierung:** Paare, die schnell fertig sind, schreiben weitere Sätze mit *Man müsste …, Man könnte …* usw.	
5d	**Transfer:** In GA sammeln TN Vorschläge zu einem Thema ihrer Wahl und präsentieren sie anschließend im Plenum.		

Lernziele: TN können über die Bedeutung von Gärten sprechen
Lerninhalte: WS: die Kleingartenkolonie (*die Laube, die Siedlung* etc.)

	TN-/KL-Aktivitäten	Hinweise (▶ führt zum didaktischen Glossar)	Material
	Einstieg: KL benutzt die Kopiervorlage, um die Aufmerksamkeit auf das Thema zu lenken. Er/Sie fragt, was die Szene wohl mit Menschen aus unterschiedlichen Kulturen zu tun haben mag.	▶ **Landeskunde (Schrebergärten)**	Kopiervorlage 33f: „Das kleine Glück"
6a	**Präsentation:** TN lesen den Text und unterstreichen Informationen zur Funktion eines Schrebergartens. In Plenum werden die Ergebnisse besprochen.	▶ **Leseverstehen (Selektives Lesen)**	
6b	**Verständnissicherung:** TN kreuzen R oder F an und vergleichen ihre Ergebnisse im Plenum.	▶ **Leseverstehen (Detailliertes Lesen)** **Lösung 6b:** 1 – F, 2 – R, 3 – R, 4 – F, 5 – R, 6 – F, 7 – F, 8 – R ▶ **Textkompetenz:** Ergänzend schreiben TN in PA jeweils eine Frage zum Text und eine Antwort auf jeweils ein Kärtchen. Die Kärtchen werden gemischt und neu verteilt. TN stehen auf und suchen die passende Frage/Antwort zu ihrem Kärtchen.	Kärtchen
7a	**Präsentation:** TN hören das Interview mit Herrn Göhnermeier ein erstes Mal und machen sich Notizen.	▶ **Hörverstehen (Selektives Hören)** **Lösung 7a:** Herrn Göhnermeier gefällt: Gemüse und Obst aus dem eigenen Garten, die niedrige Pacht, lesen, in der Sonne liegen, die Natur genießen, vom Alltag abschalten, in der Natur sein.	CD: Track 2.13
7b	**Verständnissicherung:** TN lesen zuerst die Fragen und möglichen Antworten. Beim zweiten Hören kreuzen sie an.	▶ **Hörverstehen (Selektives Hören)** **Lösung 7b:** 1 – a, 2 – c, 3 – b, 4 – c, 5 – b	
7c	**Freie Anwendung:** TN tauschen sich in Gruppen zur Frage aus.	▶ **Interkulturelle Perspektive:** Die Frage nach „Ihrer Kultur" kann verwirrend wirken, wenn die TN in gemischtnationalen Familien leben. KL präzisiert ggf.: *für Sie persönlich, für Ihre Eltern, für Ihren Mann* usw. ▶ **Aussprache:** KL weist TN auf die Ausspracheübung zum emotionalen Sprechen im Arbeitsbuchteil hin.	
	Üben: TN schreiben ein Diktat. 1. *Luise Grün kauft Gemüse aus der Region, weil die Transportwege kurz sind. Sie bekommt Erdbeeren also nur im Sommer.* 2. *Sie isst wenig Fleisch und Wurst, weil das gesund ist und die Umwelt nicht belastet.* 3. *Wenn es in der Wohnung kalt ist, zieht sie einen dicken Pullover an. So spart sie Heizkosten.* 4. *Auch ihre Küchengeräte hat sie umweltbewusst gekauft. Ihre Geschirrspülmaschine und ihre Waschmaschine sind neu und haben ein EU-Etikett.* 5. *Luise fährt ein kleines Auto, das nicht so viel Benzin braucht. So spart sie viel Geld für Benzin.* 6. *Einmal in der Woche spart Luise kein Wasser und keinen Strom: Sie heizt die Wohnung gut und kocht ein großes Abendessen zusammen mit ihren Freunden, mit leckerem Gemüse, Fleisch und Wein. Und mit viel Schokoladencreme zum Nachtisch.*	▶ **Diktate (Handydiktat)** ▶ **Alltag EXTRA:** Im Zusatzkapitel können TN üben, einen Einspruch gegen die Verbrauchsabrechnung zu schreiben.	Kopiervorlage 33g: „Handydiktat-Text"

Diskussion: Stadt und Land
Wiederholung: Stoff zurückliegender Kapitel

	TN-/KL-Aktivitäten	Hinweise (▶ führt zum didaktischen Glossar)	Material
1a	TN wählen das Foto aus, mit dem sie sich näher beschäftigen wollen, und schreiben Sätze dazu.	▶ **Schreiben (zu einem Bildimpuls)** ▶ **Binnendifferenzierung:** Jede/r TN kann selbst entscheiden, ob er/sie eher das Bild oder die eigenen Gefühle in Bezug auf eines der Bilder beschreibt.	
1b	**Diskussion:** Die Diskussion wird Schritt für Schritt vorbereitet. In Schritt 1 werden Gruppen gebildet, in Schritt 2 sammeln die Gruppen Argumente, warum sie gern am entsprechenden Wohnort leben. In Schritt 3 wird dann über das Diskutieren selbst gesprochen: Wie kann man beurteilen, was eine gute und was eine weniger gute Diskussion ist? Jeweils zwei TN aus Gruppe A und B erklären sich bereit, die anschließende Diskussion zu bewerten. Am Ende berichten die Jurymitglieder von ihren Beobachtungen. Im Plenum erfolgt der Austausch zur Diskussion.	▶ **Sozialformen:** Wenn die Gruppen sehr unterschiedlich groß sind oder TN in der großen Gruppe ungern miteinander diskutieren, werden Gruppen in kleinere Untergruppen geteilt, Gruppe A1, Gruppe A2 usw. ▶ **Interkulturelle Perspektive:** Das Diskussionsverhalten sowie Kriterien für eine gute Diskussion / ein gutes Gespräch können kulturell sehr unterschiedlich sein. Das sollte an dieser Stelle angesprochen werden. So ist z. B. der Sprecherwechsel ganz unterschiedlich organisiert. KL macht deutlich, dass es nicht um die Beurteilung der Meinung der anderen TN, sondern um das Nachdenken über den Diskussionsprozess und seine etwaige Verbesserung geht.	CD: Track 2.14
2	TN suchen sich aus den Fotos 1–9 zwei Fotos aus und schreiben einen Dialog oder Text dazu. Einige TN lesen ihren Text vor, die anderen raten, um welches Foto es sich handelt.	▶ **Schreiben (zu einem Bildimpuls):** Da das Schreiben immer viel Zeit erfordert, können die Texte auch im Rahmen der Hausaufgaben geschrieben werden. ▶ **Binnendifferenzierung:** Die offene Aufgabenstellung ermöglicht es TN, ihren unterschiedlichen Voraussetzungen und Interessen einzubringen. TN können auch wählen, ob sie in EA, PA oder kleinen Gruppen schreiben wollen. ▶ **Fehlerkorrektur (gegenseitige):** Wenn TN ihre Texte auf einzelne Blätter geschrieben haben, werden sie an den Nachbarn / die Nachbarin zu Korrektur weitergegeben.	
3a	**Selbsteinschätzung:** TN bearbeiten in EA fünf Aussagen und notieren jeweils ein Beispiel dazu (z. B. *Ich finde alles, was ich brauche, im Einkaufszentrum: Lebensmittel, Kleidung, Spielzeug …*).	Hier können TN auch zu jedem *Ich-kann*-Satz überlegen, ob sie die Aussage für sich persönliche bejahen können. Zu einzelnen Aussagen werden dann Beispiele notiert.	
3b	TN spielen Situationen in PA.	▶ **Spiele (Rollenspiel):** Lebendiger wird es, wenn sich alle im Kursraum bewegen und sich für jede Situation einen neuen Partner / eine neue Partnerin suchen, mit dem/der der Dialog dann gespielt wird.	

Landeskunde: Die Alpen

<table>
<tr><th></th><th>TN-/KL-Aktivitäten</th><th>Hinweise (▶ führt zum didaktischen Glossar)</th><th>Material</th></tr>
<tr><td>4a</td><td>Einstieg: KL gibt etwas Zeit, sodass TN sich die Fotos anschauen und Wörter, die ihnen dazu einfallen, im Wörterbuch nachschlagen und aufschreiben können.
An der Tafel (oder auf einem großen Bogen Packpapier) wird gemeinsam – oder je nach Kursgröße in Gruppen – ein Wortkreuz erstellt. TN kommen dazu an die Tafel und ergänzen Begriffe, die sie sich notiert haben.</td><td>▶ Interkulturelle Perspektive: TN können auch Wörter aufschreiben, die ihnen aus einer möglicherweise ganz anderen kulturellen oder persönlichen Perspektive einfallen (z. B. Reichtum, Arbeitsplätze usw.).
▶ Spiele (Bingo): Mithilfe des „Alpen-Bingos" werden die neuen Wörter (Gletscher, Alm, Bergbauer, Snowboarding usw.) spielerisch noch einmal aufgegriffen.</td><td>Wörterbücher der TN
Kopiervorlage Raststätte 11a: „Alpen-Bingo"</td></tr>
<tr><td>4b</td><td>Freie Anwendung: TN erzählen, aus welchem Grund sie gerade diesen Begriff ausgewählt und ins Wortkreuz geschrieben haben.</td><td>▶ Binnendifferenzierung: TN können wählen, ob sie sich über das gewählte Wort mit ihrem Nachbarn / ihrer Nachbarin austauschen oder aber wie in den beiden Beispielen einen kurzen Text zum Thema „Die Alpen und ich" schreiben.</td><td></td></tr>
<tr><td>5a</td><td>Präsentation: TN hören die drei Hörtexte zweimal und beraten dann in PA, aus welchem Land / welcher Region die drei Personen kommen könnten.</td><td>▶ Hörverstehen (Globales Hören)
Lösung 5a:
Person 1 kommt aus Österreich; Person 2 kommt aus der Schweiz; Person 3 stammt nicht aus den Alpen, sondern aus Hamburg.</td><td>CD: Track 2.15–17</td></tr>
<tr><td>5b</td><td>Verständnissicherung: TN hören noch einmal, ggf. spielt KL die Hörtexte mehrmals vor. TN berichten, worüber die Personen sprechen.</td><td>▶ Hörverstehen (Selektives Hören)
(Mögliche) Lösung 5b:
<table>
<tr><th>Person 1</th><th>Person 2</th><th>Person 3</th></tr>
<tr><td>Berge: Ort der Freizeit, im Winter: Ski fahren, Skitouren, im Sommer: klettern, mountainbiken, wandern, Pilze suchen
Im Dorf gibt es alles, das Leben ist bequem.</td><td>modernes Leben überall in der Schweiz, Tourismus, Berglandschaft = Kulturlandschaft
Bergbauern sind wichtig für den Tourismus, ohne Tourismus keine Arbeit.</td><td>früher: Alpen = Urlaub, im Sommer wandern, im Winter Ski
heute wichtig: eine gute Arbeit und Ausbildung für Kinder
Familie wohnt nicht weit von der Stadt, nur 25 km.</td></tr>
</table>
▶ Binnendifferenzierung: TN können auch nur Notizen zu einer Person ihrer Wahl machen.</td><td></td></tr>
<tr><td>6</td><td>Präsentation: TN lesen die Texte 1–3 und unterstreichen, was über durch den Tourismus verursachte Probleme gesagt wird. Sie vergleichen in PA.</td><td>▶ Leseverstehen (Selektives Lesen)
▶ Binnendifferenzierung (Stationenlernen): KL kann auch unterschiedliche Aufgaben zur Textbearbeitung geben: z. B. zum Wortschatz (TN ergänzen einen Lückentext), zur Wortbildung (TN suchen alle Komposita), zur Satzbildung (siehe Kopiervorlage) oder zur Textarbeit (Schnippeltext, siehe Kopiervorlage).</td><td>Kopiervorlagen Raststätte 11b: „Alpen-Lückentext", und 11c: „Alpen-Schnippeltext"</td></tr>
<tr><td>7a</td><td>Üben: TN lesen das Beispiel. Gemeinsam wird die Aufgabenstellung geklärt. In GA setzen TN die Kette Ohne … keine … schriftlich oder mündlich fort.</td><td>KL erklärt kurz die Ellipse zu Ohne Berge gibt es / gäbe es keine Skifahrer.</td><td>große Bogen Papier / Flipchartpapier</td></tr>
<tr><td>7b</td><td>Im Plenum werden die Ergebnisse verglichen.</td><td></td><td></td></tr>
</table>

Prüfungsvorbereitung: Deutsch-Test für Zuwanderer / Zertifikat Deutsch (Sprechen, Aufgabe 3: gemeinsam etwas planen/aushandeln)

	TN-/KL-Aktivitäten	Hinweise (▶ führt zum didaktischen Glossar)	Material
8a	**Gesprächsvorbereitung:** In Paaren betrachten TN die Fotos und sprechen über Zielvorstellungen für einen Wochenendausflug.		
8b	TN lesen und besprechen die Aufgabenstellung in PA. Im Plenum wird noch einmal sichergestellt, dass sie von allen verstanden wurde. TN machen gemeinsam eine Liste aller Punkte, die es bei einem Kursausflug zu berücksichtigen gilt: Termin, Anreise, Mitfahrer/innen, Ausrüstung etc.		
8c	TN erarbeiten sich in Plenum und in GA Wortschatz und Redemittel, die sie für das Planungsgespräch brauchen.	**Lösung 8c:** etwas vorschlagen: 1, 17, 19, 22 nach Meinungen fragen: 5, 10, 12, 21 zustimmen: 7, 8, 16, 18 seine Meinung äußern: 9, 13, 15, 20 etwas ablehnen: 3, 4, 11, 14 Gegenvorschläge machen: 2, 6, 23	
8d	**Freie Anwendung:** TN führen das Gespräch unter Verwendung der Redemittel.	▶ **Sprechen (dialogisches):** In der Prüfung stehen jedem/jeder TN ca. 6 Minuten für den Dialog zur Verfügung. KL achtet auf die Zeit.	

Testtraining 11

Prüfungsvorbereitung: Zertifikat Deutsch (Hören: öffentliche Durchsagen, Sprechen: Gespräch über ein Thema), Deutsch-Test für Zuwanderer (Hören: Ansagen am Telefon, öffentliche Durchsagen, Schreiben: eine Kurzmitteilung, Lesen: Kataloge, Register, Verzeichnisse)

	TN-/KL-Aktivitäten	Hinweise (▶ führt zum didaktischen Glossar)	Material
HV P DTZ	**Hören (selektives Verstehen):** TN hören erst die Beispielansage. Dann werden die vier Gespräche einmal vorgespielt. TN entscheiden, welche Lösung am besten passt.	Dieser Trainingsteil dient der Vorbereitung auf den Prüfungsteil „Hören, Aufgabe 1" im DTZ. Jedes Item des Prüfungsteils „Hören" wird mit einem Punkt bewertet, sodass sich hier insgesamt 4 Punkte ergeben. **Lösung HV:** 1 – b , 2 – a ; 3 – b , 4 – b	CD: Track 4.12–16
HV P ZD	**Hören (selektives Verstehen):** TN hören die fünf Texte zweimal und entscheiden bei jeder Aufgabe: Habe ich das im Text gehört? Wenn ja, markieren sie R (= richtig), wenn nein, markieren sie F (= falsch).	Dieser Trainingsteil dient der Vorbereitung auf den Prüfungsteil „Hörverstehen, Teil 3" im ZD. Für jede richtige Lösung gibt es 5 Punkte, insgesamt sind hier also 25 Punkte möglich. **Lösung HV:** 1 – F; 2 – R; 3 – F; 4 – R, 5 – R	CD: Track 4.17–21
M P ZD	**Sprechen:** Gemeinsam werden die einführenden Texte gelesen und das Format der Prüfung wird erklärt. Paare setzen sich einander gegenüber und bekommen zehn Minuten Zeit, um ihren Text zu lesen, die Bilder zu betrachten, sich in die vorgegebene Rolle hineinzudenken und Notizen zu machen. Anschließend tauschen sich die Partner zum Thema aus.	Dieser Trainingsteil dient der Vorbereitung auf den Prüfungsteil „Mündliche Prüfung, Teil 2" im ZD. Da die mündliche Prüfung in der Regel als Paarprüfung durchgeführt wird, üben TN in PA.	
S P DTZ	**Schreiben:** TN lesen die Aufgabenstellungen und wählen eine Variante zur Bearbeitung aus.	Hier geht es um den Prüfungsteil „Produktion schriftlich" im DTZ. Wichtig ist, dass TN Anrede und Gruß nicht vergessen und zu allen vier Punkten etwas schreiben. Für diesen Prüfungsteil haben TN 30 Minuten Zeit. KL sagt, dass nur das, was auf dem Antwortbogen steht, bewertet wird. TN sollen deshalb direkt auf den Antwortbogen schreiben. Hier basiert die Bewertung auf den Kriterien „inhaltliche Angemessenheit" (Aufgabenbewältigung, 5 P.) und „sprachliche Angemessenheit" (kommunikative Gestaltung, 5 P. / Korrektheit, 5 P. / Wortschatz, 5 P.).	
LV P DTZ	**Lesen (selektives Verstehen):** Gemeinsam wird das Beispiel besprochen. TN lesen dann die Aufgaben und den Wegweiser des Einkaufszentrums und markieren Antwort a, b oder c.	Dieser Trainingsteil dient der Vorbereitung auf den Prüfungsteil „Lesen, Aufgabe 1" im DTZ. Jedes Item des Prüfungsteils „Lesen" wird mit einem Punkt bewertet, sodass sich hier insgesamt fünf Punkte ergeben. **Lösung LV:** 1 – a, 2 – c, 3 – b, 4 – a, 5 – b	
	Im Plenum werden nun die Ergebnisse besprochen. TN notieren die erreichte Punktzahl.	▶ **Hausaufgaben:** Der schriftliche Teil des Testtrainings kann auch selbstständig bearbeitet werden. Dann werden im Kurs nur die Ergebnisse verglichen.	

Begegnungen

Thematische Schwerpunkte: Begegnungsmöglichkeiten, Heimat, Migration, Integration

Lernziele

Die TN können
- über Begegnungsmöglichkeiten sprechen
- die Bedeutung von Heimat erklären
- Konsequenzen nennen
- ein Gedicht schreiben
- über Migrationserlebnisse sprechen
- Irreale Wünsche ausdrücken und Bedingungen formulieren

Lerninhalte

Wortschatz/Redemittel:
- Begegnungsmöglichkeiten (*das Straßenfest, der Karneval* etc.)
- Migration (*das Heimweh, vermissen* etc.)
- Heimat (*Heimat ist so etwas wie …, Heimat heißt für mich …* etc.)

Grammatik:
- Satzverbindungen mit *deshalb/deswegen* und *trotzdem*
- Konjunktiv II der Modalverben (*dürfte, könnte* etc.)
- *Wenn-dann*-Sätze

Aussprache:
- Satzmelodie, Satzakzent und Pausen (im Arbeitsbuchteil)
- Konsonantenhäufung (im Arbeitsbuchteil)
- ein Gedicht sprechen

Lernziele: TN können über Begegnungsmöglichkeiten sprechen.
Lerninhalte: WS: Begegnungsmöglichkeiten (*das Straßenfest, der Karneval* etc.)

	TN-/KL-Aktivitäten	Hinweise (▶ führt zum didaktischen Glossar)	Material
1a	TN sammeln bei geschlossenen Büchern Orte und Situationen, an und bei denen man sich begegnen kann, in Wortigeln an der Tafel. TN öffnen dann die Bücher und betrachten die Fotos A–G, klären gemeinsam neue Wörter und ergänzen die Wortigel.	KL regt an, gleich die richtigen lokalen Präpositionen dazuzuschreiben, also *auf der Straße, beim Sport* usw. Falls nicht genannt, ergänzt KL auch *im Internet*, um die Bandbreite der Möglichkeiten zu verdeutlichen.	Wörterbücher der TN
1b	TN tauschen sich in GA darüber aus, wo sie normalerweise andere Menschen treffen.	▶ **Lernerorientierung:** TN im Inland werden vielleicht die wichtige Frage der Möglichkeiten, Deutschen zu begegnen, thematisieren wollen oder Begegnungsstätten nennen, die für Zuwanderergruppen wichtig sind. In Kursen im Ausland bieten die Bilder Anregungen zum Thematisieren von Begegnungsmöglichkeiten im eigenen Land, z. B. Möglichkeiten für Männer und Frauen, etwas gemeinsam zu unternehmen.	
2a	**Präsentation:** TN hören die kurzen Texte zweimal und ordnen sie den Fotos zu. Der Vergleich erfolgt im Plenum.	▶ **Hörverstehen (Globales Hören)** **Lösung 2a:** Text 1: Bild C – F – G, Text 2: Bild E, Text 3: Bild F	CD: Track 2.18–20
2b	**Verständnissicherung:** KL spielt Text 2 ein weiteres Mal vor und fordert TN auf, die Sätze zu Ende zu schreiben. TN vergleichen in PA und hören den Text zur Kontrolle noch ein weiteres Mal.	▶ **Hörverstehen (Detailliertes Hören)** **Lösung 2b:** 1. Der Karneval der Kulturen ist das größte Straßenfest des Jahres in Berlin. 2. In Berlin leben viele ausländische Einwohner. 3. Das Straßenfest wirbt für Toleranz. 4. Beim Karneval der Kulturen kann man Gerichte aus Afrika, Südamerika, Asien und Osteuropa probieren. 5. Der große Umzug findet am Sonntagnachmittag statt.	CD: Track 2.19

2c	**Freie Anwendung:** TN schreiben einen kurzen Text zu einem der Fotos. KL wirft die Fotos (Kopiervorlage) mit dem OHP auf einen großen Bogen Papier. Alternativ wird ein Whiteboard oder ein interactive Whiteboard benutzt. TN können dann direkt an der Tafel / auf dem Papier Sprech- oder Gedankenblasen, Überschriften und kleine Texte ergänzen.	▶ **Schreiben (zu einem Bildimpuls):** Diese Aufgabe ist evtl. auch als Hausaufgabe möglich. ▶ **Lernerorientierung:** Wenn TN noch mehr Vorgaben brauchen, nennt KL konkrete Beispiele: Eintrag ins Online-Gästebuch der Band, die auf Foto A spielt, Text zur Frage *Was macht der kleine Junge ganz rechts auf Foto D 20 Jahre später?*, Gedankenblase zu der Frau vorne auf Foto E usw.	interactive Whiteboard / großer Bogen Papier Kopiervorlage 34a: „Begegnungen"

Lernziele: TN können über Heimat sprechen, Konsequenzen ausdrücken und ein Gedicht schreiben.
Lerninhalte: WS: Heimat (*Heimat ist so etwas wie …, Heimat heißt für mich …* etc.); GR: Satzverbindungen mit *deshalb/deswegen* und *trotzdem;* Aussprache: ein Gedicht sprechen

	TN-/KL-Aktivitäten	Hinweise (▶ führt zum didaktischen Glossar)	Material
3a	**Präsentation:** TN lesen die Texte 1–4 in EA und äußern kurz, um was es geht. Sie hören dann die vier Aussagen und sagen, welche Argumentation ihnen am besten gefällt. Gemeinsam wird besprochen, worin sich die Aussagen unterscheiden. TN wählen eine der vier Positionen.	▶ **Leseverstehen (Globales Lesen)** ▶ **Hörverstehen (Globales Hören)**	CD: Track 2.21–24
3b	**Verständnissicherung:** TN hören die Aussagen ein weiteres Mal und notieren Stichworte zu der gewählten Position. Der Austausch erfolgt im Plenum.	▶ **Hörverstehen (Selektives Hören)**	
3c	**Transfer:** Gemeinsam werden die Redemittel besprochen. KL gibt ein Beispiel aus dem eigenen Erleben an der Tafel vor. TN sammeln dann in GA, mit welchen Sinnen sie Heimat erleben.	▶ **Lernerorientierung:** Das Thema ist für TN, die außerhalb ihres Herkunftslands leben oder eine Migrationsgeschichte haben, von größerer emotionaler Bedeutung als für TN im Ausland. KL muss hier feinfühlig mit emotionalen Befindlichkeiten umgehen. Im Ausland fragt KL, was TN, wenn sie ihrerseits im Ausland wären, vermissen würden. ▶ **Sprachenvielfalt im Unterricht** KL lässt TN Begriffe aus ihrer Sprache sammeln, die Heimat ausdrücken: *patria* (span.), *el-watan* (arab.) usw.	große Bogen Papier Kopiervorlage 34b: „Heimat" Kopiervorlage 34c: „Heimat in vielen Sprachen"
4a	**Bewusstmachung:** KL erläutert *deshalb/ deswegen* und *trotzdem* anhand des Grammatikkastens. KL demonstriert, dass man den Sachverhalt auf zweierlei Weise ausdrücken kann: a. S. ist in Deutschland geboren und lebt heute in Spanien, deshalb ist sie in zwei Ländern zu Hause. (Grund im Hauptsatz, Folge im *deshalb*-Satz) b. S. ist in zwei Ländern zu Hause, weil sie in Deutschland geboren ist und heute in Spanien lebt. (Folge im Hauptsatz, Grund im *weil*-Satz) a. S. denkt oft an … Berlin, obwohl sie in Barcelona glücklich ist. (Einschränkung/Gegengrund im Hauptsatz) b. S. ist in Barcelona glücklich, trotzdem denkt sie oft an Berlin. (Einschränkung/Gegengrund im *trotzdem*-Satz) TN ergänzen die richtigen Verbindungen in 1–4.	▶ **Grammatik:** TN kennen die Nebensatzkonjunktionen *weil* und *obwohl* u. a. aus Kap. 15 und 27 und die Präpositionen *wegen* (Grund) und *trotz* (Gegengrund) aus Kap. 32. Hier lernen sie, dass mit *deshalb/deswegen* und *trotzdem* Hauptsätze verbunden werden. Dabei steht *deshalb/deswegen/trotzdem* auf Position 1 und das Verb – wie immer im Hauptsatz – auf Position 2. Auf Position 3 folgt dann immer das Subjekt. **Lösung 4a:** 1 – Deswegen, 2 – Trotzdem, 3 – Trotzdem, 4 – Deswegen	
4b	**Üben:** TN verbinden die Sätze in PA. Der Vergleich erfolgt im Plenum.	**Lösung 4b:** 1 – Trotzdem lernt er … 2 – Deshalb sprechen die Kinder … 3 – Trotzdem hat er manchmal … 4 – Deswegen hat sie … 5 – Deswegen spricht er … Ist weiteres Üben erforderlich, so nutzt KL die Kopiervorlage.	Kopiervorlage 34d: „Satzpuzzle"

5a	**Einstieg:** KL schreibt den Begriff *Zugvögel* in einem Kreis an die Tafel und lässt TN Vermutungen äußern.	▶ **Neue Medien:** Zum Einstieg zeigt KL ggf. den Clip „Le Retour Des Grues", siehe www.youtube.com/watch?v=8bGSI3nN8k4&feature=related.	DVD-Player oder Laptop, Beamer, Lautsprecher, Internetanschluss
5b	**Präsentation:** TN hören das Gedicht einmal und sagen, wie sie die Stimmung empfinden.	▶ **Hörverstehen (Globales Hören)**	CD: Track 2.25
5c	TN hören das Gedicht ein weiteres Mal (evtl. ein drittes Mal) und lesen mit. Sie markieren die Aussage, die sie am wichtigsten finden.	▶ **Leseverstehen (Detailliertes Lesen)**	
5d	**Freie Anwendung:** TN erhalten die Textstreifen der Kopiervorlage und ergänzen die Lücken frei. TN legen die Gedichte so auf die Tische, dass alle TN herumgehen und die Gedichte lesen und kommentieren können.	▶ **Schreiben (kreatives Schreiben):** Die Reihenfolge der Gedichtabschnitte kann beliebig variiert werden. TN können auch weitere Gedichtzeilen frei ergänzen oder sich ganz von der Vorlage lösen. ▶ **Fehlerkorrektur (gegenseitige):** Jede/r TN sucht sich einen Partner / eine Partnerin für die Fehlerbesprechung. Unklarheiten werden notiert, später im Plenum besprochen. ▶ **Aussprache (Intonation, Akzent und Rhythmus):** KL lässt TN die Aussprache anhand der Kopiervorlage üben und weist TN auf die zusätzliche Ausspracheübung im Arbeitsbuch hin.	Kopiervorlage 34e: „Ein Gedicht schreiben" Kopiervorlage Aussprache: "Ein Gedicht sprechen"

Lernziele: TN können über Migrationserlebnisse und Gefühle sprechen. Sie können Irreales ausdrücken und Bedingungen formulieren.
Lerninhalte: WS: Migration (*das Heimweh, vermissen* etc.); GR: Konjunktiv II der Modalverben (*dürfte, könnte* etc.), *Wenn-dann*-Sätze

	TN-/KL-Aktivitäten	Hinweise (▶ führt zum didaktischen Glossar)	Material
6a	**Präsentation:** KL erklärt, dass es jetzt um einen Menschen geht, den die TN sehr gut kennen, und lässt sie raten, wer das sein könnte. TN hören dann das Interview und notieren Informationen zu Nikolas Leben. Im Plenum werden die Informationen verglichen.	▶ **Hörverstehen (Selektives Hören)** ▶ **Binnendifferenzierung:** TN erhalten unterschiedliche Höraufträge und konzentrieren sich auf unterschiedliche Stationen – Belgrad, Florenz, München.	CD: Track 2.26
6b	**Verständnissicherung:** TN hören das Interview noch einmal und beantworten dann im Plenum die Frage nach Nikolas Lieblingszeile: Warum hat er dazu die beiden Gesichter gezeichnet?	▶ **Hörverstehen (Detailliertes Hören)** **Lösung 6b:** Nikolas Lieblingszeile ist „Gefühle kennen keine Grenzen". Dazu hat er sich und seine Frau gezeichnet, weil er wegen ihr nach Deutschland gekommen ist.	
6c	**Freie Anwendung:** TN tauschen sich in GA darüber aus, welches ihre Lieblingszeile ist und was sie dazu zeichnen würden.	▶ **Effektiv lernen (Lerntypen und multiple Intelligenzen):** Wenn KL die Zugänge erweitern will, z. B. weil es TN gibt, die gar nicht gerne zeichnen, lässt er/sie TN anhand der Kopiervorlage ihren bevorzugten Lernkanal bestimmen. KL fragt dann auch nicht nur: *Was würden Sie zu Ihrer Lieblingszeile zeichnen?*, sondern auch: *Was hören Sie bei Ihrer Lieblingszeile? Was fühlen Sie?* TN antworten je nach gewähltem Sinneskanal: ▶ **Binnendifferenzierung**.	Kopiervorlage 34f: „Wie nimmst du das wahr?"
7a	**Einstieg:** KL fragt, ob es in den Sprachen der TN ein Wort für *Heimweh* gibt. Gemeinsam wird der Begriff geklärt. **Präsentation:** KL lässt Gruppen bilden, in denen gemeinsam der Text gelesen wird und die Fragen beantwortet werden.	▶ **Leseverstehen (Selektives Lesen)** ▶ **Lernerorientierung (Kurse im Ausland):** Möglicherweise können TN die im „Heimwehblog" geäußerte Perspektive nicht nachvollziehen. KL lässt dann ggf. einen Beitrag in einem „Fernwehblog" schreiben.	

7b	**Freie Anwendung:** TN sprechen in ihren Gruppen über das Thema.	▶ **Umgang mit heiklen Themen/Situationen:** In 7a und 7b wird ein Thema angesprochen, auf das TN möglicherweise aus unterschiedlichen Gründen besonders heftig reagieren. Ist die Diskussion sehr lebendig oder emotional, gibt KL ausreichend Zeit und fährt erst dann mit der Grammatikarbeit in Aufgabe 8 fort, wenn die Konzentrationsfähigkeit wiederhergestellt ist. Ggf. gibt KL 7b als schriftliche Hausaufgabe.	
8a	**Bewusstmachung:** TN lesen die beiden Texte und entscheiden, was Realität, was Wunsch ist.	▶ **Leseverstehen (Globales Lesen)** **Lösung 8a:** Text A – Realität, Text B – Wunsch	
8b	TN markieren die Verben in B und sammeln die Konjunktiv-II-Formen. Ggf. werden Realität und Wunsch an der Tafel noch einmal gegenübergestellt. *in der Realität*: *Er hat keine Ferien. Er muss nachts arbeiten.* *in der Vorstellung (Wunsch)*: *Er hätte ein Jahr Ferien. Er müsste nicht nachts arbeiten.*	▶ **Selbst entdeckendes Lernen** ▶ **Grammatik:** TN kennen die Konjunktiv-II-Formen der Modalverben aus Kap. 33. Sie sind von den Präteritumsformen abgeleitet (z. B. *durfte – dürfte*).	
8c	**Üben:** TN schreiben die Sätze als Wünsche und verwenden den Konjunktiv II.	**Lösung 8c:** 1. Wenn ich einen deutschen Pass hätte, dürfte ich wählen. 2. Wenn O. eine Arbeitserlaubnis hätte, dürfte er arbeiten. 3. Wenn R. in seiner Heimat leben würde, wäre er glücklich. 4. Wenn M. die Sprache könnte, könnte er Freunde finden. 5. Wenn K. gesund wäre, könnte er Fußball spielen. 6. Wenn A. Geld hätte, würde sie Kleider kaufen. 7. Wenn ich nicht lernen müsste, würde ich ins Kino gehen. 8. Wenn A. Ferien hätte, würde sie nach Schweden fahren. ▶ **Spiele:** TN festigen die Formen in einem Kettenspiel: *Wenn ich einen deutschen Pass hätte, würde ich wählen. – Wenn ich wählen dürfte, würde ich …*	
8d	**Transfer:** TN schreiben die Satzanfänge in EA zu Ende. Sie benutzen für jeden Satz ein Kärtchen. Alle Kärtchen werden gemischt – TN raten, wer welchen Satz geschrieben hat.	▶ **Schreiben**	

Lernziele: TN können über Migration und Integration sprechen.
Lerninhalte: WS: Migration und Integration (*der/die Integrationsbeauftragte, die Migrantenangelegenheiten* etc.)

	TN-/KL-Aktivitäten	Hinweise (▶ führt zum didaktischen Glossar)	Material
	Einstieg: KL zeigt das Foto von Mutter und Tochter (Kopiervorlage) und stellt Fragen dazu: *Was ist das Verhältnis der beiden Frauen? Wie sind sie so? Was arbeiten sie?* TN stellen Vermutungen an.	▶ **Einstiegsaktivitäten**	Kopiervorlage 34g: „Mutter und Tochter", auf Folie, OHP
9a	**Präsentation:** TN wählen Mutter oder Tochter und suchen zu der gewählten Person Informationen im Text. Die Informationen werden im Plenum zusammengetragen (ggf. am OHP auf der Kopiervorlage).	▶ **Leseverstehen (Selektives Lesen)** ▶ **Alltag EXTRA:** Für TN in Inlandskursen ist das Amt des/der Integrations- oder Ausländerbeauftragten wichtig. KL zieht an dieser Stelle die „Fragen an die Integrationsbeauftrage" hinzu. Ggf. schließt sich das Recherche-Projekt „Der/Die Integrationsbeauftragte in unserer Stadt" an.	

9b	**Verständnissicherung:** TN suchen in PA, wie die Aussagen im Text stehen.	▶ **Leseverstehen (Detailliertes Lesen)** **Lösung 9b:** 1. Azize und Gabriele Gün Tank sind Mutter und Tochter. Und Kolleginnen … (Zeilen 1–2) 2. Beide arbeiten als Integrationsbeauftragte in Berlin … (Zeilen 2–3) 3. Sie hatte ihrer Tochter eigentlich davon abgeraten, sich für den Job zu bewerben. (Zeilen 12–13) 4. Die Mutter kämpft für etwas, das notwendig ist. (Zeilen 24–25) 5. … die „Bösen Mädchen" …, in der sich die Mitglieder z. B. mit Fremdenfeindlichkeit und Rassismus auseinandersetzen. (Zeilen 29–32) 6. Sie war ein gemischtes Eis, das fand Gabriele Gün Tank gut. (Zeilen 41–42) 7. Worte prägen die Sicht auf die Dinge. (Zeilen 46–47) 8. Azize wird böse, wenn jemand nach einem Türkeiurlaub fragt, wie es denn in der „Heimat" war. Sie ist doch in Berlin zu Hause! (Zeilen 46–48) 9. … wirkt Gabriele Gün eher wie eine Diplomatin. (Zeilen 50–51)	
9c	**Präsentation:** TN hören das Radiointerview erst einmal vollständig. Sie lesen und klären dann die Aussagen 1–8, hören das Interview noch einmal und kreuzen R/F an. Ein abschließendes Hören des Interviews dient der Kontrolle der Ergebnisse.	▶ **Hörverstehen (Globales Hören):** TN verstehen, dass die Interviewtechnik hier darin besteht, den Interviewten Satzanfänge vervollständigen zu lassen. ▶ **Hörverstehen (Selektives Hören)** **Lösung 9c:** 1 – F, 2 – F, 3 – F, 4 – R, 5 – F, 6 – F, 7 – F, 8 – R	CD: Track 2.27
9d	**Transfer:** TN vervollständigen nun selbst die Satzanfänge. Sie benutzen dazu die Liste im Arbeitsbuch, Kapitel 34, Übung 9.	Alternativ nutzt KL die Kopiervorlage. Dabei arbeiten TN in GA. Jede Gruppe erhält einen Satz der Kärtchen mit den Satzanfängen, die umgedreht auf den Tisch gelegt werden. Ein/e TN nimmt ab, liest den Satzanfang vor, der nächste TN in der Reihe ergänzt usw.	Kopiervorlage 34h: „Radiointerview"
9e	**Freie Anwendung:** TN diskutieren die Themen in GA und stellen die Ergebnisse der Diskussion im Plenum vor.	▶ **Binnendifferenzierung:** 9e kann auch als Alternative zum Radiointerview in 9d für diejenigen TN angeboten werden, die sich übergreifender mit Fragen der Migration und Integration beschäftigen wollen.	
	Üben: TN schreiben ein Diktat. *Mein Wunschtraum* *Wenn ich doch / ganz viel Zeit und viel ________ hätte! / Dann könnte ich eine Reise nach ________ machen. / Ich würde ____________ besuchen. / Natürlich würde ich viele Geschenke mitbringen. / Ich würde dort bleiben, / so lange ich wollte. / Ich müsste nicht arbeiten / und könnte die ganze Zeit ________. / Ich würde meine Lieblingsspeisen essen. / Jeden Abend würde ich __________ / und mindestens einmal in der Woche __________. / Mit dem Geld würde ich auch einkaufen gehen / und mir __________ kaufen. Natürlich hätte ich __________. Ach, das wäre eine wunderbare Sache. Leider ist es nur ein ________.*	▶ **Diktate (Lückendiktat)** ▶ **Spiele (Schritte in Deutschland):** Zum Abschluss des Kapitels spielen TN im Inland folgendes Spiel. Alle TN stellen sich an einer Seite des Unterrichtsraums auf (dazu werden am besten Stühle und Tische an den Rand geschoben). KL stellt die Frage: *Wer war in Deutschland schon einmal auf einem Weihnachtsmarkt?* TN, die die Frage mit *Ja* beantworten können, machen einen kleinen Schritt vor. KL stellt eine weitere Frage: *Wer war in Deutschland schon einmal in einem Kindergarten?* Wieder gehen TN einen Schritt vor, wenn dies auf sie zutrifft. Nach einigen anfänglichen Fragen des/der KL stellt jede/r TN selbst eine Frage aus dem eigenen Erfahrungsbereich: *Wer war schon einmal in einer Disco? Wer war schon einmal in einem türkischen Bad? Wer war schon einmal auf einem Fußballplatz?* Usw. Das Spiel geht so lange, bis alle an der gegenüberliegenden Wand angekommen sind. Wichtig ist, dass die TN selbst Fragen formulieren, so können sich alle beteiligen.	

Arbeit im Wandel

Thematische Schwerpunkte: Arbeitsverhältnisse, Arbeitsplätze, Arbeiten im Ausland, Selbstständigkeit

Lernziele

Die TN können

- über Arbeitsverhältnisse sprechen
- über Tagesabläufe und über Vor- und Nachteile der Arbeit im Homeoffice sprechen
- Tipps zur Arbeit im Ausland geben
- eine Geschäftsidee präsentieren

Lerninhalte

Wortschatz/Redemittel:

- Arbeit (*die Selbstständigkeit, das Praktikum* etc.)
- persönliche Kriterien (*An erster Stelle steht bei mir …, Ein guter Arbeitsplatz sollte … etc.)*
- Homeoffice-Arbeitsplatz (*vernetzen, die Probezeit* etc.)
- Arbeiten im Ausland (*die Verständigung, der Kulturschock* etc.)
- Selbstständigkeit (*die Firmengründung, der Businessplan* etc.)
- Tipps zur Geschäftsidee *(Du solltest klären, wann …, Lass dich doch beraten …* etc.)

Grammatik:

- temporale Nebensätze mit *während* und *seit*

Aussprache:

- Wortakzent und Rhythmus (im Arbeitsbuchteil)

Lernziele: TN können über Arbeitsverhältnisse und Erwartungen an die Arbeit sprechen.
Lerninhalte: WS: Arbeit (*die Selbstständigkeit, das Praktikum* etc.); Redemittel: persönliche Kriterien (*An erster Stelle steht bei mir …, Ein guter Arbeitsplatz sollte … etc.)*

	TN-/KL-Aktivitäten	Hinweise (▶ führt zum didaktischen Glossar)	Material
	Einstieg: KL gibt Zettel mit Satzanfängen aus (Kopiervorlage). TN ergänzen die Satzanfänge. Dann schneiden/reißen sie die vier Abschnitte auseinander und legen sie auf Tischen in den vier Ecken des Raums aus. Sie gehen dann von Tisch zu Tisch und lesen, was die anderen TN geschrieben haben. Die Ergebnisse werden dann im Plenum besprochen.	▶ **Einstiegsaktivitäten (angefangene Sätze):** Je nachdem, ob es sich um einen Kurs im In- oder Ausland handelt, ob die TN bereits berufstätig sind bzw. jobben, ob sie studieren wollen oder aber die Berufstätigkeit eher in fernerer Zukunft sehen – das Thema Arbeit wird TN auf ganz unterschiedliche Weise ansprechen und interessieren. KL lässt TN zunächst einmal das persönliche Interesse am Thema „Arbeit" reflektieren.	Kopiervorlage 35a: „Arbeit ist für mich …" Scheren
1a	**Präsentation:** An der Tafel sammeln TN Begriffe zum Thema „Arbeit". Sie lesen dann die Texte zu den Fotos/Personen A–E ein erstes Mal, suchen die dort verwendeten Wörter zum Thema „Arbeit" und ergänzen den Wortigel.	Viele Begriffe sind bereits bekannt, die unbekannten werden mithilfe der Wörterbücher und des „Kleinen Glossars zur Arbeitswelt" auf der fünften Doppelseite, „Im Alltag", geklärt.	Wörterbücher der TN
1b	**Präsentation:** TN suchen in den Texten Informationen zu den Personen A–E.	▶ **Leseverstehen (Selektives Lesen)** **Lösung 1b:** A – Sandra Preval: frische Luft, neue Energie, etwas dazuverdienen B – Tarik Ickovic: Selbstständigkeit C – Bea Hummel: Vereinbarkeit von Beruf und Kind D – Rosi Pähler: als einzige Frau ernst genommen werden, ein gutes Team E – Alex Schuk: Erfahrungen und berufliche Kontakte, im Berufsleben Fuß fassen ▶ **Binnendifferenzierung:** KL lässt TN Informationen zu unterschiedlichen Aspekten suchen: – Was ist für die Personen A–E wichtig? – Welche Berufe werden angesprochen? – Was wird über das Arbeitsleben in Deutschland gesagt?	

<table>
<tr><td>1c</td><td>Freie Anwendung: TN lesen die Texte noch einmal in GA, suchen Informationen über Vergangenheit und Zukunft und tauschen sich aus. Im Plenum werden die Ergebnisse besprochen.</td><td>(Mögliche) Lösung 1c:
<table>
<tr><th>früher</th><th>in der Zukunft</th></tr>
<tr><td>eine einzige Arbeitsstelle</td><td>mehrere Arbeitsstellen</td></tr>
<tr><td>wenige Selbstständige mit Migrationshintergrund</td><td>Menschen mit Migrationshintergrund in allen Bereichen</td></tr>
<tr><td>Vereinbarkeit von Beruf und Familie schwierig</td><td>Vereinbarkeit von Familie und Beruf durch moderne Technik</td></tr>
<tr><td>keine Frauen in Männerberufen</td><td>Frauen und Männer in allen Berufssparten</td></tr>
<tr><td>Berufseinstieg ohne Praktikum</td><td>Praktika als Einstieg in den Beruf</td></tr>
</table>
</td><td></td></tr>
<tr><td>1d</td><td>Präsentation: KL spielt die Aussage zweimal vor. TN kreuzen R/F an, hören die Aussage noch einmal und kontrollieren ihre Ergebnisse.</td><td>▶ Hörverstehen (Selektives Hören)
Lösung 1c:
1 – F, 2 – F, 3 – R</td><td>CD: Track 2.28</td></tr>
<tr><td>1e</td><td>Freie Anwendung: Gemeinsam werden die Redemittel besprochen. In GA tauschen sich TN zur Frage aus.</td><td>▶ Binnendifferenzierung: Bei der Gruppenbildung kann ggf. differenziert werden in TN, die A arbeitssuchend sind, B bereits eine Arbeit haben, C aufgrund von Erziehungsaufgaben erst einmal keine Arbeit suchen, D ein Studium aufnehmen wollen o. Ä.</td><td></td></tr>
</table>

Lernziele: TN können über Tagesabläufe und über Vor- und Nachteile der Arbeit im Homeoffice sprechen.
Lerninhalte: WS: Homeoffice-Arbeitsplatz (*vernetzen, die Probezeit* etc.); GR: temporaler Nebensatz mit *während*

	TN-/KL-Aktivitäten	Hinweise (▶ führt zum didaktischen Glossar)	Material
2a	**Einstieg:** TN sprechen über die Unterschiede zwischen einem Arbeitsplatz zu Hause und im Büro und notieren sie in einer Tabelle an der Tafel.		
2b	**Präsentation/Verständnissicherung:** Gemeinsam werden die einführenden Texte gelesen. TN wählen jeweils eine Rolle (Rolf Sommer / Viktor Kemper) und beschreiben die jeweilige Station im Tagesablauf in einem Satz.		
3a	**Bewusstmachung:** KL schreibt die beiden Hauptsätze an die Tafel und bittet TN, sie mit *während* zu verbinden. KL weist auf die Wortstellung im Nebensatz hin. **Üben:** TN bilden Sätze mit *während* wie im Beispiel.	▶ **Selbst entdeckendes Lernen:** TN haben in 2b die Gleichzeitigkeit der Ereignisse gesehen und benötigen nun die passende Konjunktion, um die Sätze zu verbinden. Sie haben *während* bereits in der adversativen Funktion (in Kap. 29) kennengelernt und lernen nun die temporale Funktion dieser Konjunktion.	
3b	**Üben:** TN verbinden Haupt- und Nebensätze wie im Beispiel und setzen die Reihe fort.	▶ **Spiele** Falls nötig, üben TN erst einmal mit einem Dominospiel (Kopiervorlage).	Wollknäuel / weicher Ball Kopiervorlage 35b: „*während*-Domino“
3c	**Transfer:** In EA schreiben TN Fragen auf, die sie anderen TN im Kurs stellen wollen. Mit der Liste der Fragen in der Hand laufen sie im Kursraum umher und fragen TN. Pro TN darf nur eine Frage gestellt werden.	▶ **Binnendifferenzierung:** TN können beliebig viele Fragen aufschreiben.	

4a	**Präsentation:** TN lesen den Text in PA und notieren Vor- und Nachteile. Im Plenum werden die Ergebnisse verglichen.	**Lösung 4a:** Vorteile: Arbeitnehmer können besser Familie und Beruf vereinen; Arbeitgeber sparen Kosten für Büroflächen. Nachteile: Gefahr, dass man nicht von der Arbeit loskommt und sich zwischen Job und Familie aufreibt. ▶ **Projekte (Recherche):** Falls TN fragen, welche Arbeiten im Homeoffice gemacht werden können, regt KL eine Internetrecherche an, die von der Seite www.nebenjob.de/homeoffice/homeoffice.html ausgeht.	Wörterbücher der TN
4b	**Transfer:** KL zeigt die Grafik auf Folie (Kopiervorlage). Gemeinsam wird die Grafik beschrieben. TN markieren (mit Klebepunkten/Folienstiften), welcher Meinung sie selbst am nächsten kommen.	An dieser Stelle können Redemittel, die zur Beschreibung einer Grafik nötig sind, wiederholt werden. Die Hälfte der Befragten sagt, dass … Über 20 Prozent der Leute wollen lieber jeden Tag … Ungefähr 18 Prozent sind sich sicher, dass sie … Ein kleiner Prozentsatz weiß nicht, ob er lieber … Nur wenige Leute arbeiten bereits …	Kopiervorlage 35c: „Umfrage", auf Folie, OHP Klebepunkte, Foliestifte
4c	**Präsentation:** TN hören das Gespräch der drei Freundinnen einmal vollständig. KL zeichnet die Tabelle an die Tafel und bittet TN, auf Pro und Kontra zu achten. TN hören dann ein zweites Mal in Abschnitten, zu denen die Tabelle ergänzt wird.	▶ **Hörverstehen (Selektives Hören):** KL weist darauf hin, dass die eine Freundin eher Pro-, die andere Freundin eher Kontra-Argumente bringt.	CD: Track 2.29
4d	**Freie Anwendung:** In GA tauschen sich TN zu der Frage aus.	▶ **Interkulturelle Perspektive:** Da Fragen der Kindererziehung und Berufstätigkeit von Frauen in den verschiedenen Kulturen ganz unterschiedlich gesehen werden, kann es hier zu emotionalen Diskussionen kommen. KL achtet darauf, dass alle Meinungen geäußert werden können und respektiert werden.	
4e	**Freie Anwendung:** Im Plenum wird abschließend noch einmal kurz darüber gesprochen, ob sich die TN die Arbeit im Homeoffice vorstellen können.	▶ **Binnendifferenzierung:** 4e kann auch als Alternative zu 4d gegeben werden.	

Lernziele: TN können Tipps zur Arbeit im Ausland geben. Sie können Handlungen, die ihren Anfangspunkt in der Vergangenheit haben, beschreiben.
Lerninhalte: WS: Arbeiten im Ausland (*die Verständigung, der Kulturschock* etc.); GR: temporaler Nebensatz mit *seit*

	TN-/KL-Aktivitäten	Hinweise (▶ führt zum didaktischen Glossar)	Material
5a	**Einstieg:** In einem Wortigel sammeln TN Assoziationen zum Thema „Arbeiten im Ausland".	Ausland kann von den TN je nach Standpunkt unterschiedlich interpretiert werden. Hier geht es nicht um ein konkretes Land – Deutschland, das Herkunftsland u. a. –, sondern um die allgemeine Frage.	
5b	Gemeinsam wird besprochen, was die Überschrift bzw. der Ausdruck *über den Tellerrand schauen* bedeuten mag und wovon der Text wohl handelt.		
5c	**Präsentation:** TN überfliegen den Text und beantworten die Frage, wie die drei Personen ihre Auslandserfahrung empfunden haben.	▶ **Leseverstehen (Globales Lesen)** **Lösung 5c:** Susi Stein: ganz gut; Klaus Götz: nicht so gut; Nena Buz: gut ▶ **Binnendifferenzierung:** TN wählen eine Person und lesen den entsprechenden Textabschnitt. Sie tauschen sich in GA darüber aus, was sie an dem Bericht besonders interessant / gut / nicht verständlich etc. finden.	

5d	**Verständnissicherung:** In PA lesen TN den Text noch einmal, ordnen die passende Person zu und ergänzen die Sätze.	▶ **Leseverstehen (Detailliertes Lesen)** **Lösung 5d:** 1. G – …, aber seine Erfahrung war nicht gefragt. 2. S – …, weil fast niemand Englisch verstanden hat. 3. B – …, weil sie sich total fremd fühlte. 4. S 5. G 6. G – …, weil der Job zu stressig war. 7. B – …, dass die Menschen so herzlich waren. 8. S – …, weil die Luftverschmutzung in China so stark war. 9. B – …, obwohl sie am Anfang Schwierigkeiten hatte. ▶ **Textkompetenz (Reaktion auf den Text):** TN schreiben einen Leserbrief, in dem sie zu einem der drei Textabschnitte Stellung nehmen. Davor werden die Redemittel zur Stellungnahme noch einmal wiederholt. TN, denen die Aufgabe so zu abstrakt ist, können auch einen Brief an eine der drei Personen schreiben.	
5e	**Freie Anwendung:** TN geben Tipps zur Arbeit in einem Land, mit dessen Arbeitsbedingungen sie gut vertraut sind.	▶ **Bewegung:** Lebendiger wird diese Aufgabe, wenn der Kurs in „Länderexperten" und „Freunde" geteilt wird. Die Experten schreiben den Namen des Landes, das sie vertreten, auf eine Karte und befestigen sie an ihrer Kleidung. Alle TN bewegen sich im Kursraum umher, die „Freunde" fragen die „Experten" nach Tipps zur Arbeit in ihrem Land. Nach einer Weile werden die Rollen getauscht.	Wäscheklammern, Karten
6a	**Bewusstmachung:** TN verbinden die Hauptsätze mit den passenden Nebensätzen.	▶ **Grammatik:** *Seit* als Präposition und die Frage *Seit wann?* kennen die TN schon aus *Berliner Platz 1 NEU*, Kap. 9. Dass *seit* sich auf einen Anfangspunkt in der Vergangenheit bezieht, ist also nicht neu. Neu ist die Verwendung von *seit* als Konjunktion, die Haupt- und Nebensatz verbindet. **Lösung 6a:** 1 – c, 2 – d, 3 – a, 4 – e, 5 – b	
6b	**Systematisierung/Üben:** KL verdeutlicht noch einmal die Satzverbindung an der Tafel und weist auf die Endstellung des Verbs im Nebensatz und die Verberststellung im Hauptsatz bei vorangestelltem *seit*-Satz hin. KL zeigt auch, dass das Subjekt in der Regel im ersten Satz genannt wird und im zweiten Satz dann ein Personalpronomen steht. *Seit Klaus gekündigt hat, geht es ihm besser.* *Es geht Klaus besser, seit er gekündigt hat.* TN schreiben die Sätze 1–5.	**Lösung 6b:** 1 – Seit Klaus Götz gekündigt hat, geht es ihm viel besser. 2 – Seit Romina eine Fortbildung macht, hat sie keine Zeit mehr für ihren Freund. 3 – Seit Emma ein eigenes Büro hat, kann sie ungestört telefonieren. 4 – Seit Carina ein neues Handy hat, schreibt sie die ganze Zeit SMS. 5 – Seit Pierre nicht mehr raucht, macht er viel Sport. ▶ **Binnendifferenzierung:** TN, die schneller fertig sind, stellen auch noch den Hauptsatz voran.	
6c	**Üben:** TN schreiben einen Satz über sich selbst auf ein Kärtchen und notieren dazu ihren Namen. Die Kärtchen werden an den/die übernächste/n TN weitergereicht, der/die den Satz wie im Beispiel umstellt. Nacheinander werden so alle Sätze laut vorgelesen.	▶ **Lernerorientierung:** Ist weiteres Üben erforderlich, zieht KL noch die Kopiervorlage hinzu.	Kärtchen Kopiervorlage 35d: „Seit wann?"

Lernziele: TN können eine Geschäftsidee präsentieren und ihre Meinung zu Geschäftsideen äußern.
Lerninhalte: WS: Selbstständigkeit (*die Firmengründung, der Businessplan* etc.); Redemittel: Tipps zur Geschäftsidee *(Du solltest klären, wann …, Lass dich doch beraten …* etc.)

	TN-/KL-Aktivitäten	Hinweise (▶ führt zum didaktischen Glossar)	Material
7a	**Einstieg:** KL schreibt die Buchstaben des Worts Selbstständigkeit durcheinander in einen Kreis an die Tafel und bittet TN, mit diesen Buchstaben so viele Wörter wie möglich zu bilden. 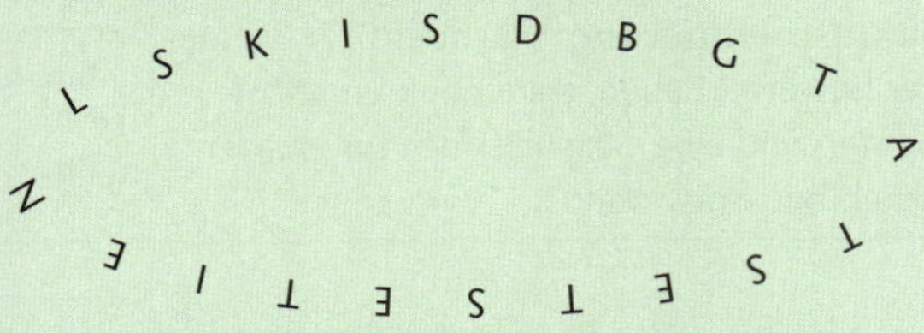 Im Plenum tauschen sich TN zu der Frage aus, was man wohl beachten muss, wenn man sich selbstständig machen will.	▶ **Einstiegsaktivitäten (Anagramm):** Aus den Buchstaben des Wortes *Selbstständigkeit* können z. B. die Wörter *die, nie, kein, klein, Lied, selbst, selbstständig, Teig, Tee, leben, See* und *nett* gebildet werden. Wenn TN nicht auf das Wort *Selbstständigkeit* kommen, knüpft KL an die Einstiegsseite zum Kapitel an und erinnert an Tarik Ickovic, der sich mit Kaffee- und Schokoladeprodukten selbstständig gemacht hat.	
7b	**Präsentation:** TN lesen in EA den Text; jede/r TN überlegt sich eine Überschrift.	▶ **Leseverstehen (Globales Lesen):** KL gibt eine Zeit vor, damit alle den Text auch wirklich nur überfliegen.	
7c	**Verständnissicherung:** TN lesen den Text nun genauer und kreuzen R/F an. Sie vergleichen ihre Ergebnisse mit denen ihres Nachbarn / ihrer Nachbarin.	▶ **Leseverstehen (Selektives Lesen)** **Lösung 7c:** 1 – F, 2 – R, 3 – R, 4 – F, 5 – F, 6 – R ▶ **Textkompetenz:** TN formulieren Fragen zum Text, die andere TN beantworten.	
7d	**Freie Anwendung:** In GA sprechen TN über den Text und tauschen sich über die Frage aus.		
8a	**Transfer:** TN lesen gemeinsam die „Schritte in die Selbstständigkeit" und ordnen die Überschriften den Texten zu.	▶ **Wortschatzarbeit:** KL lenkt die Aufmerksamkeit auf die Nomen-Verb-Verbindungen: *Formalitäten erledigen, Geld zurücklegen, die Geschäftsidee ausarbeiten, Risiken ertragen, Startkapital haben/brauchen, Finanzquellen ermitteln, Finanzierung klären.* **Lösung 8a:** Schritt 1: Die Entscheidung – C, Schritt 2: Die Planung – B, Schritt 3: Die Finanzierung – D, Schritt 4: Das Unternehmen – A ▶ **Landeskunde:** TN können sich weiter informieren unter www.existenzgruender.de (siehe Branchen und Zielgruppen → Migranten; hier gibt es auch Informationen in einigen Fremdsprachen).	Wörterbücher der TN
8b	**Freie Anwendung:** TN diskutieren im Plenum oder in GA die in 8a angesprochenen Schritte und ergänzen, was ihrer Meinung nach für die Existenzgründung noch nötig ist.		
8c	**Freie Anwendung:** Abschließend tauschen sich TN über den Spruch „Alles selbst und das ständig!" aus.		
9a	**Einstieg:** TN betrachten die Zeichnungen (Kopiervorlage) und äußern Vermutungen, um welche Geschäftsideen es sich hier handeln könnte.		Kopiervorlage 35e: „Geschäftsideen", auf Folie, OHP

	Präsentation: TN lesen die Sätze 1–3 und hören die Kurzreportagen. Sie ordnen sie den Aussagen zu und hören dann die Berichte noch einmal zur Kontrolle. Der Vergleich erfolgt im Plenum.	▶ **Hörverstehen (Globales Hören)** **Lösung 9a:** 1 – Kurzreportage A / Bild A, 2 – Kurzreportage B / Bild B, 3 – Kurzreportage C / Bild C	CD: Track 2.30–32
9b	**Transfer:** Die Zeichnungen werden (am OHP) noch einmal betrachtet; TN wiederholen in eigenen Worten, um was für eine Geschäftsidee es sich jeweils handelt, und äußern ihre Meinung, welche Geschäftsidee sie gut finden.	▶ **Methoden (Punkten):** Ggf. teilt KL pro TN jeweils drei Klebepunkte aus, die die TN je nach Gefallen an die Geschäftsideen kleben.	
9c	**Freie Anwendung:** TN lesen die Beispiele und überlegen sich in GA eine Geschäftsidee (Kopiervorlage). Die Ergebnisse ihrer Überlegungen halten die Gruppen auf einem Plakat fest.	▶ **Handlungsorientierung:** Nachdem TN die Ideen anderer bewertet haben, sollen sie nun selbst kreativ werden und eine Geschäftsidee für ein kleines Unternehmen entwickeln.	Kopiervorlage 35f: „Unsere Geschäftsidee" große Bogen Papier
9d	**Freie Anwendung:** Gemeinsam werden die Redemittel und Tipps auf der nächsten Seite, „Im Alltag", besprochen. Alle TN gehen herum, lesen die Geschäftsideen auf den Plakaten und notieren Vorteile und Nachteile. Nun stellen die Gruppen ihre Geschäftsideen im Plenum vor. Die anderen TN geben Ratschläge/Tipps und stellen Fragen.		
	Üben: TN schreiben ein Diktat. 1. *Die Agentur für Arbeit: /* 2. *Hier erhalten Sie / Auskunft und Rat. /* 3. *Zum Beispiel bei Fragen der Arbeitsplatzwahl / und der beruflichen Entwicklung, /* 4. *aber auch zum Arbeitsplatzwechsel / und zu den Vermittlungsmöglichkeiten. /* 5. *Es gibt finanzielle Hilfen für Menschen, / die Arbeit oder einen Ausbildungsplatz suchen. /* 6. *Wenn Ihr Arbeitsverhältnis endet, / müssen Sie sich drei Monate vorher / arbeitsuchend melden. /* 7. *Sie können das zunächst telefonisch tun. /* 8. *Sie müssen dann aber später / persönlich zur Agentur für Arbeit gehen. /* 9. *Sie sind verpflichtet, / sich selbst um eine neue Arbeit zu bemühen. /* 10. *Die Agentur für Arbeit / unterstützt Sie / bei der Suche / nach einem neuen Arbeitsplatz.*	▶ **Lernen durch Lehren:** Jede/r TN diktiert einen Satz des Diktats. KL lässt je nach TN-Zahl Gruppen bilden. ▶ **Alltag EXTRA:** In Kursen im Inland ergänzt KL noch das wichtige Kapitel „Die Agentur für Arbeit".	Kopiervorlage 35g: „Diktat"

Ein Leben lang lernen

Thematische Schwerpunkte: Lernerfahrungen, Deutschlernen, Zukunftspläne

Lernziele

Die TN können
- über Lernerfahrungen sprechen
- in einer E-Mail Lerntipps geben
- über Zukunftspläne sprechen

Lerninhalte

Wortschatz/Redemittel:
- Lernerfahrungen (*ein Instrument spielen* etc.)
- Sprachen lernen (*die Lernmotivation, sich mit Händen und Füßen verständlich machen* etc.)
- Lerntipps (*Du solltest/könntest …, Es wäre nicht so gut, wenn …* etc.)

Grammatik:
- Partizipien als Adjektive
- temporale Präpositionen (mit Dativ: *an, vor, nach, in, seit, von … bis, bei,* mit Genitiv: *während*)
- *nicht brauchen + zu +* Infinitiv

Lernziele: TN können über Lernerfahrungen sprechen.
Lerninhalte: WS: Lernerfahrungen (*ein Instrument spielen* etc.)

	TN-/KL-Aktivitäten	Hinweise (▶ führt zum didaktischen Glossar)	Material
1a	**Einstieg:** TN schauen sich die Fotos an und überlegen, was die abgebildeten Menschen gelernt haben bzw. gerade lernen.	Die Frage, was TN selbst gelernt haben bzw. können, kann auch spielerisch mithilfe des „Lernen-Bingos" beantwortet werden (Kopiervorlage).	Kopiervorlage 36a: „Lernen-Bingo"
1b	**Präsentation:** TN hören die Lerngeschichten einmal und wählen die drei passenden Fotos dazu aus.	▶ **Hörverstehen (Globales Hören)** **Lösung 1b:** Person 1 – Bild D, Person 2 – Bild F, Person 3 – Bild B	CD: Track 2.33–35
	Verständnissicherung: TN hören noch einmal mit Pausen, in denen sie die jeweilige Lernerfahrung notieren. Anschließend nochmaliges Hören zur Kontrolle der Ergebnisse. KL fragt nach weiteren Einzelheiten: *Warum will die Frau Chinesisch lernen?* Usw.	▶ **Hörverstehen (Selektives Hören)** **Lösung 1b:** Person 1 – lernt Chinesisch, Person 2 – lernt kochen, Person 3 – lernt Keyboard	
1d	**Freie Anwendung:** In GA tauschen sich TN zur Frage aus und präsentieren ihre Ergebnisse im Plenum.	▶ **Interkulturelle Perspektive:** KL bittet TN, die Frage sehr weit zu verstehen und bei der Beantwortung auch Dinge anzuführen, die Menschen in ihren Kulturen lernen sollten, z. B. besondere Speisen kochen, typische Musikinstrumente spielen, Volkstänze, besondere Verhaltensweisen usw.	
2a	**Transfer:** Jede/r TN erstellt seine Lernbiografie (Kopiervorlage). KL schreibt in der Zwischenzeit Redemittel an die Tafel, die TN brauchen, um von ihren Lernerfahrungen zu berichten: *Ich habe schon früh … gelernt.* *Mit … Jahren habe ich … gelernt.* *Das hat mir mein/meine … gezeigt/beigebracht.* *Ich habe … einen Kurs besucht.*	▶ **Berufsorientierung:** KL weist darauf hin, dass eine solche Lernbiografie sowohl für die berufliche Orientierung als auch für ein Bewerbungsgespräch wichtig sein kann.	Kopiervorlage 36b: „Meine Lernbiografie"
2b	**Freie Anwendung:** TN finden sich in kleinen Gruppen und erzählen einander von ihren Lernerfahrungen und berichten von den Erfahrungen, die ihnen am interessantesten erschienen.		

Ein Leben lang lernen

Lernziele: TN können einen Text über ihre Lernerfahrungen im Deutschkurs schreiben und darüber sprechen, wie man am besten Fremdsprachen lernt.
Lerninhalte: WS: Sprachen lernen (*die Lernmotivation, sich mit Händen und Füßen verständlich machen* etc.); GR: Partizipien als Adjektive

<table>
<tr><th></th><th>TN-/KL-Aktivitäten</th><th>Hinweise (▶ führt zum didaktischen Glossar)</th><th>Material</th></tr>
<tr><td>3a</td><td>Präsentation: KL überträgt die Tabelle an die Tafel und bittet TN, die fehlenden Informationen in den Texten zu suchen und die Tabelle zu ergänzen (auch zur Lernmotivation Evas kann noch etwas gesagt werden).</td><td>▶ Leseverstehen (Selektives Lesen)
Lösung 3a:
<table>
<tr><th></th><th>Lern-motivation</th><th>Lernmethode</th><th>Gefühle beim Lernen</th></tr>
<tr><td>Eva</td><td>will ihre Gastfamilie verstehen will sich verständlich machen</td><td>Kombination von Sprachunterricht und Möglichkeit, das Gelernte anzuwenden</td><td>fühlt sich zuerst unsicher und ängstlich, dann wie in einer großen Familie</td></tr>
<tr><td>Richard</td><td>will mit seinem Enkel per Computer kommunizieren, E-Mails lesen und schreiben</td><td>Volkshochschulkurs, Computerkurs für Senioren, geduldiger Kursleiter</td><td>fühlt sich wie ein kleiner, neugieriger Junge, dann zufrieden und stolz auf den Computerführerschein</td></tr>
</table>
▶ Binnendifferenzierung: Ggf. teilt KL den Kurs in zwei Gruppen. Eine Gruppe liest Evas Bericht, die andere Gruppe Richards.</td><td></td></tr>
<tr><td>3b</td><td>Transfer: Im Plenum wird die Frage nach den persönlichen Deutschlernerfahrungen angesprochen: Wie haben Sie sich am Anfang gefühlt? Warum wollten Sie Deutsch lernen? Usw. Die Fragen werden gemeinsam gelesen. TN schreiben dann in EA ihren Text (Kopiervorlage) und korrigieren ihn anschließend selbst.</td><td>▶ Schreiben: TN nutzen die Redemittel unter „Im Alltag" auf der 5. Doppelseite.
▶ Fehlerkorrektur (Selbstkorrektur): Die Wiederholung von typischen Fehlern und das Üben der selbstständigen Fehlerkorrektur ist besonders im Hinblick auf die Prüfungen, die TN am Ende des Kurses ablegen, sinnvoll.
▶ Alltag EXTRA: Hier finden TN die Anregung, einen Brief an jemanden zu schreiben, der gerade erst den Deutschkurs beginnt, und darin eigene Erfahrungen und Ratschläge weiterzugeben.</td><td>Kopiervorlage 36c: „Meine Lernerfahrungen im Deutschkurs"</td></tr>
<tr><td>3c</td><td>Freie Anwendung: TN vergleichen ihre Erfahrungen im Plenum: Welche Gemeinsamkeiten und Unterschiede gibt es?</td><td></td><td></td></tr>
</table>

4a

Bewusstmachung: TN lesen die Sätze und markieren die Adjektive vor den Nomen. Sie erkennen, dass diesen Adjektiven ein Verb zugrunde liegt, und nennen die Infinitive.
In einem zweiten Schritt schreibt KL den ersten Satz an die Tafel. TN erkennen, dass es sich nicht um das Partizip II (das wäre *begonnen*), sondern um eine neue Form handelt, die durch ein an das Infinitiv angehängte *-d-* gebildet wird.

Infinitiv	Partizip II
lernen	*die ge – lern – t – en Wörter*
bestehen	*die bestand – en – e Prüfung*

Infinitiv	Partizip I
beginnen	*der beginnen – d – e Sprachkurs*

▶ **Lernerorientierung:** In schwachen Kursen geht KL hier in zwei Schritten vor: Er/Sie führt erst die Verwendung des Partizip-II als Adjektiv ein (Kopiervorlage). Da die Partizip-II-Formen (oder Partizip-Perfekt-Formen) bekannt sind, liegt hier keine Schwierigkeit. Anschließend wird die Partizip-I-Form (oder Partizip-Präsens-Form) erklärt.

▶ **Grammatik:** Das Partizip II als Adjektiv drückt meist eine passivische Handlung aus. Die beiden Handlungen laufen nicht parallel, sondern zeitlich versetzt.

Beispiel:
Er hat ein Wort gelernt und konnte es dann anwenden.
Er konnte das gelernte Wort (also das Wort, das gelernt wurde) anwenden.

Das Partizip I als Adjektiv drückt gleichzeitige Handlungen aus.

Beispiel:
Der Junge sitzt in der Küche und lernt.
Der lernende Junge sitzt in der Küche.

Kopiervorlage 36d: „Partizip II als Adjektiv"

4b

Systematisierung: In PA suchen TN in den zwei Berichten in 3a alle Partizipien, die vor einem Nomen stehen, und vergleichen im Plenum.

Lösung 4b:

Partizip I (etwas geschieht gerade)	Partizip II (etwas ist geschehen)
wie ein lallendes Kleinkind	die neu gelernten Wörter
vor dem ständig klingelnden Telefon	die vorher geübten Strukturen
an einem gerade beginnenden Sprachkurs	zu einem speziell für Senioren organisierten Computerkurs
	das vermittelte Wissen
	auf den bestandenen Computerkurs

4c

Bewusstmachung/Üben: Im Plenum wird die Bedeutung der Partizipien besprochen. KL zeigt an der Tafel, dass die mit Partizipien als Adjektive ausgedrückten Sachverhalte auch mit Hauptsätzen oder Relativsätzen ausgedrückt werden können.
Das ist ein Sprachkurs. Er beginnt gerade.
Das ist ein Sprachkurs, der gerade beginnt.
Auf diesem Niveau (kurz vor der B1-Prüfung) sollten TN entweder das Partizip oder den Relativsatz benutzen.

Lösung 4c:
Was ist ein bestandener Computerführerschein?
Das ist ein Computerführerschein, der gerade bestanden wurde.

▶ **Spiele:** TN spielen in Gruppen. Jede Gruppe erhält einen Stapel Kärtchen, die einzeln aufgedeckt werden (Kopiervorlage). Der/Die jeweilige TN stellt eine Frage, z. B.: *Was ist ein geschälter Apfel?* Ein TN in der Gruppe antwortet: *Das ist ein Apfel, der geschält wurde.* Usw.

Kopiervorlage 36e: „Was ist ein geschälter Apfel?"

4d

Üben: TN schreiben vollständige Sätze, indem sie die in Klammern stehenden Infinitive in Partizipien umwandeln.

Lösung 4d:
1. Wenn Sie eine leise sprechende Dozentin haben, …
2. Sprechen Sie ein Schwierigkeiten bereitendes Wort …
3. Es ist wichtig, die einmal gelernten Vokabeln …
4. Es ist notwendig, die geschriebenen Sätze …

Ist weiteres Üben erforderlich, so werden die Übungen im Arbeitsbuch angeschlossen.

5a

Präsentation: Zunächst werden die Sätze a–f gemeinsam gelesen. Anschließend hören TN die Umfrage zweimal und entscheiden dabei, welcher Satz zu welcher Aussage passt.

▶ **Hörverstehen (Selektives Hören)**

Lösung 5a:

Beispiel	1	2	3
c	f	d	b

CD: Track 2.36–39

5b	**Freie Anwendung:** KL schreibt die Fragen aus der Umfrage noch einmal an die Tafel: *Wie lernt man am besten eine Fremdsprache?* *Welche Erfahrungen haben Sie gemacht?* *Welche Ratschläge können Sie dazu anderen Lernern geben?* Im Plenum tauschen sich TN aus.	Lebendiger wird diese Aufgabe, wenn sie wirklich als Umfrage gestaltet wird und die Aussagen evtl. sogar (z. B. mit dem Handy) aufgenommen werden. Dazu gibt es gleich viel Interviewer und Befragte: TN laufen im Kursraum umher und suchen sich auf ein Zeichen des/der KL einen Partner. Die Interviewer fragen nach den Erfahrungen und Lernpräferenzen und notieren die Antworten bzw. nehmen sie mit ihrem Handy auf. Wenn die Ergebnisse präsentiert werden, haben auch die Interviewer Gelegenheit, ihre bevorzugten Methoden zu ergänzen.	Handys mit Aufnahmefunktion

Lernziele: TN können in einer E-Mail Lerntipps geben.
Lerninhalte: Redemittel: Lerntipps (*Du solltest/könntest ..., Es wäre nicht so gut, wenn ...* etc.); GR: temporale Präpositionen (mit Dativ: *an, vor, nach, in, seit, von ... bis, bei*, mit Genitiv: *während*), *nicht brauchen + zu* + Infinitiv

	TN-/KL-Aktivitäten	Hinweise (▶ führt zum didaktischen Glossar)	Material
6a	**Präsentation:** TN lesen die E-Mail und beantworten gemeinsam die Fragen. KL lässt 3er-Gruppen bilden, jede/r TN in der Gruppe erhält einen Abschnitt (Kopiervorlage) und liest ihn vor. Dabei korrigiert KL die Satzmelodie. TN lesen einander die Texte dann in den Gruppen vor.	**▶ Leseverstehen (Selektives Lesen)** **Lösung 6a:** Eva möchte: Hans danken / in Deutschland studieren / ein paar Tipps, was sie dagegen tun kann, dass sie das gelernte Deutsch vergisst / Hans einladen / ihr Deutsch auffrischen / dass Hans sich bald meldet. Eva macht den Vorschlag, dass Hans sie im Juli in Prag besucht. **▶ Leseverstehen (Vorlesen)**	Kopiervorlage 36f: „E-Mail in Abschnitten“
6b	**Verständnissicherung:** In PA werden die Informationen zu den Fragen herausgesucht.	**▶ Leseverstehen (Selektives Lesen)** **Lösung 6b:** 1 – seit einem Monat, 2 – vor ein paar Monaten, 3 – in ganz kurzer Zeit, 4 – nach ihrem Aufenthalt in Deutschland, 5 – am 1. April, 6 – von April bis Anfang Juli, 7 – während des Semesters, 8 – im Juli, 9 – während sie Hans die Stadt zeigt **▶ Wiederholung:** TN kennen die temporalen Präpositionen aus Kap. 4, 9 und 26.	
6c	**Üben:** TN formulieren im Plenum Fragen für die unterstrichenen Wortgruppen. Ist weiteres Üben erforderlich, bittet KL TN, selbst noch ein bis drei Sätze mit temporalen Präpositionen auf Kärtchen aufzuschreiben. Eine/n andere/n TN schreibt die Frage auf die Rückseite. Ein/e dritte/r TN schreibt zur Frage den Aussagesatz und vergleicht mit der Vorderseite.	**Lösung 6c:** 1 – Seit wann fährst du / fahren Sie Auto? 2 – Wann beginnt der nächste Deutschkurs? 3 – Bis wann musst du / müssen Sie den Antrag beim Arbeitsamt abgeben? 4 – Wann beginnt der Orientierungskurs? 5 – Von wann bis wann habt Ihr / haben Sie Ferien?	Kärtchen
6d	**Freie Anwendung:** Gemeinsam werden Fragen mit *Seit wann? Wann? Wie lange?* gesammelt und an der Tafel festgehalten. TN können sie für die folgenden Partnerinterviews nutzen.	**▶ Sprechen (autobiografisches Erzählen):** Bei dieser Aufgabe ergreifen die TN vermutlich schnell die Gelegenheit, tatsächlich von sich zu erzählen. Ihre Aufmerksamkeit ist dann beim Inhalt bzw. Austausch, nicht jedoch bei der Anwendung der gelernten Strukturen. Da echtes Erzählen wichtig ist für die Atmosphäre und Dynamik in der Gruppe, korrigiert KL in dieser Phase nicht, lässt aber zum Abschluss jede/n TN noch einen Satz sagen, z. B. *Lineke ist seit zwei Monaten verheiratet.*	

7a	**Bewusstmachung/Üben:** Gemeinsam werden die Redemittel, die TN brauchen, um Lerntipps geben zu können, gelesen und geklärt. KL lenkt die Aufmerksamkeit auf den Grammatikkasten, um die Verneinung von *müssen* = *nicht brauchen* einzuführen.	▶ **Wiederholung:** An dieser Stelle werden noch einmal die bereits bekannten Redemittel „Ratschläge geben" wiederholt. ▶ **Grammatik:** Neu ist die Negation von *müssen* = *nicht brauchen*: *Du brauchst nicht … zu …* KL kann diese neue Form auch mit einem Ball einüben lassen, TN 1 fragt: *Muss ich jeden Tag 100 Wörter lernen?* TN antwortet: *Nein, du brauchst nicht jeden Tag 100 Wörter zu lernen.* O. Ä.	Wollknäuel oder weicher Ball
7b	**Transfer:** TN schreiben in Einzelarbeit eine Antwort-Mail an Eva (Kopiervorlage). Ein/e TN schreibt auf Folie; dieses Antwortschreiben wird dann gemeinsam besprochen. Anhand des Musters besprechen TN ihre Texte in PA. KL geht herum und hilft.	▶ **Prüfungsvorbereitung:** Eine ähnliche Aufgabe ist Teil des „Deutsch-Tests für Zuwanderer", auf den *Berliner Platz 3 NEU* auch vorbereitet. KL erinnert daran, dass TN Anrede und Gruß nicht vergessen und zu allen vier Punkten etwas schreiben sollten. ▶ **Fehlerkorrektur (gegenseitige)**	Kopiervorlage 36g: „Antwortmail an Eva" auf Folie, OHP
8	**Freie Anwendung:** Gemeinsam betrachten TN die Zeichnungen und äußern sich kurz, ob sie die abgebildeten Tätigkeiten/Fertigkeiten lernen möchten oder nicht. In PA tauschen sie sich über ihre Lernabsichten und -wünsche aus. Im Plenum wird dann gesammelt und gefragt: *Welche Wünsche sind leicht zu verwirklichen? Welche sind komplizierter, erfordern also mehr Durchhaltevermögen?*		
	Projekt – Freie Anwendung: Das Projekt wird in GA durchgeführt; TN präsentieren die Informationsmappen im Kurs.	▶ **Handlungsorientierung (Task):** TN entscheiden selbst, auf welche Weise sie sich die Informationen beschaffen (Internet, VHS-Programm etc.).	

Lernziele: TN können einen Sketch verstehen. Sie können ein Problem erklären.
Lerninhalte: WS: Sketch von Otto Waalkes (*der Sketch, die Bildungspolitik* etc.)

<table>
<tr><th></th><th>TN-/KL-Aktivitäten</th><th>Hinweise (▶ führt zum didaktischen Glossar)</th><th>Material</th></tr>
<tr><td></td><td>Einstieg: TN haben ihre Bücher geschlossen. KL schreibt die Überschrift 28:7 an die Tafel. TN äußern Vermutungen, um was es sich im folgenden Sketch handeln mag.</td><td>▶ Landeskunde (Otto Waalkes)
Bei Bedarf klärt KL in diesem Zusammenhang die Benennung der Rechenzeichen:<table><tr><td>+</td><td>plus</td></tr><tr><td>–</td><td>minus</td></tr><tr><td>• / x / *</td><td>mal</td></tr><tr><td>:</td><td>durch</td></tr></table></td><td></td></tr>
<tr><td>9a</td><td>Präsentation: TN haben ihre Bücher geschlossen. Sie hören den Sketch und beantworten die Frage.</td><td>▶ Hörverstehen (Globales Hören)
Lösung 9a:
Drei Personen – Sohn, Mutter und Vater – sprechen miteinander.</td><td>CD: Track 2.40</td></tr>
</table>

9b	**Verständnissicherung/Üben:** Zu 1: KL wählt Abschnitte aus, die zu zweit oder zu dritt gesprochen werden können. TN verteilen sich im Kursraum und üben die Textstelle. Der Vortrag erfolgt im Plenum. Zu 2: TN variieren die emotionale Beteiligung, Sprechweise, Lautstärke, Körperhaltung. Sie versuchen, im Stehen, Sitzen, Liegen, Gehen, Rennen zu sprechen, und beobachten, was sich verändert. Zu 3: TN wählen Textabschnitte, die sie zu Hause lernen und im Kurs vortragen werden. Zu 4: TN üben in 3er-Gruppen, den Text szenisch zu spielen. Sie achten dabei auf Gestik und Mimik. Zu 5: TN intensivieren ihr Textverständnis, charakterisieren die Personen und beschreiben die Familiensituation.	Der Text bietet, je nach Kurssituation, eine Fülle von Arbeitsmöglichkeiten. Hier sollen zu den einzelnen Aufgaben nur Anregungen gegeben werden, die KL auf die jeweilige Kurssituation abstimmen kann.	Kopiervorlage Aussprache: „Einen Sketch üben"
9c	**Freie Anwendung:** KL gibt eine Zeit vor. TN wählen ein Problem aus, gehen im Kursraum umher, sprechen andere TN an und finden jemanden, der ihnen das Problem erklärt. TN können selbst entscheiden, ob sie die Antworten im Plenum vorstellen wollen oder nicht.	▶ **Binnendifferenzierung:** TN können eines der aufgelisteten Probleme wählen oder sich selbst ein Problem überlegen, das sie erklärt haben möchten.	
	Üben: TN schreiben ein Diktat. *Einladung zum Kursfest / Kommen Sie zu unserem großen Kursfest! / Erleben Sie / viele Sprachen sprechende Menschen, / selbst hergestelltes Brot, / lecker gebratene Hähnchen, / liebevoll servierte Spezialitäten aus aller Welt, / selbst gebackene Kuchen, / perfekt zubereitete Desserts, / köstlich schmeckende Getränke, / lustvoll singende Kursteilnehmer und Kursteilnehmerinnen, / eine sehr erfreute Kursleiterin, / eine super spielende Kursband, / einen tollen tanzenden Deutschkurs / und vor allem von der deutschen Sprache / wahnsinnig begeisterte Menschen.*	▶ **Diktate**	

Aktivitäten zum Kursabschluss, Partyspiele

	TN-/KL-Aktivitäten	Hinweise (▶ führt zum didaktischen Glossar)	Material
1a	TN wählen eines der Fotos und schreiben eine kurze Geschichte dazu.	▶ **Schreiben (zu einem Bildimpuls):** KL erweitert ggf. die Aufgabenstellung: *Was fällt Ihnen zu dem Bild ein?*	
1b	TN lesen den Anfang der Geschichte und bilden Kleingruppen (von maximal fünf TN). In der Gruppen lesen TN den Textanfang noch einmal genauer und besprechen, um was es geht. KL geht herum und gibt Hilfestellung, wo nötig. Die Gruppen sammeln in Stichpunkten Ideen, in welche Richtung die Geschichte weiterlaufen soll. Dann steuert jedes Gruppenmitglied einen Satz bei, bis zum Ende der Geschichte. Die Geschichten werden im Plenum vorgelesen.	▶ **Schreiben (kreatives Schreiben)**	
1c	TN schreiben Faltgeschichten entsprechend der Anleitung und lesen nach sieben Sätzen den Text, den sie in Händen halten, vor.		
2	Zunächst wird der Ablauf bestimmt (ggf. durch Los). Die Gruppe, die das jeweilige Spiel vorbereitet hat, übernimmt die Spielleiterfunktion bei der Erklärung und Durchführung.	▶ **Spiele:** Auch wenn am Ende des Kurses keine Abschlussparty stattfindet, bietet sich eine Unterrichtseinheit mit Partyspielen an, zumal dabei wie beiläufig Leseverstehen und Sprechen trainiert werden. Vor der Unterrichtseinheit, in der die Spiele durchgeführt werden, wurden vier Gruppen gebildet, die den Auftrag hatten, sich die Spielanleitung zu erarbeiten und ggf. nötige Requisiten (kleine Gegenstände, ein Tablett, Zettel, Nüsse o. Ä.) zu beschaffen.	

Lesen: einen Krimi

	TN-/KL-Aktivitäten	Hinweise (▶ führt zum didaktischen Glossar)	Material
	Einstieg: KL schreibt *Tod auf Rügen* an die Tafel. Bei geschlossenen Büchern wird besprochen, um welche Textsorte es sich bei dieser Geschichte vermutlich handelt.	▶ **Landeskunde (Rügen):** Der Kartenausschnitt zeigt den nördlichen Teil der Insel Rügen. Anhand der Deutschlandkarte auf der 2. Umschlagseite wird die geografische Lage der Insel geklärt.	
3a	**Präsentation:** TN lesen in EA den ersten Teil des Kurzkrimis und beantworten in PA die beiden Fragen in Stichpunkten. Die Informationen werden in einer Tabelle an der Tafel festgehalten. TN äußern kurz Vermutungen über den Fortgang des Krimis.	**Lösung 3b:** (siehe Tabelle unten)	

Lösung 3b:

Personen	Helmut Müller	– macht Urlaub auf Rügen – mag keine weiten Reisen – wohnt in Berlin – hat vermutlich gesundheitliche Probleme – ist Privatdetektiv – isst vermutlich gerne Kuchen
	Gerlinde Schmitz	– ist Reiseleiterin – wohnt in Lübeck – ist beruflich auf Rügen – isst vermutlich gerne Kuchen
Orte	Berlin	– ca. 300 km von Rügen entfernt – Wohnort von Helmut Müller
	Rügen	– liegt in der Ostsee – ca. 300 km von Berlin entfernt
	Breege	– kleiner Ort im Norden von Rügen auf der Halbinsel Wittow – liegt direkt am Meer

3b	In EA lesen TN den zweiten Teil des Textes und beantworten in PA die zweite Frage. Im Plenum werden die Ergebnisse zusammengetragen, ggf. wird noch unbekanntes Vokabular geklärt. TN spekulieren darüber, was Gerlinde Schmitz mit ihrem letzten Satz gemeint haben könnte.	KL gibt ggf. Leitfragen vor: *Wer? Wann? Wo? Was? Wie? Welche Folgen?*	
3c	TN lesen den letzten Textteil. Die Verständnissicherung erfolgt im Plenum; TN suchen auf der Karte Kap Arkona. Gemeinsam werden an der Tafel Fragen gesammelt, die der Detektiv Müller dem Ehepaar Berger stellen würde. TN hören das Gespräch mehrmals mit kurzen Pausen. Sie vergleichen ihre Notizen in PA und hören den Teil dann ggf. nochmal. Im Plenum tragen TN ihre Ergebnisse zusammen und äußern ihre Vermutungen über den Tathergang.	▶ **Leseverstehen (Detailliertes Lesen)** ▶ **Hörverstehen (Detailliertes Hören)** **Lösung 3b:** Bei dem Gespräch mit Bergers stellt sich heraus, dass einer von beiden lügt: Frau Berger behauptet, ihr Mann sei bei dem Spaziergang mit Axel Fiebig dabei gewesen. Das bestätigt Gerlinde Schmitz („Herr Fiebig und das Ehepaar Berger sind vorausgegangen"). Also lügt Herr Berger, wenn er behauptet, er sei alleine am Hochufer entlangspaziert und erst zur Unfallstelle gekommen, als der Unfall schon passiert war. Entscheidend ist die letzte Frage von Privatdetektiv Müller an Frau Berger: „Haben Sie sich gestritten?" – „Woher wissen Sie das? – Nein! Äh, nur ein bisschen. Axel, äh, Herr Fiebig hat dauernd Fotos von mir gemacht, und das wollte ich nicht. Stellen Sie sich vor, wenn das mein Mann gemerkt hätte …" Vermutlich kam es wegen der Fotos zum Streit und Herr Berger – oder beide – haben Axel Fiebig vom Hochufer gestürzt. Die Fotos wären ein Beweis gewesen, deshalb hat Herr Berger den Film aus der Kamera genommen.	CD: Track 2.41

Sprechen: Ein Alltagsproblem lösen

	TN-/KL-Aktivitäten	Hinweise (▶ führt zum didaktischen Glossar)	Material
4a	TN ordnen die Aussagen 1–13 den Kategorien zur Gefühls- und Meinungsäußerung zu. Der Vergleich erfolgt im Plenum.	**(Mögliche) Lösung 4a:** Gefallen/Missfallen ausdrücken: 3, 5, 10 Zustimmung/Ablehnung ausdrücken: 8, 11 Zufriedenheit/Unzufriedenheit ausdrücken: 6, 2 Enttäuschung ausdrücken: 4, 13 Erstaunen/Überraschung ausdrücken: 7, 12 Freude/Bedauern ausdrücken: 1, 9	
4b	In PA wählen TN eine Situation. Sie setzen sich einander gegenüber, lesen jeweils ihre Situationsbeschreibung durch und bereiten sich auf das Gespräch vor, indem sie die hierfür relevanten Redemittel aus 4a auswählen und sich zusätzlich Notizen machen. Paare führen die Gespräche entsprechend ihren Rollenvorgaben. Besonders gelungene Lösungen werden im Plenum vorgestellt.	▶ **Fehlerkorrektur:** Sollten TN ein größeres Korrekturbedürfnis haben, können Gruppen à sechs Personen gebildet werden, die dann drei Paare bilden. Während ein Paar einen Dialog vorspielt, machen die anderen vier Gruppenmitglieder Notizen mit positiven Anmerkungen und zu Fehlern.	

TN-/KL-Aktivitäten	Hinweise	Material
KL gibt die Kopiervorlage aus und lässt TN einen Brief an sich selbst schreiben, der erst eine Weile nach dem Kursende von KL zugeschickt wird. Zum Abschluss erklärt KL, dass es nun ein besonderes Diktat gibt, bei dem die TN nicht schreiben, sondern gut zuhören und alles genauso tun müssen, wie im Diktat vorgegeben. *Nehmen Sie Ihren Stift in die Hand.* (KL achtet darauf, dass alle TN das auch wirklich tun und verstanden haben, um was es geht.) *Stecken Sie Ihren Stift ein. / Nehmen Sie Ihr Kursbuch mit beiden Händen. / Stecken Sie Ihr Kursbuch ein. / Nehmen Sie Ihr Wörterbuch mit einer Hand. / Stecken Sie Ihr Wörterbuch ein. / Stecken Sie alles ein, was noch auf dem Tisch liegt. / Stehen Sie auf. / Gehen Sie im Kursraum umher.* (KL wartet, bis alle aufgestanden sind und herumlaufen.) *Gehen Sie auf eine Person zu. / Schütteln Sie ihre Hand. / Sagen Sie: „Alles Gute." / Gehen Sie zu einer anderen Person. / Sagen Sie: „Hoffentlich bis bald!" / Nehmen Sie Ihre Tasche. / Nehmen Sie Ihre Jacke oder Ihren Mantel. / Drehen Sie sich zur Gruppe. / Sagen Sie laut: „Auf Wiedersehen."* (KL ergänzt je nach Gegebenheit: *Sagen Sie „Gute Ferien"* oder *„Schöne Weihnachten"* etc.). */ Gehen Sie zur Tür. / Rufen Sie allen noch einmal zu: „Tschüs!"*	▶ **Kursabschluss (Brief an mich selbst)** ▶ **Alltag EXTRA:** TN äußern schriftlich ihre Meinung zum Deutschkurs. Wichtig ist besonders die Frage: *Wie möchten Sie nach dem Kurs weiterlernen?* ▶ **Kursabschluss (Körperdiktat):** KL verwendet Du- oder Sie-Form je nachdem, wie es im Kurs üblich ist.	Kopiervorlage Raststätte 12a: „Brief an mich selbst"

Testtraining 12

Prüfungsvorbereitung: Zertifikat Deutsch (Lesen: Anzeigentexte, Sprachbausteine, Schreiben: Brief, Sprechen: Gemeinsam etwas planen), Deutsch-Test für Zuwanderer (Hören: Aussagen zu einem Thema, Lesen: Informationen, Meinungen und formelle Mitteilungen, Sprechen: Über Erfahrungen sprechen, Gemeinsam etwas planen)

	TN-/KL-Aktivitäten	Hinweise (▶ führt zum didaktischen Glossar)	Material
HV **P** DTZ	**Hören (globales Verstehen):** TN haben eine Minute Zeit, die Sätze a–f zu lesen. Dann werden die Aussagen zum Thema einmal vorgespielt, TN entscheiden, welcher Satz zu welcher Aussage passt.	Dieser Trainingsteil dient der Vorbereitung auf den Prüfungsteil „Hören, Aufgabe 4" im DTZ. Jedes Item des Prüfungsteils „Hören" wird mit einem Punkt bewertet, sodass sich hier insgesamt drei Punkte ergeben. **Lösung HV:** Nr.: 1 – e; 2 – f; 3 – a	CD: Track 4.31–34
LV **P** DTZ	**Lesen (globales und detailliertes Verstehen):** TN lesen die Texte und entscheiden, ob sie die angegebenen Informationen sinngemäß enthalten.	In „Lesen, Aufgabe 3" im DTZ zeigen TN, dass sie kurze Meldungen aus den Medien und (halb) formelle Mitteilungen global und detailliert verstehen können. Jedes Item des Prüfungsteils „Lesen" wird mit einem Punkt bewertet, sodass TN hier sechs Punkte bekommen können. **Lösung LV:** 1 – Falsch , 2 – c ; 3 – Falsch , 4 – b ; 5 – Richtig , 6 – b	

LV P ZD	**Lesen (selektives Verstehen):** TN lesen die zehn Situationen und dann die zwölf Anzeigen und entscheiden, welche Anzeige zu welcher Situation am besten passt.	Im Prüfungsteil „Leseverstehen, Teil 3" des ZD sollen TN durch Lesen von 12 kurzen Texten Lösungen zu zehn Situationen finden. KL gibt dafür 15 Minuten vor. Insgesamt sind hier 25 Punkte möglich. **Lösung LV:** 1 – f, 2 – X, 3 – e, 4 – h, 5 – a, 6 – c, 7 – X, 8 – i, 9 – g, 10 – d	
SB P ZD	**Sprachbausteine:** Gemeinsam wird das Format dieser Aufgabe geklärt. TN schreiben dann die Zahl der Lücke (1–10) zum Buchstaben des Wortes (a–o).	In dem Brief des Prüfungsteils „Sprachbausteine, Teil 2" gibt es zehn Lücken, denen das richtige Wort aus einem Kasten zugeordnet werden soll. Die maximale Punktzahl ist 15. **Lösung Sprachbausteine:** 1 – b 1 BIN, 2 – a AN, 3 – n WERDE, 4 – i SEHR, 5 – m WENN, 6 – k VON, 7 – e HÄTTE, 8 – f KÖNNTE, 9 – d DARÜBER, 10 – g MIR	
S P ZD	**Schreiben:** TN lesen die Aufgabenstellung und die Erläuterungen am Ende der Aufgabe. TN schreiben dann einen Antwortbrief.	Im Prüfungsteil „Schriftlicher Ausdruck (Brief)" sollen TN auf einen Brief reagieren. Dafür haben sie 30 Minuten Zeit. Vier Leitpunkte sind vorgegeben. Die Bewertung beruht auf den Kriterien: Berücksichtigung der Leitpunkte, kommunikative Gestaltung und formale Richtigkeit.	
M P DTZ	**Sprechen:** TN setzten sich einander gegenüber; jede/r betrachtet das Foto und liest die Fragen. Sie berichten einander kurz, was sie auf dem Foto sehen und was für eine Situation das Bild zeigt. Dann sprechen sie unter Zuhilfenahme der Fragen über ihre Erfahrungen und Ideen. KL weist darauf hin, dass in der Prüfung das Gespräch mit dem Prüfer / der Prüferin geführt wird.	Dieser Trainingsteil dient der Vorbereitung auf den Prüfungsteil „Produktion mündlich, Aufgabe 2" im DTZ.	
M P ZD P DTZ	**Sprechen:** TN planen gemeinsam das Abschlussfest anhand der Leitpunkte.	Im letzten mündlichen Prüfungsteil sollen TN zusammen eine Aufgabe lösen. Wichtig ist, dass sie im Gespräch nicht nur eigene Ideen vortragen, sondern auch auf Vorschläge ihres Partners / ihrer Partnerin reagieren. Bewertet wird im DTZ zur Hälfte nach dem Kriterium der Aufgabenbewältigung, zur anderen Hälfte nach dem Kriterium der sprachlichen Angemessenheit (Aussprache/Intonation, Flüssigkeit, Korrektheit, Wortschatz). Im ZD sind die Kriterien Ausdrucksfähigkeit, Aufgabenbewältigung, formale Richtigkeit sowie Aussprache und Intonation ausschlaggebend.	
	Im Plenum werden nun die Ergebnisse besprochen. TN notieren die im schriftlichen Teil erreichte Punktzahl und diskutieren, was und wie sie noch üben möchten.		

Von A–Z – didaktisches Glossar

In diesem Teil werden die didaktischen Aspekte und Komponenten des Lehrwerks, auf die im Teil B, „Unterrichtsvorschläge", in der Spalte „Hinweise" verwiesen wird, in alphabetischer Reihenfolge aufgelistet. Neben einer allgemeinen Erläuterung werden hierbei ggf. Beispiele für die Unterrichtspraxis aufgeführt und relevante Internetseiten genannt.

Alltag EXTRA

„Im Alltag EXTRA" ist ein Zusatzkapitel, das in die Inlandsausgabe von *Berliner Platz NEU* eingebunden ist. Dadurch sollen die alltagsorientierten Lernziele des „Rahmencurriculums für Integrationskurse Deutsch als Zweitsprache" noch besser berücksichtigt werden. Zu jedem Lehrbuchkapitel gibt es zwei Seiten mit folgenden regelmäßigen Rubriken:

- *„Sprechen, sprechen …":* Hier werden Dialoge, die für den Alltag wichtig sind, geübt (z. B. die Reklamation bei zuvor gekauften Lebensmitteln). Redemittelkästen stellen die entsprechenden sprachlichen Mittel bereit.
- *„Papiere, Papiere …":* Hier wird der Umgang mit für den deutschen Alltag wichtigen Formularen sowie das Verständnis von Formulierungen, die für die Behördensprache typisch sind, geübt.

Kommunikative Aufgaben, die gemeinsam erledigt werden, unter der Rubrik *„Planen und Organisieren"*, Anregungen zum interkulturellen Vergleich unter der Rubrik *„… – international"*, Informationen zur Orientierung in Deutschland sowie Projekte ergänzen das Angebot.

Alltagsorientierung

Im heutigen kommunikativen, handlungsorientierten Fremd- und Zweitsprachenunterricht ist der Bezug zum Alltag des Zielsprachenlands von großer Bedeutung. Für Deutschlernende in Deutschland ist er geradezu überlebensnotwendig und für die Integrationskurse sogar gesetzlich festgelegt: Der Deutschunterricht, so steht es im Zuwanderungsgesetz, soll Zugewanderten ermöglichen, ohne die Hilfe oder Vermittlung Dritter in allen Angelegenheiten des täglichen Lebens selbstständig zu handeln (▶ **Handlungsorientierung**). Aber auch Lernende im Ausland lernen die deutsche Sprache nicht losgelöst von pragmatischen Zielen, sondern um sie zu verwenden und sprachlich zu handeln, wenngleich in möglicherweise anderen Kontexten als Lernende im Inland. Für sie ist mit dem Deutschlernen allerdings weniger die Orientierung in Deutschland als vielmehr eine Vielzahl von Aspekten landeskundlichen Lernens verknüpft.

Berliner Platz NEU ist aus diesen Gründen ein ausgesprochen alltagsorientiertes Lehrwerk. Der Alltagsbezug war leitend bei der Auswahl der Themen und ausschlaggebend für zusätzliche Angebote. So finden die Lernenden z. B. auf der 5. Doppelseite jedes Kapitels unter der Überschrift „Im Alltag" eine Zusammenstellung der im Kapitel eingeführten Redemittel, oft noch durch weitere im Alltag wichtige Redemittel und Tipps zu einzelnen Aspekten des Lebens in Deutschland ergänzt.

Arbeitsbuch

Das Arbeitsbuch zu *Berliner Platz 3 NEU* (siehe „Das Lehr- und Arbeitsbuch" auf S. 7) ist in das Lehrbuch integriert. Zu jedem Kapitel des Lehrbuchs gibt es ein Arbeitsbuchkapitel mit jeweils sechs Seiten. Sie erkennen die Arbeitsbuchseiten an der bräunlich-orangen Farbgebung.

Zu jeder Übung oder Aufgabe im Lehrbuchteil gibt es, leicht aufzufinden, eine entsprechende Übung im Arbeitsbuchteil; z. B. finden Sie zur Aufgabe 6 im Lehrbuchteil von Kap. 28 die Übung 6 im Arbeitsbuchteil zu diesem Kapitel. Das soll nun aber nicht bedeuten, dass Sie im Anschluss an jede Aufgabe im Lehrbuch nach hinten blättern und die passende Übung im Arbeitsbuch bearbeiten lassen müssten. Das Übungsangebot im Arbeitsbuch ist vielmehr für die selbstständige Nacharbeit und Vertiefung gedacht (▶ **Hausaufgaben**). Wenn Sie Gruppen unterrichten, die sich mit dem Lernen noch etwas schwertun und deshalb hier und da einen zusätzlichen Übungsschritt, mehr Wiederholung oder Festigung brauchen, werden Sie möglicherweise an der einen oder anderen Stelle eine Übung aus dem Arbeitsbuchteil auch im Unterricht bearbeiten lassen. Dies sollte aber eher die Ausnahme sein.

Im Arbeitsbuchteil finden Sie unter den Rubriken „Aussprache" und „Schwierige Wörter" entsprechende Übungen zur Aussprache. Sie beziehen sich auf die Aufgaben im Lehrbuchteil und vertiefen und variieren das dort behandelte Thema bzw. greifen individuelle Ausspracheschwierigkeiten der Lernenden auf (▶ **Aussprache**).

Statt der „Raststätte" nach jedem dritten Kapitel im Lehrbuchteil gibt es weiterhin im Arbeitsbuchteil ein „Testtraining" zur Vorbereitung auf die Abschlussprüfungen (▶ **Prüfungsvorbereitung**).

Aussprache

Berliner Platz 3 NEU bietet, auf zwölf Kapitel verteilt, eine systematische Ausspracheschulung an, in der die zentralen Aussprachethemen der Intonation und Artikulation behandelt werden. Es gibt:

- vertiefende Übungen im Arbeitsbuchteil sowie
- zusätzliches Übungsmaterial unter der Rubrik „Aussprache",
- im Wechsel mit der Rubrik „Aussprache" (zum Teil auch zusätzlich zu dieser Rubrik) noch die Rubrik „Schwierige Wörter", die noch einmal auf Ausspracheschwierigkeiten der TN im Zusammenhang mit den Redemitteln der Lektion eingeht.

Die Ausspracheübungen in *Berliner Platz NEU* sind so konzipiert, dass Sie sie selbst sprechen und so flexibel auf die Kurssituation und auf Ihre TN reagieren können. Sie können die Übungen wiederholen, ggf. präzisieren und variieren und/oder die Übungen mimisch/gestisch begleiten. Sie können die TN direkt ansprechen (Blickkontakt), schnell auf individuelle Probleme eingehen und/oder Kurzdialoge initiieren (Frage/Antwort). Die Unterrichtssituation gewinnt so an Lebendigkeit und Authentizität.

In der Ausspracheschulung, speziell in der Korrektur der Laute, spielen der Mund und die Lippenbewegungen eine herausragende Rolle. Der direkte Blick auf den Mund kann von den Gesprächspartnern als unangenehm, peinlich oder entblößend empfunden werden. Um diese Peinlichkeiten möglichst zu vermeiden, sollten Sie Distanz

wahren. Ermutigen Sie zu Rollenspielen und benutzen Sie Abbildungen. Auch kann es hilfreich sein, die Laute (Lautbildung) sehr übertrieben oder karikaturistisch darzustellen, um einerseits die charakteristischen Merkmale hervorzuheben und andererseits u. U. heiklen Situation in der Ausspracheschulung die Spitze zu nehmen.
Eine neue Aussprache zu lernen heißt immer auch, sich neue Bewegungen anzueignen, neue Muskeln aufzubauen. Ermutigen Sie Ihre Teilnehmer, vor dem Spiegel zu sprechen und sich so an neue Gesichtszüge – an ein neues Gesicht – zu gewöhnen.

Dialoge

Bevor die TN Dialoge selbstständig sprechen, sollten Sie die Aussprache gemeinsam erarbeiten.

Vorgehen: Sprechen Sie dazu die einzelnen Parts langsam vor und lenken Sie die Aufmerksamkeit auf den Akzent, indem Sie z. B. unterstützend mit dem Fuß stampfen, und auf die Satzmelodie, indem Sie diese gestisch mit der Hand unterstreichen. Lassen Sie die einzelnen Rollen dann von verschiedenen TN nachsprechen und ermuntern Sie sie, Gestik, Mimik einzusetzen und Blickkontakt aufzunehmen. Dies sind wichtige nonverbale Elemente, die das Sprechen begleiten und die Verständigung erleichtern.
Sie sprechen eine Rolle, die TN übernehmen die andere Rolle. Die TN üben die Dialoge zu zweit oder in der Gruppe. Die TN stellen die Dialoge im Plenum vor (sie sprechen „vor Publikum").

Kommentar: Darauf sollen Sie achten: Stimmen Akzent und Satzmelodie? Was kann auf der Lautebene durch Imitation verbessert werden? Üben Sie schwierige Wörter mit den TN ggf. einzeln, erweitern Sie dann auf Wortgruppen und Sätze. Achten Sie auf Blickkontakt.

Intonation

Die Satzmelodie fällt am Satzende im Aussagesatz (*Mein Name ist Jordan.* ↘), im Imperativsatz (*Sprechen Sie bitte lauter.* ↘) und im W-Frage-Satz (*Wie heißen Sie?* ↘), wenn er sachlich gesprochen ist. Die Satzmelodie steigt am Satzende im Ja/Nein-Frage-Satz (*Heißen Sie Jordan?* ↗), bei der Rückfrage (*Jordan?* ↗), im W-Frage-Satz (*Woher kommen Sie?* ↗), wenn er mit einer freundlichen, kontaktbetonten Sprecherintention gesprochen wird.
Bei W-Fragen findet man häufig den steigenden Melodieverlauf, der auf eine freundliche, zugewandte, kontaktbetonte Sprecherintention hindeutet oder auch Erstaunen ausdrücken kann. Fallender Melodieverlauf hingegen signalisiert bei W-Fragen eher eine distanzierte, sachliche, auf die Information gerichtete Sprecherintention.

Korrekturhilfen Satzmelodie:

- Bei steigender Melodie den Akzent etwas tiefer sprechen, die Melodie steigt – bei fallender Melodie den Akzent etwas höher sprechen, dann fällt die Melodie.
- Melodieverlauf gestisch unterstützen.
- Melodieverläufe summen oder den Satz in Nonsenssilben „sprechen". Beispiel: *Woher kommen Sie? – na-na-na-na-na?*

Akzent und Rhythmus

Der Sprechrhythmus bezeichnet das Verhältnis von betonten und unbetonten Silben in einem Wort, einer Wortgruppe oder einem Satz. Da der Akzent im Deutschen nicht immer auf der gleichen Silbe eines Wortes liegt, ist es besonders wichtig, eine Flexibilität im Rhythmus zu trainieren.

Wortakzent: *kaufen / einkaufen / verkaufen*

Da die Wortakzentregeln im Deutschen vielfältig und differenziert sind, haben wir uns auf einige allgemeine Regeln beschränkt. Der Akzent liegt

- bei einfachen deutschen Wörtern auf der Stammsilbe (*hören, Name*)
- bei nicht trennbaren Verben auf der Stammsilbe (*entschuldigen, verkaufen*)
- bei trennbaren Verben (+ Nomen) auf der Vorsilbe (*aufgeben, nachsprechen, Aufgabe*)
- bei der Nachsilbe *-ei* auf der letzten Silbe (*Bäckerei, Polizei, Türkei*)
- bei Buchstabenwörtern auf dem letzten Buchstaben (*BRD*)
- auf der Endung *-ion* (*Information, Nation*)
- auf der ersten Silbe der Endung *-ieren* (*funktionieren, reagieren*)
- bei den meisten Fremdwörtern auf der letzten bzw. vorletzten Silbe (*Dialog, Grammatik*)
- bei Komposita auf dem Bestimmungswort (*Stadt / zentrum, Wein / glas*)

Wortgruppenakzent: *in seinem Zimmer / mit Internetanschluss*

Der Wortgruppenakzent liegt auf der wichtigsten Information, in der Regel auf einem Inhaltswort. Da wichtige grammatische Informationen (Artikel, Präpositionen, Deklinations- und Konjugationsendungen) meist auf unbetonte Silben fallen, machen gerade Lernende, die sich sehr auf die Grammatik bzw. korrekte Formen konzentrieren, hier oft Fehler. Sie legen zu viel Betonung auf die Funktionswörter und verstoßen gegen die Akzentregeln, auch wenn sie formal korrekte Sätze bilden.

Satzakzent: *Er trinkt Kaffee. / Wann ist Mittagspause?*

Im Satz wird die neue Information hervorgehoben bzw. akzentuiert. Die Frage, auf welchem Wort der Satzakzent liegt, kann immer nur über den Kontext bestimmt werden. Es wird weiterhin das Wort betont, das

- die wichtigste Information enthält (*Tom geht heute ins Kino, nicht morgen.*)
- das einen Gegensatz ausdrückt (*Das ist nicht meine Mutter, das ist meine Schwester.*)
- auf das man besonders hinweisen möchte (*Die Frau ist aber interessant.*)

Korrekturhilfen Akzent:

Akzente werden mit erhöhter Sprechspannung/-energie gesprochen. Unterstützen Sie die Sprechspannung durch „Körperspannung" (Körperbewegung), indem Sie mit den Händen klatschen/klopfen, rhythmisch (energisch) laufen, mit dem Fuß aufstampfen, übertrieben laut und präzise sprechen etc.

Pausen und Akzent

Je langsamer und genauer man spricht, desto mehr Akzente und Pausen gibt es im Satz. Dabei werden die Wortgruppen ohne Pausen gesprochen.
(Viele ◡ Schüler | haben ◡ jetzt ◡ einen ◡ Computer | mit ◡ Internetanschluss.)
Je schneller man spricht, desto weniger Akzente und Pausen gibt es im Satz.
(Viele ◡ Schüler ◡ haben ◡ jetzt ◡ einen ◡ Computer ◡ mit ◡ Internetanschluss.

Artikulation

Vokale/Diphtonge

Ein Vokal kann – je nach Position im Wort – lang oder kurz ausgesprochen gesprochen werden. Die Vokale spielen im Wort/Satz eine herausragende Rolle, weil sie zugleich auch Akzentträger sind und eine korrekte Aussprache somit besonders wichtig ist. Gleichzeitig ist dieses für das Deutsche so zentrale Aussprachephänomen für fast alle Deutschlerner problematisch, da sie es so nicht aus ihrer Muttersprache kennen. Um falsche Einschleifungen zu verhindern, sollten Sie gerade am Anfang sehr auf die korrekte Aussprache der Vokale achten und konsequent korrigieren.

Korrekturhilfen Vokale:
Die langen Vokale werden lang und gespannt, mit viel Energie und Muskelspannung gesprochen.

- Unterstützen Sie die Lautbildung der langen Vokale mit anderen Spannungselementen wie Lautstärke, emotionalem Sprechen (Freude, Überraschung) und/oder steigendem Melodieverlauf.
- Begleiten Sie die Aussprache der Vokale möglichst häufig mit Gesten: z. B. lang (_) – Arme wie einen Expander auseinanderziehen, kurz (.) – Hand zur Faust formen / Fingerschnipsen.
- Markieren Sie die Vokallänge, wenn Sie neue Wörter an die Tafel schreiben, und lassen Sie laut sprechen.
- Lassen Sie bei neuen Wörter den Akzentvokal (_) oder (.) gleich mitlernen.

ü- und *ö*-Laute

Korrekturhilfen *ü*- und *ö*-Laute:
Die langen Vokale werden mit viel Spannung/Energie gesprochen.

- Leiten Sie *ü*-Laute vom *i* ab: *i* sprechen und dann die Lippen runden.
- Entwickeln Sie den *ü*-Laut durch Pfeifen. Versuchen Sie zu pfeifen, nehmen Sie dann den Pfeifton weg und sprechen Sie *üüüü*.
- Leiten Sie *ö*-Laute vom *e* ab: Sprechen Sie *e* und runden Sie dann die Lippen.
- Die korrekte Aussprache der *ü*- und *ö*-Laute erfordert v. a. bei den Muttersprachen Englisch, Spanisch, Russisch, Polnisch und den asiatischen Sprachen sehr viel Übung und Fingerspitzengefühl. In einigen Kulturkreisen (z. B. Indonesien) wird die Lippenrundung als obszön interpretiert; da ist es verständlich, dass bei der Aussprache der gerundeten Vokale die Barriere groß ist.

Diphthonge *ai, oi, au*

Korrekturhilfen *ai*, *oi* und *au*:
Die Buchstabenverbindungen *ei, ai, eu, äu* und *au* sind Doppellaute, in denen zwei einfache Laute miteinander verschmelzen.

- Lassen Sie z. B. die Laute *a* und *i* einzeln sprechen, dabei den ersten Laut etwas hervorheben und dann das Sprechtempo steigern, bis die Laute miteinander verschmelzen.
- Achten Sie darauf, dass der zweite Laut nicht zu lang (und nicht „hochgezogen") gesprochen wird; den ersten Laut betonen.

Konsonanten *p, t, k*

Korrekturhilfen *p*, *t* und *k*:

- Visualisieren Sie die starke Aspiration bei *p*, *t* und *k*: Halten Sie ein Blatt Papier vor den Mund und sprechen Sie *Pah* oder *Pause*; das Blatt muss flattern, dann stimmt die Artikulation.
- Lassen Sie bei *p* die Lippen aufblasen und „explodieren".
- Machen Sie die Regel zur Auslautverhärtung (*b, d* und *g* werden am Wort- bzw. Silbenende als *p, t* und *k* gesprochen) bewusst und korrigieren Sie – vor allem am Anfang – konsequent.
- Für viele Lernende ist die Bewusstmachung der Laut-Buchstaben-Beziehung von *b* und *p* im Gegensatz zu *v, w* und *f* besonders wichtig.

Ich-Laut, *Ach*-Laut, *sch*

Korrekturhilfen *Ich*-Laut:

- Der *Ich*-Laut wird an der gleichen Stelle gebildet wie *j*. Sprechen Sie zunächst übertrieben lange *jjj* und flüstern Sie dann den Laut. Es entsteht automatisch der *Ich*-Laut. Wiederholen Sie mehrfach und lassen Sie an einfachen Wortbeispielen (*ich, mich, Licht* …) üben.
- Erhorchen Sie den Spannungsgrad, bringen sie die Wörter in steigende Sprechmelodie und sprechen Sie überrascht, erstaunt (*ich??*).
- Lassen Sie die TN *k* statt des *Ich*-Lauts sprechen: Der Zungenrücken muss weiter nach vorne, vom *j* ableiten. Lassen Sie Wortbeispiele suchen mit Lauten, die vorne gebildet werden (*ich, mich, nicht, Licht, wichtig* …).
- TN sprechen *sch*: Dabei werden die Lippen nicht vorgestülpt, sondern eher gespreizt. Lassen Sie Wortbeispiele suchen, die eher „hinten" gebildet werden (*Kirche, richtig, riechen, der Grieche* …)

Korrekturhilfen *Ach*-Laut:

- Der *Ach*-Laut wird hinten im Hals gebildet, er ist ein Reibelaut. Ahmen Sie Schnarchen nach und/oder legen Sie die Hand auf den Hals, um die Vibration zu fühlen.

Korrekturhilfen *sch:*

- Bei der Bildung von *sch* werden die Zähne eher geschlossen gehalten. Stülpen Sie die Lippen vor, biegen Sie die Zungenspitze zurück und lassen Sie mit viel Energie die Luft ausströmen.

Konsonant *r*

Korrekturhilfen *r:*

- Das *r* wird an der gleichen Stelle artikuliert wie der *Ach*-Laut. Sprechen Sie den *Ach*-Laut und halten Sie ihn. Geben Sie dann einen Ton dazu und Sie erhalten das *r*.
- Gurgeln Sie mit einem Glas Wasser und singen (!) Sie dabei, um die Artikulationsstelle zu verdeutlichen.
- Sprechen Sie *r* und legen Sie die Fingerspitzen an den Kehlkopf, um die Vibration zu spüren

- Benutzen Sie Beispiele in Verbindung mit *k* und *g* (*krank, grau, Kreis, Creme, groß, Gramm …*)
- Machen Sie TN, die häufig das *r* im Suffix *-er* sprechen, mit Hinweis auf die Regeln darauf aufmerksam und korrigieren Sie sie.

Konsonanten *s* und *z*
Korrekturhilfen *s* und *z:*
- Bei der Aussprache von *s* ist die Zungenspitze an den unteren Schneidezähnen.
- Machen Sie das stimmlose *s* durch das Zischen einer Schlange oder durch *Pssst* (für „leise sein") mit entsprechender Geste bewusst. Lassen Sie die Luft mit viel Energie ausströmen.
- Sprechen Sie das stimmhafte *s* mit einem Ton – summen Sie einen Vokal, z. B. *a*, und fügen Sie das *s* hinzu. (Summen einer Biene nachahmen.)
- Lassen Sie für den Konsonanten *z* die Laute *t* und *s* einzeln sprechen und das Sprechtempo steigern, bis die Laute zusammenfallen.

Konsonanten *h* und *e* unbetont
Korrekturhilfen *h* und *e* unbetont:
- Machen Sie die Unterscheidung von *h* im Anlaut und *h* nach Vokal bewusst.
- Lassen Sie einzelne Wörter im Flüsterton üben.
- Üben Sie *h* vor verschiedenen Vokalen: *haha, hihihi, hoho.*
- Visualisieren Sie die Aspiration: Halten Sie ein Blatt Papier vor den Mund, blasen Sie eine Kerze aus, hauchen Sie (bei Kälte) in die Hände.
- Sprechen Sie das unbetonte *e* in fallender Melodie; drücken Sie Enttäuschung/Trauer aus (*Schade! Meine Hände …*).

Konsonantenhäufung
Korrekturhilfe Konsonantenhäufungen:
- Bei Konsonantenhäufungen muss jeder Laut gesprochen werden. Sprechen Sie anfangs besonders langsam und präzise vor, sodass der Laut „auf der Zunge zergeht".

Berufsorientierung
Eine relativ große und nationalitäts- wie altersmäßig sehr heterogene Lernergruppe bringt dezidierte Bildungs- und Berufswünsche mit in den Deutschunterricht (vgl. „Rahmencurriculum für Integrationskurse Deutsch als Zweitsprache"). Ihr Ziel ist die Verbesserung der Chancen auf dem Arbeitsmarkt, die Bewältigung der Arbeitssituation oder die Vorbereitung auf berufliche Bildungsmaßnahmen. Das bedeutet für die Lehrkraft, dass sie bei Bedarf u. a.
- die Aufmerksamkeit der TN auf Aspekte lenkt, die für eine mögliche Berufstätigkeit relevant sein können, z. B. auf spezifische Berufe und ihre Anforderungen,
- TN auffordert, zu beruflichen Themen im Internet oder vor Ort zu recherchieren,
- im Inland beruflich tätige TN ermuntert, ihren eigenen Sprachbedarf zu recherchieren,
- auf sprachliche Besonderheiten, die sich im berufsbezogenen Deutsch häufen, eingeht, wie z. B. lange, zusammengesetzte Nomen,
- das Wahrnehmungsvermögen für betriebliche Bedingungen und angemessenes sprachliches Verhalten gegenüber Personen auf unterschiedlichen Ebenen der betrieblichen Hierarchie schärft,
- Strategien der Verständnissicherung trainiert,
- in Vorbereitung auf die spätere Teilnahme an Qualifizierungsmaßnahmen schriftsprachliche Fähigkeiten einübt,
- den TN Lernstrategien vermittelt, so z. B. Techniken, mit deren Hilfe sie sich bei Bedarf beruflichen Wortschatz selbstständig aneignen können,
- auf Kommunikationsformen und -regeln, die am Arbeitsplatz gebraucht werden, eingeht,
- den TN Raum gibt, von beruflichen Erfahrungen zu berichten und berufliche Ziele zu formulieren.

Bewegung
Wie wichtig ist Bewegung für das Lernen? Hirnforscher haben die Zusammenhänge zwischen körperlicher Bewegung und Hirnaktivitäten nachgewiesen und gezeigt, dass Bewegung Gedächtnis- und Lernleistungen, das Steuern der Aufmerksamkeit und emotionale Prozesse positiv beeinflusst. Paradoxerweise haben die meisten erwachsenen Lernenden früh gelernt, Lernen mit Bewegungslosigkeit zu assoziieren, mit Disziplin und stundenlangem ruhigem Sitzen.

Wenn die Größe Ihres Unterrichtsraums Bewegung ermöglicht, sollten Sie immer wieder einmal eine Phase des „Lernens in Bewegung" einlegen. Ihre TN werden mit und in Bewegung konzentrierter sein, da ihre Körper in den Lernprozess einbezogen und nicht „ruhiggestellt" sind. Dabei wird es Ihrer eigenen Kreativität überlassen bleiben, sich ein Repertoire an Möglichkeiten für Bewegungsaktivitäten im Unterricht zuzulegen, da Bewegung im Unterricht ein noch wenig erforschtes Gebiet ist. Aktivitäten wie die folgenden sind jedoch möglicherweise bereits Teil Ihrer Unterrichtsplanung:
- aufstehen und Plätze wechseln,
- Laufdiktate,
- Ballspiele, z. B. Spiel mit zuvor beschrifteten Luftballons,
- Cocktailparty-Aktivitäten, d.h. Gruppen- und Paargespräch im Stehen,
- Staffelrennen, um etwas an die Tafel zu schreiben,
- Spiele mit Bewegung wie „Mein rechter Platz ist leer",
- Bewegung zu Musik,
- im Winter eine Schneeballschlacht mit Papierbällen sowie
- isometrische Übungen (siehe studium.lerntipp.at/konzentration/vorlesung.shtml).

Binnendifferenzierung
Heterogenität ist in Zusammenhängen, in denen Menschen gemeinsam lernen, unvermeidlich. Auch wenn die TN in Ihrem Kurs alle „Anfänger" sind, so werden sich doch bald Unterschiede zeigen. Dabei gibt es eine große Brandbreite von Faktoren, nach denen Heterogenität beschrieben werden kann. Dazu zählen Lerntempo, Interesse, Lerngewohnheiten, Sozialverhalten, Lernziele, Ausgangssprachen u. v. m. Stark gemischte Lernergruppen (wie sie für die Integrationskurse in Deutschland typisch sind) stellen Sie, die Kursleitung, vor ganz bestimmte Herausforderungen, bereichern aber auch Ihren Unterricht.

Wie erkennen Sie, ob Binnendifferenzierung nötig ist? Achten Sie auf Zeichen der Unter- oder Überforderung. Bei der Unterforderung hat entweder die Situation oder das Thema für den Lernenden subjektiv keine Bedeutung oder der Schwierigkeitsgrad der Aufgabe ist zu gering. Auswirkungen können Desinteresse, störendes Verhalten oder Widerstand gegenüber dem Stil der Lehrkraft sein. Bei der Überforderung wird das eigene Vermögen, auf Deutsch zu kommunizieren oder Aufgaben zu lösen, als zu gering erachtet. Das kann zu Gefühlen der Hilflosigkeit und Resignation führen. Widerstand und ein Sichzurückziehen können die Folge sein.

Unter Binnendifferenzierung versteht man alle Maßnahmen, die innerhalb einer Lerngruppe dazu beitragen, unterschiedlichen Lernvoraussetzungen Rechnung zu tragen bzw. den Lernprozess für verschiedene Lernende unterschiedlich zu gestalten. Binnendifferenziertes Vorgehen ist ein Aspekt der Lernerorientierung, die den TN eine ihren Lernvoraussetzungen und Lernstrategien gemäße Förderung zugutekommen lassen will, und hängt somit von Ihrer Gruppe und den Individuen in Ihrer Gruppe ab (▶ **Lernerorientierung**).

Binnendifferenzierung kann nicht nach einem Einheitsschema erfolgen, zu vielfältig sind die Möglichkeiten und zu unterschiedlich die Bedürfnisse der Lernenden. Deshalb finden Sie in *Berliner Platz NEU* bewusst keine Vorschläge nach dem Motto „A für die Langsamen, B für die Schnellen", sondern vielmehr in den „Unterrichtsvorschläge" Hinweise für einzelne Phasen Ihres Unterrichts. Binnendifferenzierung wird dabei nicht nur gemäß dem Kriterium „Lernniveau/Lerntempo" verstanden, obwohl hier zunächst einmal die größte Herausforderung zu liegen scheint, sondern entsprechend den verschiedenen oben genannten Faktoren für Heterogenität unterschiedlich interpretiert. Im Folgenden einige Möglichkeiten:

A Faktor Lernniveau ▶ unterschiedlich schwierige Aufgaben
Hier geben Sie den Lernenden, abhängig von Ihrem jeweiligen Lernziel und von der jeweils trainierten Fertigkeit oder der Unterrichtsphase, unterschiedlich anspruchsvolle Aufgabenstellungen und/oder mehr oder weniger Hilfestellung beim Lösen der Aufgaben.

B Faktor Lerntempo ▶ zusätzliche Übungen und Aufgaben
Hier geht es um die Quantität dessen, was Lernende in einer bestimmten Zeit erarbeiten können. TN, die schnell mit ihren Aufgaben fertig sind, brauchen noch mehr Herausforderungen und können vielleicht sogar selbst Übungen nach dem gegebenen Muster erstellen, brauchen ggf. aber auch eine Anregung dazu, das bereits Erledigte noch einmal mit mehr Aufmerksamkeit für die sprachlichen Form durchzugehen. Bei langsameren Lernenden reduzieren Sie die Anzahl der zu bearbeitenden Aufgaben.

C Faktor Interesse ▶ Differenzierung nach Themen oder Textsorten
Sie können Lernenden gleichzeitig verschiedene Texte oder Textsorten anbieten und sie je nach Interesse wählen lassen. Gerade bei offenen Aufgabenstellungen wie den Projekten bietet es sich an, nach Interesse der TN zu differenzieren.

D Faktor Sozialverhalten ▶ Wechsel der Sozialformen
Partner- und Gruppenarbeit eignen sich zur Binnendifferenzierung, nicht nur weil Paare und Gruppen nach den unterschiedlichsten Kriterien gebildet werden können (nach Sympathie, eingeschätztem Schwierigkeitsgrad der Aufgabe, eingeschätztem Arbeitsverhalten der anderen TN, nach Interesse am Thema, nach kulturellen Gemeinsamkeiten etc.), sondern auch weil hier die TN auf unterschiedlichste Weise mit dem im Lehrwerk Angebotenen umgehen können. Sie können auch in verschiedenen Sozialformen gleichzeitig arbeiten lassen; je nach Interesse bearbeiten die TN dann die Aufgabe in Einzel,- Partner- oder Gruppenarbeit.

E Faktor Muttersprache(n) ▶ Nutzung der Sprachen im Unterricht
Wenn Sie den Lernenden bewusst erlauben wollen, ihre Muttersprache bei der Erarbeitung einer Aufgabe zu Hilfe zu nehmen, bietet es sich z. B. an, die ganze Gruppe in (ausgangs)sprachlich homogene Kleingruppen zu teilen.

F Faktor unterschiedliche Vertrautheit mit Lerntechniken ▶ Austausch im Kurs
Bei der Vermittlung von Lernformen und Lerntechniken ist es für Sie wichtig, den unterschiedlichen Vertrautheitsgrad der Lernenden damit im Blick zu behalten. Während manche TN bestimmte Lerntechniken erst kennenlernen müssen, haben andere bereits ihre eigenen bewährten Strategien. Arbeiten Sie hier nach dem Prinzip der kooperativen Binnendifferenzierung: Im Lernen fortgeschrittenere TN helfen den anderen, die im Lehrbuch vorgestellten Prinzipien zu verstehen, zeigen Beispiele und stellen ggf. ihre eigenen Strategien vor.

G Faktor unterschiedliche Lerntypen ▶ unterschiedliche Aufgaben
Die Tatsache, dass es unterschiedliche Lerntypen gibt, sollten Sie unbedingt durchgängig beachten, indem Sie gerade bei offenen Aufgaben Wahlmöglichkeiten geben. Von einer Recherche in der Stadt z. B. könnten die TN etwas zum Anschauen, zum Anhören, zum Anfassen oder zum Riechen/Schmecken mitbringen.

H Faktor Alter und körperliche Beweglichkeit ▶ unterschiedliche Angebote
Sie kennen das sicherlich von Ihren TN: Die einen können nicht mehr stillsitzen, die anderen finden das Aufstehen beschwerlich. Differenzieren Sie hier, indem Sie beiden Bedürfnissen gerecht werden, also in den herkömmlich eher bewegungsarmen Unterricht Bewegungselemente aufnehmen, es dann aber der persönlichen Entscheidung überlassen, wie weit das Angebot angenommen wird. Bei einem Laufdiktat z. B. können die Partner aussuchen, welcher von ihnen läuft und wer sitzen bleibt.

Sie können bei der Binnendifferenzierung auch kombinierte Faktoren annehmen. Deller und Rinvolucri machen dazu folgenden Vorschlag: Um allen Lernenden in einer Gruppe die Möglichkeit zu geben, sich an einer Diskussion (z. B. einem Planungsgespräch zur Vorbereitung einer Exkursion ins Berufsinformationszentrum der Agentur für Arbeit) zu beteiligen, teilen Sie den Kurs in 5er-Gruppen. Organisieren Sie die Gruppen folgendermaßen: Person A spricht nur ihre Muttersprache (niedriges Niveau), Person B spricht nur Deutsch (mittleres Niveau), Person C spricht beide Sprachen, ist also der Dolmetscher (höheres Niveau). Die Personen D und E sind die Schreiber und schreiben nur auf Deutsch, D schreibt alles auf, was C sagt, E schreibt auf, was B sagt (Deller/Rinvolucri, 2002, S. 71).

Stationenlernen

Beim Stationenlernen bearbeiten die TN individuell oder in kleinen Gruppen Materialien, die an unterschiedlichen Stationen oder „Lerninseln" ausgelegt sind. Das Stationenlernen hat viele Vorteile im Hinblick auf die Förderung des autonomen Lernens, der Handlungsorientierung oder des kooperativen Lernens. Im Hinblick auf die Binnendifferenzierung eignet sich die Methode, wenn an den Stationen Aufgaben unterschiedlichen Schwierigkeitsgrads, unterschiedlicher Thematik, unterschiedlicher Bearbeitungsanforderung usw. ausgelegt werden und die TN wählen können, welche der Stationen ihren Lernbedürfnissen entspricht.

Diktate

Am Ende jedes Kapitels können Sie jeweils ein Diktat schreiben lassen, um den TN Gelegenheit zu geben, ihr Hörverständnis und ihre Schreibfertigkeit zu trainieren. Diktate müssen nicht altmodisch und langweilig sein, wenn unterschiedliche methodische Herangehensweisen gewählt werden und es nicht immer nur die Lehrkraft ist, die sie diktiert. Wichtig ist, dass der gewählte Text nicht zu lang ist, dem Niveau der Gruppe entspricht und den Wortschatz bzw. die Struktur enthält, an der gerade gearbeitet wird. Denken Sie ggf. daran, vor dem Diktat die Satzzeichen – Punkt, Doppelpunkt, Komma und Fragezeichen – im Plenum zu wiederholen.

Handydiktat

Material: Für dieses Diktat benötigt jeder TN ein Handy mit Aufnahmefunktion.

Vorgehen: Jede/r TN spricht den Diktattext langsam auf sein Handy. Er/Sie kann nun den Diktattext selbstständig anhören, Textteile aufschreiben, wiederholen und weiterhören.

Kommentar: Das Handydiktat eignet sich auch für die selbstständige Arbeit zu Hause.

Laufdiktat

Material: Mehrere Exemplare des Diktattexts auf einem Blatt Papier (entweder in sehr großer Schrift geschrieben oder stark vergrößert kopiert) werden einzeln im Kursraum (an der Tür, an der Tafel, neben dem Fenster ...) aufgehängt.

Vorgehen: TN arbeiten in kleinen Gruppen. Jede Gruppe ordnet sich einem Exemplar des Diktattests zu (z. B. eine Gruppe dem Text an der Tür, eine dem Text an der Tafel usw.).
Jede Gruppe erarbeitet sich den Diktattext nun nach dem folgenden Prinzip: TN 1 läuft zu einem der aufgehängten Diktattexte, liest und merkt sich den 1. Satz (oder schreibt ihn ab) und läuft zurück zu den anderen TN und diktiert ihnen den Satz. TN 2 läuft, „holt" den nächsten Satz und diktiert ihn usw., bis alle TN mindestens einmal gelaufen sind und alle Sätze diktiert wurden.
TN vergleichen ihren Text mit dem Text an der Wand und korrigieren ihn.

Lückendiktat

Material: Ein Diktattext mit Lücken

Vorgehen: Die TN erhalten eine Kopie des Lückentextes. Ein/e TN bekommt den gesamten Text und diktiert ihn den anderen TN zweimal mit kurzen Pausen nach jeder Sinneinheit. Ein/e TN erhält den Lückentext auf Folie und ergänzt die Lücken. Anhand dieser Vorlage kontrollieren die TN (am OHP) ihre Ergebnisse.

Partnerdiktat

Material: zwei unterschiedliche Diktattexte

Vorgehen: Jede/r TN erhält einen Text, den er/sie einem Partner / einer Partnerin diktiert. Sind die Diktate geschrieben, tauschen die TN die Texte aus. Jede/r TN kontrolliert und korrigiert anhand der Vorgabe den eigenen Text.

Kommentar: In Kursen, in denen es sehr unterschiedliche Niveaus (z. B. viele TN mit Schreibschwierigkeiten) gibt, kann KL auch zwei vom sprachlichen Niveau deutlich unterschiedliche Texte bereitstellen. Die schneller schreibenden TN erhalten (oder wählen selbst) das Arbeitsblatt mit dem längeren / sprachlich schwierigeren Text; die langsamer schreibenden TN hingegen das Arbeitsblatt mit dem kürzeren/leichteren Text.

Wechseldiktat

Material: zwei unterschiedliche Diktattexte, in denen die Sätze nummeriert sind

Vorgehen: Jeweils zwei TN arbeiten zusammen. Ein/e TN erhält Text 1, der/die andere Text 2. Die TN diktieren sich gegenseitig die Texte, und zwar abwechselnd Satz für Satz (1–10), sodass schließlich beide TN die Texte vollständig vorliegen haben. Anschließend werden die Texte ausgetauscht und gegenseitig korrigiert.

Effektiv lernen

Einmal Gelerntes verliert zunehmend schneller an Aktualität; der Einzelne ist folglich ständig gefordert, Neues dazuzulernen. Ein modernes Fremd- und Zweitsprachen-Lehrwerk wird daher den Lernenden Hilfen dafür anbieten, sowohl parallel zum Unterricht als auch im Anschluss an den Kurs selbstständig weiterzulernen.
Berliner Platz NEU fördert die Selbstständigkeit der Lernenden auf verschiedene Weise: Lerntipps sowohl im Lehrbuch- als auch im Arbeitsbuchteil fordern die Lernenden auf, strategisch an den Lernprozess heranzugehen. So wird ihnen bewusst, dass Lernen nicht etwas ist, was auf wundersame Weise geschieht (oder auch nicht), sondern dass es zielgerichtet gesteuert werden kann.

> **TIPP** Prüfungsangst?
> Das beste Mittel gegen Prüfungsangst ist eine gute Vorbereitung!

Lernstrategien

Die Kompetenz der Lernenden, zielgerichtet vorzugehen, um Lernziele zu erreichen, ihre lernstrategische Kompetenz also, wird, „– neben anderen Bausteinen wie Selbstmotivation und der Bereitschaft und Fähigkeit zur Selbstregulierung und zur Zusammenarbeit – allgemein als unentbehrlicher Baustein der Lernerautonomie aufgefasst" (Bimmel, 2010). Dabei wird unterschieden in metakognitive Strategien, die der Selbststeuerung des Lernens dienen, und kognitive Strategien. Zu Letzteren gehören

- Gedächtnisstrategien (der/die Lernende verknüpft z. B. ein Wort mit einem bestimmten Bild oder eine Wortgruppe mit einem Rhythmus, um sie besser zu behalten),
- Sprachverarbeitungsstrategien (der/die Lernende greift z. B. beim Lernen auf seine muttersprachlichen Kenntnisse zurück),
- Sprachgebrauchsstrategien (der/die Lernende nutzt Gestik und Mimik, redet also „mit Händen und Füßen", um sich verständlich zu machen).

Das „Rahmencurriculum für Integrationskurse Deutsch als Zweitsprache" nutzt ein anderes Ordnungssystem. Hier sind Lernstrategien zu den Bereichen „Wortschatz lernen", „Hörkompetenz auf- und ausbauen", „Hör-Seh-Kompetenz auf- und ausbauen", „Lesekompetenz auf- und ausbauen", „Sprechfertigkeit auf- und ausbauen", „Schreibfertigkeit auf- und ausbauen" sowie „Grammatik lernen" aufgelistet (siehe Buhlmann et al., 2008, S. 47–50).

Lerntypen und multiple Intelligenzen

Menschen lernen auf unterschiedliche Weise. Es gibt verschiedene Konzepte, die Unterschiedlichkeiten zu beschreiben. Das System der „Lerntypen" (nach F. Vester) orientiert sich an den Sinnesorganen bzw. Wahrnehmungskanälen, die beim Lernen beteiligt sind, und unterscheidet den auditiven, visuellen, kinästhetischen (haptischen) Lerntyp. Das System der „multiplen Intelligenzen" (nach H. Gardner) beruht auf der Vorstellung, dass es nicht nur eine, *die* Intelligenz gibt, sondern dass unter „Intelligenzen" unterschiedliche Fähigkeiten des menschlichen Gehirns zu verstehen seien:

- Körperlich-kinästhetisch Lernende möchten etwas tun können, anstatt nur zuzuhören oder zu lesen; sie bewegen sich gerne, fassen gerne etwas an oder basteln.
- Interpersonal Lernende lernen am besten mit anderen zusammen und lieben Gespräche und Diskussionen.
- Intrapersonal Lernende konzentrieren sich gerne alleine auf ihre Aufgaben.
- Logisch-mathematisch Lernenden fallen das Abstrahieren, Problemlösen und die induktive und deduktive Regelfindung leicht.
- Lernende mit ausgeprägter sprachlicher Intelligenz sind normalerweise gut in allen vier Fertigkeiten (Lesen, Hören, Sprechen, Schreiben); es fällt ihnen leicht, sprachliche Strukturen anzuwenden, die Aussprache anzunehmen, Wörter auswendig zu lernen oder Geschichten zu erzählen.
- Musikalisch Lernende lernen am besten über das Hören. Sie nutzen Lieder und Rhythmus, um Informationen zu behalten, und lernen gerne, während Musik im Hintergrund läuft.
- Räumlich Lernenden fällt das Visualisieren von Gelerntem und visuelle Sicherinnern leicht. Sie lernen gerne mit Bildern, Tabellen, Landkarten und Videos.

Welcher Theorie man auch zuneigen mag, das Wissen über unterschiedliche Zugänge zum Lernen ist hilfreich, wenn man ein Lernangebot machen will, das niemanden ausschließt und das allen Lernenden wenigstens phasenweise den persönlich favorisierten Zugang zum Lerngegenstand ermöglicht.

Einstiegsaktivitäten

Die ersten Minuten im Unterricht bedeuten für Lernende eine Umstellung; sie müssen ankommen, sich aufwärmen und sammeln. Auch im Inland haben sie vielleicht den ganzen Tag über noch kein Deutsch gesprochen, wenn z. B. in ihrem Zuhause oder an ihrer Arbeitsstelle eine andere Sprache gesprochen wird. Sie sind müde von der Arbeit, ihre Gedanken haften noch an den Ereignissen des Tages – kurz: Eine Aufwärmaktivität, die es den TN ermöglicht anzukommen und die die Aufmerksamkeit auf das Deutschlernen lenkt, sollte in Ihrer Kursplanung ein fester Bestandteil sein.

Eine Einstiegsaktivität ist aber auch zu jedem Kapitel – genauso wie zu jedem neuen Thema – erforderlich, um die Aufmerksamkeit auf das neue Thema zu lenken, das Vorwissen zu aktivieren und Motivation aufzubauen. Lassen Sie ggf. Musik spielen und geben Sie den TN Zeit und Gelegenheit, sich in der Gruppe zu finden, ihre Meinung „ins Blaue" zu äußern, und nutzen Sie – evtl. bei noch geschlossenem Buch – reale Gegenstände oder spielen Sie ein Spiel.

Anagramm

Vorgehen: KL wählt ein langes Wort aus dem Text, der behandelt werden soll, und schreibt die Buchstaben des Worts durcheinander in einen Kreis an die Tafel. Die TN werden aufgefordert, mit diesen Buchstaben so viele deutsche Wörter wie möglich zu bilden. An der Tafel werden die Wörter, die die TN gefunden haben, gesammelt. KL fragt, ob jemand ein Wort gefunden hat, das alle Buchstaben enthält. Wenn nicht, bittet KL das Buch zu öffnen und das Wort in dem Text, der durchgenommen werden soll, zu finden (nach: Prodomou/Clandfield, 2007, S. 20).

angefangene Sätze

Um die Aufmerksamkeit der TN auf ein Thema zu lenken, Vorwissen und/oder persönliche Einstellungen abzufragen, eignet sich die Methode „Angefangene Sätze". KL gibt dazu Zettel mit Satzanfängen aus, die die TN ergänzen müssen. Austausch und Reflexion können dann auf unterschiedliche Weise geschehen, z. B. indem alle zu jeweils einem Satzanfang ergänzten Sätze gesammelt und verglichen werden oder einfach, indem sich die TN in kleinen Gruppen über ihre Ergänzungen austauschen.

hinter dem Rücken

Material: ein Foto zum Einstieg in die Lektion

Vorgehen: TN setzen sich in Paaren so hin, dass ein/e TN die Rückwand des Unterrichtsraums anschaut, also ein am OHP gezeigtes Foto nicht sehen kann. Der/Die Partner/in, der/die das Foto sehen kann, beschreibt es dem/der anderen TN. Diese/r kann Ja/Nein-Fragen stellen, um Informationen zu erhalten (nach: Prodomou/Clandfield, 2007, S. 33).

Männer und Frauen

Material: große Fotos einer Frau / eines Mannes aus Illustrierten, zwei Stück Kreide / zwei Boardmarker

Vorgehen: Zum Einstieg hängt KL ein großes Foto einer Frau an die linke Seite der Tafel und ein großes Foto eines Mannes an die rechte Seite der Tafel. Der Kurs wird in zwei Gruppen geteilt; die TN jeder Gruppe stellen sich hintereinander einige Meter vor „ihrer" Seite der Tafel auf. Der/Die erste TN erhält einen Boardmarker (ein

Stück Kreide). Auf Signal des KL läuft er/sie zur Tafel und schreibt eine Assoziation zum Bild auf, läuft schnell wieder zurück und übergibt die Kreide an den/die Nächste/n. Nach fünf Minuten werden die Kommentare an der Tafel gelesen.

Kommentar: Noch lebendiger wird die Aktivität, wenn sich die Frauen im Kurs vor dem Foto des Mannes, die Männer im Kurs vor dem Foto der Frau aufreihen.

Fehlerkorrektur

Viele Lernende haben eine große Scheu zu sprechen, weil sie fürchten, Fehler zu machen. Sie sagen lieber gar nichts und warten auf einen Zeitpunkt, an dem es ihnen gelingt, die neue Sprache fehlerlos zu gebrauchen. Andere kommunizieren fröhlich drauflos, ohne der sprachlichen Form viel Aufmerksamkeit zu schenken.
Fehler zeigen, dass ein/e TN sich intensiv mit der neuen Sprache beschäftigt, sie ausprobiert, mit ihr experimentiert, kommuniziert und Fortschritte macht. Ihre Aufgabe ist es, vor allem die Fähigkeit der Lernenden, sich selbst zu korrigieren, zu fördern. Sie werden dabei möglicherweise

- den Lernenden das Gefühl vermitteln wollen, dass es völlig in Ordnung ist, Fehler zu machen,
- immer wieder die Aufmerksamkeit auf die sprachliche Form lenken,
- den Lernenden helfen, immer korrekteres Deutsch zu produzieren, und
- Wertschätzung für Verbesserungen und Fortschritte zeigen.

Auch für die Fehlerkorrektur gilt: Immer gleiches Verhalten ermüdet TN und KL. Die Fehlerkorrektur einmal nicht durch den/die KL, sondern durch andere TN spricht die TN als Erwachsene an und bringt einen motivierenden Wechsel.

gegenseitige Fehlerkorrektur

In Gruppen, in denen eine vertrauensvolle Atmosphäre herrscht, kann die schriftliche Fehlerkorrektur von Texten, die die TN selbst erstellt haben, in Partnerarbeit erfolgen. Der/die KL gibt hier evtl. Hilfestellung durch Korrekturvorgaben: Umkringeln, wenn ein falsches Wort gewählt ist, Pfeile, um fehlerhafte Wortstellung zu markieren, oder Unterstreichen des Worts oder der Wörter, wenn ein grammatischer Fehler vorliegt, usw.
Eine Form der gegenseitigen mündlichen Fehlerkorrektur ist die „Kette", bei der mehrere Lernende in die Fehlerkorrektur einbezogen werden. TN A macht einen Fehler. Der/Die KL bittet TN B um die Korrektur des Fehlers. Wenn B selbst noch einen Fehler macht, wird TN C gefragt, der wiederum TN B korrigiert. B gibt schließlich die Korrektur weiter an A (vgl. Scrivener, 1994).

gemeinsame Fehlerkorrektur

Wenn Sie einen Lernertext, an dem Sie bestimmte Fehler demonstrieren wollen, z. B. auf Folie kopieren und am OHP gemeinsam besprechen, können Sie die Aufmerksamkeit der TN auf Fehlermuster (z. B. darauf, dass das Verb nicht in zweiter Position steht) anstatt auf individuelle Fehler lenken. Wenn Lernende diese Fehlermuster einmal in den Texten anderer TN erkannt haben, werden sie sie leichter in den eigenen Texten bemerken können.

Selbstkorrektur

Der/Die TN korrigiert sich selbst, entweder spontan, nachdem er/sie den Fehler selbst entdeckt hat, oder wenn vonseiten des/der KL dazu durch Mimik, Gestik, Zeichen oder Verweise auf den Tafelanschrieb, auf Lernposter etc. aufgefordert wurde. Um sich selbst korrigieren zu können, müssen Lernende allerdings die Regeln bzw. Prinzipien, gegen die sie „verstoßen", verstanden und nicht nur auswendig gelernt haben.
Selbstkorrektur kann mithilfe der „Fehler-Hitliste" geschehen: Jede/r TN erstellt eine persönliche „Fehler-Hitliste" mit den Fehlern, die er/sie beim freien Schreiben am häufigsten macht und auf die er/sie daher in der Korrekturphase nach dem Schreiben besonders achten sollte. Die Hitliste kann jedes Mal, wenn ein Text geschrieben wird, hinzugezogen werden. Natürlich sollte die Liste im Laufe der Zeit auch immer mal wieder erneuert und erweitert werden.

Grammatik

Auf einer rudimentären Ebene der Sprachverwendung reichen Wörter aus, um miteinander zu kommunizieren: Auf die Frage *Kaffee, Milch, Zucker?* werden die meisten von uns eine adäquate und vermutlich ebenso knappe Antwort geben können: *Gerne, schwarz.* Sobald allerdings komplexere Sachverhalte ausgedrückt werden sollen – und solche, für die weniger Weltwissen zur Verfügung steht –, reicht Lexik allein nicht mehr aus; wir benötigen Grammatik, um uns präzise auszudrücken und effektiv zu kommunizieren. Grammatik unterstützt also Kommunikation – und dafür ist sie äußerst wichtig –, sie wird allerdings nicht um ihrer selbst willen gelernt und unterrichtet (▶ **Handlungsorientierung**).

Wie lernen Menschen grammatische Regeln?

- Sie müssen Regeln erst einmal bemerken: Deshalb werden in *Berliner Platz NEU* grammatische Phänomene meist nicht nur einmal, sondern mehrfach aufgegriffen.
- TN müssen die Regeln anhand des sprachlichen Inputs selbst entdecken können: Das Lehrbuch regt zur Suche an (*Markieren Sie …*) und fordert z. B. zur selbstständigen Formulierung der Regel in einem vorgegebenen Gerüst auf (*Ergänzen Sie die Regel …*) (▶ **Selbst entdeckendes Lernen**).
- Sie müssen sich die Regeln bewusst machen: Welche Funktion bzw. Bedeutung hat die Struktur? Welche Form? Hilfreich ist hier jeweils der Grammatikhinweis.

Relativpronomen
der Patient, **der** … (N)
über **den** … (A)
von **dem** … (D)

- Sie müssen die Strukturen ausprobieren und in unterschiedlichen Zusammenhängen benutzen können. Denn auch für lerngewohnte TN gilt, dass ihnen die Kognitivierung durch Regeln zwar beim ersten Erfassen der Struktur hilft, der fehlerarme Gebrauch aber nur durch häufige Anwendung erreicht werden kann. Geben Sie Ihren TN dazu so viel Gelegenheit, wie sie brauchen; schieben Sie ggf. eine Sequenz aus dem Arbeitsbuch oder dem Intensivtrainer ein, lassen Sie mit der Sprache spielen und vergessen Sie letztendlich nicht den Transfer auf reale Sprechsituationen.

Futur

Im Deutschen wird in der Regel nicht das Futur 1, sondern das Präsenz benutzt, um eine Handlung in der Zukunft auszudrücken (Beispiel: *Lisa kommt mit dem Zug nach.)* Das Futur 1 (*werden* + Infinitiv) dient zum Ausdruck einer Prognose (*Der Zug wird wieder Verspätung haben*), einer Absicht / eines Plans (*Wir werden uns eine neue Waschmaschine kaufen*), einer Aufforderung (*Du wirst jetzt deine Hausaufgaben machen*) sowie einer Vermutung (*Die Spülmaschine wird wohl nicht mehr lange halten*).

Infinitiv mit *zu*

Eine Infinitivkonstruktion mit *zu* ist ein Nebensatz ohne Subjekt. Dieses ist bereits durch den Hauptsatz vorgegeben. Das Verb wird nicht konjugiert, sondern steht im Infinitiv am Ende des Satzes. KL weist auf die Stellung von *zu* bei trennbaren und untrennbaren Verben hin. Infinitivkonstruktionen hängen ab von:

- Verben (z. B. *vergessen: Er hatte vergessen, Gewürze einzukaufen*).
- Adjektiv + Verb (z. B. *guttun: Es tut gut, in der Sonne zu sitzen*).
- Nomen + *haben* (z. B. *Lust haben: Anna hatte Lust, im Restaurant zu essen*).

n-Deklination

Eine Gruppe von maskulinen Nomen erhält im Akkusativ, Dativ und Genitiv ein zusätzliches *-(e)n*. Man spricht daher von der n-Deklination. Zu diesen Nomen gehören maskuline Nomen, die auf *-e* enden (*der Junge, der Kunde*), maskuline Nomen auf *-ist* (*der Journalist*), *-ent* (*der Präsident*), *-ant* (*der Musikant*), *-at* (*der Automat*) sowie einige weitere maskuline Nomen, wie *der Fotograf, der Nachbar* etc. Die Pluralendung ist in der Regel *-en*, Ausnahmen sind *die Nachbarn, die Ungarn*. Diese Formen müssen einfach gelernt werden.

KL sollte darauf hinweisen, dass die *-(e)n*-Endung, auch wenn sie umgangssprachlich häufig verschluckt wird, in der Schriftsprache aber auf alle Fälle geschrieben werden muss.

Pronominaladverbien

Bei einem Pronominaladverb folgt auf das Adverb *da, hier* oder *wo* eine Präposition (z. B. *dafür, hierfür, wofür, damit, hiermit, womit*). Pronominaladverbien vertreten – wie Pronomen – ein Nomen im Satz. Wichtig ist, dass die TN die Unterscheidung zwischen Person und Sache treffen, weil damit unterschiedliche Frage- und Antwortstrukturen verknüpft sind.

Beispiel 1: *Sport im Fernsehen. Da**für** interessiere ich mich.*

Sport = **Sache**

Verb + Präposition:	*sich interessieren **für***
Frage:	*Wo**für** interessierst du dich?*
Antwort:	*Da**für**.*

Beispiel 2: *Ich gehe mit einer Freundin spazieren. Da kann ich **mit** ihr reden.*

Freundin = **Person**

Verb + Präposition:	*reden **mit***
Frage:	***Mit** wem redest du?*
Antwort:	***Mit** ihr.*

Pronominaladverbien können u. a. Nebensätze einleiten (*Ich freue mich darauf, mit Peter spazieren zu gehen*) oder im Text Rückverweise geben (*Ich gehe wandern, dazu brauche ich neue Stiefel*).

Handlungsorientierung

Sprache existiert nicht „an sich", sondern man benötigt und benutzt sie, um zu kommunizieren: Man fragt, beschreibt, stimmt zu, drückt Interesse aus, reagiert auf etwas, macht einen Vorschlag, dankt, entschuldigt sich – kurz: Man tut etwas mit Sprache; man handelt. Das mag besonders einleuchten, wenn man an Lernende im Inland denkt, die die deutsche Sprache brauchen, um wichtige alltägliche Handlungen auszuführen, gilt aber für Sprachlernende im Inland oder Ausland gleichermaßen. (Siehe auch: www.goethe.de/Z/50/commeuro/i7.htm.)

Das Lehrwerk *Berliner Platz NEU* fördert die sprachliche Handlungsfähigkeit der TN, indem es

- lebensnahe Themen mit hohem Alltagsbezug anbietet,
- der kommunikativen Wirksamkeit eine große Bedeutung beimisst,
- die für die jeweiligen sprachlichen Handlungen nötigen sprachlichen Mittel (Wortschatz, Redemittel, Strukturen etc.) bereitstellt und trainiert,
- Möglichkeiten zum kreativen Umgang mit der Sprache anbietet,
- die TN durch Projekte anregt, alleine, in Paaren oder Gruppen den deutschsprachigen Alltag zu erkunden,
- durch ein aufgabenorientiertes Lernen den TN den Raum gibt, im Rahmen authentischer Situationen zu interagieren,
- die TN durch Angebote zum effektiven Lernen in ihrer Selbstständigkeit stärkt.

Task

Unter einem „Task" wird eine kommunikative Aufgabe verstanden, bei der die Lernenden die Zielsprache für einen kommunikativen Zweck und im Hinblick auf das Erreichen eines Ergebnisses nutzen. Wegen ihres ganzheitlichen Charakters – alle vier Fertigkeiten, Hören, Sprechen, Lesen und Schreiben, werden mit einbezogen, unterschiedliche, vielfach kooperative Arbeitsformen werden genutzt – findet sich auch die Bezeichnung „Ganzaufgabe" (Häussermann/ Piepho, 1996).

Mithilfe von Tasks kann schon im Unterricht authentisches sprachliches Handeln erprobt und eingeübt werden. Sie haben im kommunikativen, handlungsorientierten Unterricht daher eine außerordentlich wichtige Funktion. Tasks sind auch Bestandteil der mündlichen Prüfung für das „Zertifikat Deutsch" und den „Deutschtest für Zuwanderer" (Sprechen: gemeinsam eine Aufgabe lösen). *Berliner Platz NEU* bietet eine ganze Reihe solcher „Tasks" sowohl in den Lehrbuchkapiteln als auch im Kapitel „Im Alltag EXTRA". (Hier findet sich das folgende Beispiel für einen Task: *Sie wollen am Sommerfest des Beirats für Migration und Integration teilnehmen. Planen Sie gemeinsam einen Stand und füllen Sie das Formular aus. Stellen Sie Ihren Stand im Kurs vor.*)

Hausaufgaben

Hausaufgaben sind ein wesentlicher Bestandteil des Übungsgeschehens. Das Arbeitsbuch von *Berliner Platz NEU* enthält viele Übungen zur Konsolidierung, Wiederholung und spielerischen Festigung des Gelernten. Dabei wurde auf ein kompliziertes Verweissystem verzichtet, denn jeder Übung im Lehrbuchteil ist eine Übung im Arbeitsbuchteil zugeordnet. Die TN können die Aufgaben selbstständig anhand des Lösungsschlüssels (zu finden auf www.klett-langenscheidt.de/berliner-platz) korrigieren. Die Aufgaben können jedoch auch zu Beginn der nächsten Unterrichtsstunde aufgegriffen und ggf. in PA korrigiert werden.

Hörverstehen

Dem Hören wird eine Schlüsselfunktion bei der Begegnung mit einer neuen Sprache zugeschrieben. Das Üben des Hörverstehens hat in *Berliner Platz NEU* daher einen hohen Stellenwert. Als Muttersprachler/innen hören wir Texte mit ganz bestimmten Hörerwartungen bzw. Verstehensabsichten, die in der Fremdsprachendidaktik als Hörstile bezeichnet werden.

- **Globales (orientierendes) Hören:** Wir wollen verstehen, worum es sich handelt, was allgemein gemeint ist. Wir hören z. B. rasch den Wetterbericht, weil wir wissen wollen, ob wir einen Regenschirm mitnehmen müssen.
- **Selektives Hören:** Hier interessieren uns nur ganz bestimmte Einzelinformationen. Bei der Durchsage auf dem Bahnsteig interessieren beispielsweise nur „ICE aus München", „Verspätung", „15 Minuten". Die Information, dass der Regionalzug nach Saarbrücken nicht wie gewohnt auf Gleis 5 einfährt, hören wir dann schon nicht mehr, weil sie uns nicht betrifft.
- **Detailliertes Hören:** Wir wollen das Gesprochene in allen Einzelheiten verstehen, denn alle Informationen können wichtig sein. Hat auf den Anrufbeantworter ein uns wichtiger Mensch gesprochen, so werden wir ganz genau hinhören, um alles zu verstehen und jede Nuance des Gesagten mitzubekommen.

Natürlich sind diese Hörstrategien nicht statisch, denn die Verstehensabsicht kann sich während des Hörens ändern: Wenn in der Verkehrsmeldung, der ich wenig Aufmerksamkeit schenke, weil ich auf die Nachrichten warte, gemeldet wird, dass sich auf der Autobahn, auf der ich unterwegs bin, ein Unfall ereignet hat, werde ich genau hinhören.
In einem Deutschlehrwerk wird die Hörerwartung der Lernenden durch die Aufgabenstellung gelenkt; so wird, der jeweils trainierten Hörstrategie entsprechend, das Hörverstehen trainiert. Die spezifische Schwierigkeit bim Hörverstehen liegt darin, dass die Verarbeitung von Hörtexten im Regelfall nicht durch die TN selbst gesteuert werden kann. Sie können nicht wie bei Lesetexten das Tempo der Darbietung selbst bestimmen oder einzelne Passagen beliebig oft wiederholen. (Das ist dann nur bei der selbstständigen Arbeit mit den Arbeitsbuch-Hörtexten zu Hause möglich.) Im Unterricht sollten deshalb die Hörtexte mehrmals vorgespielt werden, damit ein Verstehen gewährleistet ist. Wie oft der Hörtext wiederholt werden sollte, hängt einerseits von der Komplexität der Texte, vom Schwierigkeitsgrad der Aufgabenstellung und andererseits von der Hörkompetenz der TN ab. Diese hängt wiederum von verschiedenen Faktoren ab, z. B. von der Ausgangssprache und den schon vorher erlernten Fremdsprachen sowie der Zeit, die die TN schon vor Beginn des Deutschkurses in deutschsprachiger Umgebung verbracht haben. So können die Angaben in den Unterrichtsvorschlägen nur Richtwerte geben. Als KL werden Sie schnell herausfinden, wie oft Sie einen Hörtext wiederholen müssen/dürfen, um eine Über- oder Unterforderung der TN zu vermeiden.

Transkripte

Sie finden die Transkripte der Hörtexte zum Lehr- und Arbeitsbuchteil als Word-Dokumente auf www.klett-langenscheidt.de/berlinerplatz Sie können sich die Dateien herunterladen und erhalten damit einen Textpool, den Sie für Ihren Unterricht individuell bearbeiten können.
Sind Sie der Meinung, dass man Transkripte immer erst nach der Bearbeitung der Hörverstehensaufgabe einsetzen sollte, weil ein Einsatz parallel zum Hören den Hörverstehensprozess stören und es den Lernenden erschweren würde, ihre Hörverstehensfähigkeiten zu entwickeln? Sie haben damit sicherlich ein wichtiges Argument, denn die Lernenden sollen hören lernen, ohne sich auf die Unterstützung des geschriebenen Wortes verlassen zu können. Andererseits: Warum sollte man nicht die vielen Möglichkeiten nutzen, die auch die Transkripte bieten?

- Benutzen Sie doch einmal die Transkripte, um Unterschiede zwischen Umgangssprache und Schriftsprache zu thematisieren. Die Hörtexte weisen nämlich – auch wenn es nicht immer authentische, sondern für den Unterricht geschriebene Texte sind – Charakteristika der gesprochenen Sprache auf, etwa Interjektionen und Ellipsen wie *Hm …, Also, äh …, Mist!, Wow …, Keine Ahnung!* usw. (Und wenn ein noch größerer Grad an Authentizität gewünscht wird, können die TN vielleicht selbst Sprachaufnahmen machen und sie im Unterricht präsentieren …)
- Lassen Sie das Transkript eines Hörtexts schon vor dem Hören lesen, besonders wenn der Hörtext etwas schwierig für Ihre Lernenden sein könnte. Diese Hilfestellung ist möglicherweise (nicht nur für die schwächeren Lernenden) gerade richtig und trägt zur Motivation bei.
- Geben Sie das Transkript nach dem ersten Hören aus und klären Sie anhand des Texts unbekannte Wörter oder inhaltliche Fragen. Spielen Sie erst dann den Hörtext ein zweites Mal vor.
- Lassen Sie den Hörtext laufen, während die TN das Transkript lesen, um die innere Lesestimme der TN zu lenken. Bedenken Sie jedoch, dass die Aufmerksamkeit geteilt werden muss und diese Aufgabe schnell ermüdet.
- Verwenden Sie das Transkript zur Weiterarbeit; lassen Sie z. B. nach dem Hören eines Dialogs die TN überlegen, was sie selbst sagen würden, wenn sie quasi als Dritte/r in der Runde dabei wären. Oder bitten Sie die TN, selbst einen Lückentext (oder eine andere Übungsform) zum Text zu erstellen.

Interkulturelle Perspektive

Moderne Gesellschaften sind durch Differenzierungen und dynamische Prozesse gekennzeichnet. Sie sind zusammengesetzt aus Menschen, die Mitglieder unterschiedlichster Gruppen sind, verschiedene Identitäten haben und die im Kontakt miteinander mit Unbekanntem und oft Erstaunlichem zurechtkommen müssen. Fremd- und Zweitsprachenunterricht hat in diesem Zusammenhang eine große Bedeutung, denn er fördert nicht nur die sprachliche Handlungsfähigkeit der Lernenden in der Zielsprache, sondern gleichermaßen die Entwicklung zu Offenheit, Toleranz und Kommunikationsbereitschaft gegenüber der Zielkultur bzw. anderen Kulturen allgemein.
So verstanden, wird der interkulturell ausgerichtete Deutschunterricht den Lernenden Verständnis dafür vermitteln, dass andere Kulturen – genauso wie die eigene – alles andere als homogen sind und dass es Ungleichheiten, Meinungsverschiedenheiten genauso gibt wie Verständigung und Elemente von Stabilität. Konkret wird er u. a.

- den Hintergrund der Lernenden als Teil ihrer Identität mit einbeziehen,

- sie ermutigen, von Erfahrungen aus den Herkunftsländern zu berichten,
- Vergleiche zwischen den Kulturen anregen,
- Möglichkeiten geben, über eigene Gefühle und Eindrücke in der Begegnung mit dem Fremden zu sprechen,
- dabei das Gespräch über Klischees und Vorurteile anregen,
- für kulturell unterschiedliche Konzepte und Wertvorstellungen sensibilisieren,
- im Austausch unterschiedliche Perspektiven begrüßen,
- die Lernenden in Rollenspielen Probe handeln lassen,
- den vorhandenen Sprachreichtum in den Unterricht mit einbeziehen.

Kooperatives Lernen

„Kooperatives Lernen" ist ein Unterrichtsansatz, bei dem fachliches und soziales Lernen als gleich wichtig erachtet werden. In kleinen Teams (PA oder GA) unterstützen sich die Lernenden beim Lernen. Jede/r TN übernimmt dabei Verantwortung nicht nur für das eigene Lernen, sondern auch für das der Teammitglieder. So können alle Lernenden ein Erfolgserlebnis haben. Der Ansatz unterscheidet sich von der eher unstrukturierten Gruppenarbeit, neu ist aber „vor allem die Entdeckung der Rolle der Einzelarbeit als Teil der Gruppenarbeit" (vgl. Hammoud/Ratzki, 2009).

Gruppenpuzzle

TN bilden 4er-Gruppen. KL hat den Text in vier Abschnitte (A, B, C, D) geteilt und gibt jedem Gruppenmitglied einen Buchstaben (A, B, C, D). Jede/r TN liest „sein/ihr" Puzzlestück des Gesamttexts. Alle „Expert/innen" für einen bestimmten Textabschnitt stellen sich dann zusammen, um die Informationen aus ihrem Textteil abzugleichen. Anschließend kehren sie in ihre ursprüngliche Gruppe zurück, wo sie ihre Informationen den anderen weitergeben. Die Puzzlestücke werden zu einem Ganzen zusammengesetzt.

Think-Pair-Share

Jede/r TN arbeitet zuerst für sich alleine (Think), in PA oder GA werden die Überlegungen dann diskutiert (Pair) und in einem dritten Schritt (Share) präsentieren die Paare oder Gruppen ihre Ergebnisse im Plenum und vergleichen sie miteinander.

Västerås-Methode

(Die Methode ist benannt nach der schwedischen Stadt, wo sie in den 60er Jahren entwickelt wurde.)

TN lesen in EA einen Text und markieren Textstellen mit vorgegebenen Zeichen, deren Bedeutung zuvor erklärt wurde:

? Das ist mir unklar, das habe ich nicht verstanden.
! Diese Aussage finde ich sehr wichtig für das Verständnis des Texts.
* Dies hat für mich persönlich eine besondere Bedeutung.
ϟ Diese Aussage oder diesen Gedanken lehne ich ab.

Dann tauschen sich die TN in Gruppen über den Text, über ihre Markierungen, Gedanken und, wenn sie mögen, ihre Gefühle aus.

Kopiervorlagen

Sie finden alle Kopiervorlagen zu *Berliner Platz 3 NEU*, die in den „Unterrichtsvorschlägen" angesprochen wurden, im Online-Angebot für Lehrende unter www.klett-langenscheidt.de/berliner-platz

Kursabschluss

Kursleitende bereiten sich in der Regel intensiv auf den Kursbeginn vor, weil sie wissen, dass der Anfang auf den ganzen Kurszeitraum ausstrahlen kann. Genauso große Sorgfalt sollte aber auch auf einen positiven Ausklang des Kurses verwenden werden.

Brief an mich selbst

KL lässt TN einen Brief an sich selbst schreiben, in dem sie zusammenfassen, was sie gelernt haben, was sie wiederholen wollen, was ihre nächsten Ziele sind und wie sie weiterlernen wollen. TN adressieren Briefumschläge mit der eigenen Adresse und verschließen die Briefe. KL wird sie erst eine Weile nach dem Kurs als Erinnerungsstütze zuschicken (Idee: en.methopedia.eu).

Körperdiktat

Zum Abschluss erklärt KL, dass es nun ein besonderes Diktat gibt, bei dem die TN gut zuhören und alles genauso tun müssen wie im Diktat vorgegeben.

Nehmen Sie Ihren Stift in die Hand. (KL achtet darauf, dass alle TN das auch wirklich tun und verstanden haben, worum es geht.) *Stecken Sie Ihren Stift ein. / Nehmen Sie Ihr Kursbuch mit beiden Händen. / Stecken Sie Ihr Kursbuch ein. / Nehmen Sie Ihr Wörterbuch mit einer Hand. / Stecken Sie Ihr Wörterbuch ein. / Stecken Sie alles ein, was noch auf dem Tisch liegt. / Stehen Sie auf. / Gehen Sie im Kursraum umher.* (KL wartet, bis alle aufgestanden sind und herumlaufen.) *Gehen Sie auf eine Person zu. / Schütteln Sie ihre Hand / Sagen Sie: „Alles Gute." / Gehen Sie zu einer anderen Person. / Sagen Sie: „Hoffentlich bis bald!" / Nehmen Sie Ihre Tasche. / Nehmen Sie Ihre Jacke oder Ihren Mantel. / Drehen Sie sich zur Gruppe. / Sagen Sie laut: „Auf Wiedersehen."* (KL ergänzt je nach Gegebenheit: *Sagen Sie „Gute Ferien"* oder *„Schöne Weihnachten"* etc.). */ Gehen Sie zur Tür. / Rufen Sie allen noch einmal zu: „Tschüs!"*

Kursbeginn

Der Beginn eines Kurses ist eine intensive Erfahrung, vor allem, wenn eine neue Lerngruppe zusammenkommt. Einige TN kennen sich vielleicht bereits, für andere ist alles neu: die anderen TN, der/die KL, der Unterrichtsraum. Sich in einer fremden Umgebung vor fremden Leuten in einer fremden Sprache zu äußern ist für viele nicht leicht. Aber auch Sie sind vielleicht unsicher: Wie wird die Gruppe sein – eher zurückhaltend? Leicht zu begeistern oder stark geprägt von unterschiedlichen Interessen? Mit dem Kurseinstieg verfolgen Sie in der Hauptsache das Ziel, eine angenehme und motivierende Atmosphäre zu schaffen und zu ermöglichen, dass die TN die Namen anderer TN lernen, Kontakte untereinander herstellen und dabei erste Erfolgserlebnisse in der deutschen Sprache haben, erste Informationen über sich geben und etwas über die anderen erfahren.

Kennenlernen mit Zahlen

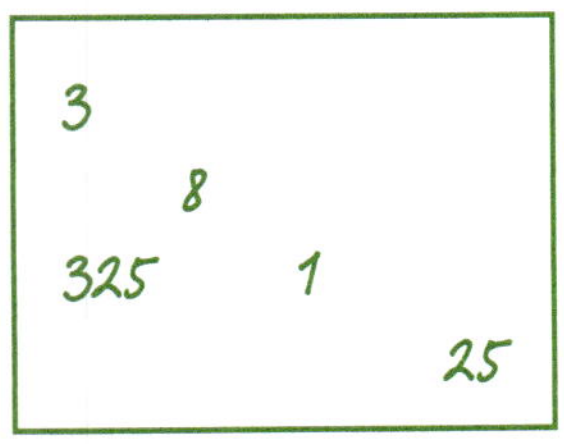

KL schreibt einige Zahlen an die Tafel, die mit seinem/ihrem persönlichen Leben in Zusammenhang stehen (Beispiel: Er/Sie hat drei Katzen, lebt seit acht Jahren in der Stadt, hat eine Tochter und besitzt ungefähr 325 CDs. Er/Sie unterrichtet schon seit 25 Jahren). TN raten, was die Zahlen bedeuten, verstehen das Prinzip und schreiben selbst Zahlen ihres Lebens auf. Sie befragen einander in PA und stellen dann den/die Partner/in mit Namen und einer der Informationen vor (gesehen bei: Hania Kryszewska).

Landeskunde

Im heutigen Fremd- und Zweitsprachenunterricht, der dem kommunikativen, handlungsorientierten Ansatz verpflichtet ist, geht es nicht mehr nur um die Vermittlung der Vokabeln, der Strukturen, der Aussprache, sondern um Inhalte, um Themen und Sprachhandlungsziele. Diese sind von landeskundlichen Inhalten – Geografie, Kultur, Politik – nicht zu trennen. Während aber Grammatik oder Lexik der Sprache feststehen, denn es existiert ein Korpus, eine Sammlung sprachlicher Daten, die man sich im Verlauf des Sprachenlernens aneignet, gibt es in der Landeskunde eine unendliche Vielzahl von Aspekten, die zu thematisieren sich lohnen würde. Ihre Zahl ist zudem nicht konstant, denn mit jeder gesellschaftlichen Veränderung kommen neue Themen oder Perspektiven hinzu. In *Berliner Platz NEU* ist zwar insofern eine Auswahl getroffen worden, als Themen mit hohem Alltagsbezug ausgewählt wurden, darüber hinaus empfiehlt es sich aber, teilnehmer- bzw. lernerorientiert vorzugehen und die Interessen der Lernenden aufzugreifen. Im Deutschunterricht im Inland werden hier eher die Orientierung im Alltag von Interesse sein, die Vermittlung von „Faktenwissen in Bezug auf Vorgänge, Abläufe, Regelungen, Strukturen und Anlaufstellen" („Rahmencurriculum", S. 15) und die Möglichkeit, sich über das eigene Erleben auszutauschen. Im Ausland werden möglicherweise zusätzliche kulturelle oder touristische Aspekte gefragt sein. Speziell für Lernende im Ausland, die sich auch für die deutschsprachigen Länder Österreich und die Schweiz interessieren, gibt es ein zusätzliches Landeskundeangebot (▶ **Landeskundeheft „Treffpunkt D-A-CH"**).

Alt und Jung in Deutschland

In vielen Kulturen leben die Alten im Kreis ihrer Familie und werden umsorgt. In Deutschland ist – wie in den meisten westeuropäischen Ländern – schon seit Jahrzenten zu beobachten, dass die klassische Familienstruktur mit Vater, Mutter, Kind(ern) immer seltener anzutreffen ist und die Zahl an Mehrgenerationen-Haushalten abnimmt. Kinder wachsen immer häufiger mit nur einem Elternteil auf und alte Menschen werden in Pflegeeinrichtungen versorgt. Grund dafür sind vielfach berufliche Zwänge, die ein Zusammenleben der Generationen unmöglich machen. Diesem Trend steuern die Mehrgenerationenhäuser entgegen. Sie sollen Orte der Begegnung für Menschen aller Generationen und Raum für gemeinsame Aktivitäten sein sowie Angebote zur Betreuung sowohl von Kindern als auch von älteren Menschen machen (siehe www.mehrgenerationenhaeuser.de).

das Jahr 1989

Im Jahr 1989 kam es zu Öffnung des sog. „Eisernen Vorhangs", der scheinbar unüberwindbaren Grenze zwischen den marktwirtschaftlich orientierten Staaten Westeuropas und den kommunistisch regierten Staaten Osteuropas. Für Deutschland kam der Höhepunkt am 9. November 1989 mit dem Fall der Berliner Mauer. Aber nicht nur für Deutschland und Europa war es ein Jahr drastischer Veränderungen: In China wurde die Besetzung des „Platzes des Himmlischen Friedens" durch Studenten mit dem Tian'anmen-Massaker gewaltsam aufgelöst und die Sowjetunion beendete nach zehn Jahren den sowjetisch-afghanischen Krieg. Eine Chronik des Jahres ist unter www.hdg.de/lemo/html/1989/index.html zu finden.

der Rhein

Er ist der längste und wasserreichste Fluss Deutschlands und eine der verkehrsreichsten Wasserstraßen der Welt. Er ist 1.320 km (nach neuesten Messungen wahrscheinlich nur 1.230 km) lang und fließt 865 km durch Deutschland. Die Quellflüsse „Vorderrhein" und „Hinterrhein" entspringen in den Westalpen, im schweizerischen Kanton Graubünden, und vereinigen sich zum „Alpenrhein", der in den Bodensee mündet. Von dort bis Bingen wird der Fluss als „Oberrhein" bezeichnet, von Bingen bis Bonn als „Mittelrhein" und ab Bonn als „Niederrhein". In den Niederlanden fließt der Rhein in die Nordsee.
Um ihn ranken sich unzählige Sagen und Legenden (s. www.rheinischersagenweg.de). Die bekannteste ist die Sage von der schönen **Loreley**. Die Loreley ist ein 132 m hoher steiler Schieferfelsen am rechten Ufer des Mittelrheins bei St. Goarshausen. Der Felsen befindet sich in einem Abschnitt des Flusses, der aufgrund von Strudeln, Klippen und Untiefen nur schwer zu befahren ist. Die Fantasiegestalt der Loreley hat der deutsche Dichter Clemens Brentano (1778–1842) geschaffen: ein schönes Mädchen, das, auf dem Felsen sitzend, Seeleute in den Tod lockt und, um diesem Fluch zu entgehen, sich in den Rhein stürzt. Vor allem durch Heinrich Heines (1797–1856) Gedicht „Die Loreley" wurde die Geschichte dann volkstümlich.

deutsche Geschichte

Siehe www.weltchronik.de: Diese Seite enthält einen Abriss zur deutschen Geschichte und man kann nach Jahreszahlen suchen. Bei der Suche nach konkreten historischen Ereignissen empfiehlt es sich, den entsprechenden Suchbegriff in eine Suchmaschine einzugeben, z. B. „Fußballweltmeisterschaft 1954" oder „Carl Benz".

Erich Kästner

Erich Kästner (1899–1974) war ein deutscher Schriftsteller. Als „Autor von Kinderbüchern, politischen Theaterstücken, Tagebüchern, Romanen, Drehbüchern, satirischen Schriften oder als Dichter … ist (er) aus der deutschen Kulturgeschichte, gerade in der Zeit des Dritten Reiches, nicht wegzudenken" (Till Weingärtner). Kästner gehört zu den meistgelesenen deutschen Kinderbuchautoren. Seine bekanntesten Werke, „Emil und die Detektive", „Pünktchen und Anton", „Das doppelte Lottchen", wurden in über 100 Sprachen übersetzt und z. T. mehrfach verfilmt. Informationen über Leben und Werk des überzeugten Pazifisten sowie eine Vielzahl von Links für Kästner-Fans finden sich unter www.kaestner-im-netz.de/.

Europa

Das Portal der Europäischen Union europa.eu informiert über die Tätigkeitsbereiche der Europäischen Union, ihre Institutionen, das Tagesgeschehen sowie über den Stand der europäischen Integration.

Gaststätten

Alle gastronomischen Betriebe, in denen Getränke oder Speisen zum sofortigen Verzehr verkauft werden, sind *Gaststätten*. Die Bezeichnungen sind aber unterschiedlich, je nachdem, ob Speisen oder Getränke verkauft werden, wo sich die Gaststätte befindet etc. *Bar (Getränkeausschank), Café (auch Kaffeehaus), Imbissbude (Verkaufsstand für Essen und Getränke), Gasthaus/Gasthof/Gaststätte (auf dem Land), Kantine (in einem Unternehmen), Kneipe (Getränke-, Bier-*

ausschank), Raststätte (an der Autobahn), Restaurant (gehobene Gaststätten), Pizzeria (auf Pizzas spezialisiert), Wirtshaus (anderes Wort für Gasthaus)
Unter www.kneipenfuehrer.de sind Gaststätten in den Bundesländern/Städten aufgelistet und bewertet.

Gesundheitsberufe
Unter www.berufe.tv/BA/ausbildung/?filmID=1000084 gibt es einen kurzen Spotfilm zu den Gesundheitsberufen. Die Seite www.uni-ulm.de/klinik/akademie informiert über alle Berufe im Umfeld Krankenhaus/Medizin und gibt auch Bewerbungstipps. Die Homepage ist mit den einzelnen Links (die sich gut ausdrucken und in Word bearbeiten lassen) sehr anschaulich.

Krankenhaus
Auf der Seite www.krankenhaus.net findet man Adressen und Infos zu allen Krankenhäusern und Rehakliniken, einen Patientenwegweiser durch das Krankenhaus sowie Stellenangebote.

Migration nach Deutschland
Ein kurzer Überblick über die Geschichte der Migration nach Deutschland findet sich unter www.forumamfreitag.zdf.de/ZDFde/inhalt/9/0,1872,7122729,00.html. Das Thema wurde von der Bundeszentrale für politische Bildung für den Unterricht aufgearbeitet (siehe www.bpb.de/files/46NSNJ.pdf). Sehr interessant und möglicherweise für den Unterricht brauchbar sind die Erfahrungsberichte von Migranten unter www.migration-audio-archiv.de.

Mutterschutz
In Deutschland genießen schwangere Frauen, die in einem Arbeitsverhältnis stehen, während der Schwangerschaft und nach der Geburt des Kindes einen besonderen Schutz. Nähere Informationen gibt es u. a. unter www.elternforen.com/Fachinformationen/Mutterschutz.htm.

Otto Waalkes
Otto Waalkes (im deutschsprachigen Raum meist schlicht als „Otto" bekannt), geboren am 22.07.1948 in Emden, ist ein deutscher Komiker, Sänger, Schauspieler, Regisseur und Produzent. Sein Humor beruht auf Wortspielen, Kalauern und umgetexteten bekannten Songs und ist bisweilen derb oder mit vordergründig politischen Anspielungen. Seine bekannteste Cartoonfigur ist der Ottifant. Kostproben von Ottos Arbeit, E-Cards, Klingeltöne usw. finden sich auf seiner Homepage www.otto-waalkes.com.

Rügen
Rügen ist mit einer Fläche von 927 Quadratkilometern die größte Insel Deutschlands, 51 Kilometer lang und bis zu 45 Kilometer breit. Sie gehört zu Mecklenburg-Vorpommern. Greifswalder Bodden und Strelasund trennen die Insel vom südlich gelegenen Festland. Viele Touristen werden von der landschaftlichen Schönheit der Insel (z. B. den Kreidefelsen) angezogen, dabei konzentriert sich der Tourismus vor allem auf die Ostseebäder im Osten und Norden, darunter z. B. die Städte Binz, Sellin und Baabe (siehe die Fotos auf der Seite www.ruegen-infoweb.de).

Schrebergärten
„Schrebergärten" (benannt nach dem deutschen Arzt Daniel Schreber, der sie im 19. Jahrhundert entwickelte) heißen die Kleingartenanlagen, die meist in Ballungsgebieten angelegt sind und von Bürgern gepachtet werden können, die keinen eigenen Garten haben. „In den Kleingartenanlagen zwischen Berchtesgaden und Flensburg kommen inzwischen Menschen aus mehr als 80 Nationen zusammen. 7,5 Prozent aller Kleingärtnerinnen und Kleingärtner haben einen Migrationshintergrund. In den alten Bundesländern ist sogar jeder sechste Gartenfreund nichtdeutscher Herkunft ... Spitzenwerte werden in Hessen und Baden-Württemberg erreicht; hier haben 28 (Hessen) bzw. 24 Prozent der Gartenfreunde einen Migrationshintergrund" (siehe www.kleingarten-bund.de).

Umweltschutz
Auf der Internetseite www.umweltschutzweb.de finden Sie eine umfangreiche Plattform zum Thema „Umwelt". Sie informiert unabhängig und aktuell über die fortschreitende Umweltzerstörung und ihre Auswirkungen, stellt Aktionen zum Mitmachen vor und ruft zum eigenen Handeln auf. Wegen des täglich aktualisierten Umweltinformationsdienstes eignet sich diese Seite sehr dazu, den TN zusätzliche Fakten (z. B. Zahlenmaterial) zum Thema zu liefern. Für Lernende in Deutschland sind die „EU-Energie-Label" wichtig, mit denen Hersteller Elektrogeräte kennzeichnen müssen, um ihren Energieverbrauch anzuzeigen. So sollen Verbraucher angeregt werden, energiesparende Geräte zu kaufen.

Verbraucherberatung
Unter www.verbraucherzentrale.com kommt man zu den Internetseiten aller Landes-Verbraucherzentralen. Von hier aus sollte man weitersuchen, denn die allgemeinen Suchmaschinen führen zu viele zweifelhafte kommerzielle Anbieter auf, die man von seriösen Beratungsstellen nicht leicht unterscheiden kann.

Landeskundeheft „Treffpunkt D-A-CH"

„Treffpunkt D-A-CH Landeskundeheft 3" ergänzt *Berliner Platz 3 NEU* mit einer Fülle an Informationen über die deutschsprachigen Länder. Es werden unterschiedliche Textsorten und Übungsformen genutzt. Eine Vielzahl von Bildern gibt einen Eindruck von den unterschiedlichen Regionen. Sprachliche Varianten aus Deutschland, Österreich und der Schweiz finden sich in den „D-A-CH"-Fenstern. Hinweise auf Internetadressen regen zu selbstständiger Recherche und interkulturellem Vergleich an. Und beim Quiz zum jeweiligen Abschnitt kann man spielerisch seine Kenntnisse überprüfen.

Lernen durch Lehren
Die Gehirnforschung geht davon aus, dass man das am besten behält, was man anderen erklärt und demonstriert. Unterrichten ist auch Lernen. Das wissen Sie als Kursleitende sicherlich am besten. „Lernen durch Lehren" (oder auch LdL) greift diese Erkenntnis auf. Es ist ein handlungsorientiertes Unterrichtsprinzip, bei dem die Lernenden Schritt für Schritt Funktionen der Lehrkraft übernehmen und sich so intensiver mit dem Lernstoff auseinandersetzen; sie lesen

Diktattexte selbst vor, schreiben Wörter an die Tafel, erklären ein Grammatikproblem, korrigieren Fehler ihrer Mitlernenden, erstellen schließlich selbst Diktattexte oder Übungen, bereiten eine ganze Unterrichtssequenz vor. Gerade Lernende, die wenig begeistert davon sind, als Erwachsene wieder die Schulbank drücken zu müssen, fühlen sich durch LdL-Phasen ernst genommen. Die Erfahrung, Experte/Expertin zu sein, stärkt das Selbstbewusstsein und motiviert. Darüber hinaus erleben die Lernenden als Lehrende ganz unmittelbar, was es heißt, sprachlich zu handeln. Überlegen Sie deshalb, wo Sie in Ihrem Unterricht ohne große Erklärungen zurücktreten und den Lernenden selbst das Unterrichten überlassen können.

Lernerorientierung

Erwachsene bringen zumeist einen gewissen Reichtum an Informationen und Erfahrungen in die Lernsituation ein, wollen ernst genommen werden und über den eigenen Bildungsprozess mitentscheiden können. Das Konzept der Lernerorientierung ist daher im Unterricht mit Erwachsenen eine Selbstverständlichkeit. Es zielt auf die absichtsvolle Beteiligung der Lernenden am Unterrichtsgeschehen. Für KL bedeutet das u. a.:

- Sie sind sich bewusst, dass sie 15 Individuen, nicht nur eine Gruppe unterrichten.
- Sie sind daran interessiert, so viel wie möglich über die Lebenswelt, die Biografie, die Probleme und Lernziele der TN zu erfahren.
- Sie erlauben, dass die TN ihre eigenen Erfahrungen einbringen, z. B. auch über mit dem Lernen verbundene Hoffnungen und Ängste sprechen, und interessieren sich dafür.
- Sie bemühen sich, aufmerksam zu beobachten und zuzuhören.
- Sie gehen von ihrer Unterrichtsplanung ab, wenn nicht vorgesehene, aber für die TN relevante Themen zur Sprache kommen.
- Sie versuchen, selbst weniger zu sprechen, dafür aber den TN viel Redezeit zu geben.
- Sie lassen den TN den Raum, sprachliche Regeln selbst zu entdecken.
- Sie ermuntern die TN, Verantwortung für den eigenen Lernprozess (und, wenn möglich, auch einmal die Lehrerrolle) zu übernehmen.
- Sie lassen die TN Entscheidungen über den Lernprozess treffen.
- Sie geben Raum für selbstständiges Arbeiten.
- Sie ermutigen TN, Fehler selbst oder zusammen mit anderen TN zu korrigieren.

Kurse im Ausland

Alle Kriterien zu nennen, die das Deutschlernen im Inland vom Deutschlernen im Ausland unterscheiden, würde den hier gegebenen Rahmen sprengen, zumal man damit ein dünnes Eis betreten würde, da das Lernen im Ausland von Land zu Land, von Kultur zu Kultur, von Lerner/in zu Lerner/in wiederum ganz unterschiedlich ist – die Heterogenität der Lernenden und ihrer Lernbedingungen ist im Ausland wie im Inland außerordentlich groß. Ein Kriterium soll aber genannt werden, nämlich dass Lernende in Deutschland im Gegensatz zu Lernenden im Ausland im täglichen Kontakt mit der Zielsprache sind. Wenn sie den Unterrichtsort verlassen, dringt (wenigstens in den meisten Fällen) Deutsch an ihr Ohr. Deutsch ist Mittel der Kommunikation mit Kollegen, Nachbarinnen, Ärzten und Lehrerinnen. Straßenschilder tragen deutsche Beschriftungen und Schreiben von Behörden sind in deutscher Sprache verfasst. Vielfach wird für diese Situation das Bild des „Sprachbads" verwendet: Im Zielsprachenland schwimmen die Lernenden quasi in einem Meer aus Sprache und sie haben zumindest die Möglichkeit, sie 24 Stunden am Tag zu sehen, zu hören und zu benutzen.
Im Ausland sieht die Situation in der Regel anders aus. Zwar kann man sich Deutschland mithilfe der neuen Medien immer näher heranholen, nah genug zum Schwimmen im Sprachbad aber gewiss nicht. Lernende müssen sich mit dem Sprachkontakt zu deutschen Besuchern ihres Landes, mit E-Mail, Internet, Telefon, Fernsehen und Radio, Zeitungen und Zeitschriften begnügen. Sollten Sie im Ausland als Kursleiter/in tätig sein, so werden Sie sich sicherlich häufig genug mit dem Fehlen des „Sprachbads" beschäftigen und Ihr Lehrwerk an der einen oder anderen Stelle modifizieren oder ergänzen wollen. Beim Nachdenken über eine für Ihren Auslandskurs alternative Aufgabenstellung, die an der einen oder anderen Stelle in *Berliner Platz NEU* nötig sein mag, sollten Sie auf jeden Fall einen Blick in die „Lehrerhandreichungen" werfen, wo einige entsprechende Hinweise zu finden sind.

Lernziele und Lerninhalte

Die für den Unterricht formulierten Lernziele beschreiben, was die TN als Ergebnis des Unterrichts, also z. B. nach einer Unterrichtseinheit, können sollen. *Berliner Platz NEU* orientiert sich am „Gemeinsamen Europäischen Referenzrahmen für Sprachen" und am „Rahmencurriculum für Integrationskurse Deutsch als Zweitsprache", in denen Sprachenlernende vor allem als sozial Handelnde gesehen werden, d. h. als Mitglieder einer Gesellschaft, die „unter bestimmten Umständen und in spezifischen Umgebungen und Handlungsfeldern kommunikative Aufgaben bewältigen müssen, und zwar nicht nur sprachliche" (GER, Goethe-Institut et al., 2001, S. 21). Daher haben auch die in *Berliner Platz NEU* formulierten Lernziele (siehe Kap. B: Unterrichtsvorschläge, S. 12 ff.) eine große Nähe zur kommunikativen Wirklichkeit der Lernenden und zu ihren Wünschen nach sprachlicher Handlungsfähigkeit. Wie im Lernzielkatalog des GER sind die Lernziele in Form von Kann-Beschreibungen („can-do-statements") formuliert (▶ **Handlungsorientierung**).
Als Lerninhalt wird bezeichnet, was die TN lernen müssen, um einzelne Lernziele zu erreichen bzw. bestimmte Sprachhandlungen auszuführen (Wortschatz und Redemittel, grammatische Strukturen, Aussprache, landeskundliches Wissen, Sensibilität für kulturelle Besonderheiten etc.).

Leseverstehen

Die Art und Weise, wie in der Muttersprache Texte gelesen werden, hängt vom Text und vom Leseinteresse ab. In der Fremdsprachendidaktik spricht man von unterschiedlichen Lesestilen.

- **Globales Lesen:** Oft möchte man sich nur einen Eindruck, einen Überblick verschaffen und so reicht es aus, einen Lesetext schnell zu überfliegen. (Um zu erkennen, wovon ein Buch handelt, und entscheiden zu können, ob man es kaufen soll, orientiert man sich z. B. im Buchladen am Klappentext auf dem Schutzumschlag.)
- **Selektives Lesen:** In anderen Situationen liest man einen Text, um spezifische Informationen zu erhalten. (Möchte man z. B. im Restaurant ein vegetarisches Gericht essen, so wird man die Speisekarte selektiv auf das Gemüse- und Salatangebot hin lesen und der Sektion „Fleischgerichte" wohl kaum Aufmerksamkeit schenken.)
- **Detailliertes Lesen:** Seltener ist es erforderlich, dass man einen Text langsam und gründlich, Wort für Wort liest. (Das empfiehlt sich z. B. bei einem Kochrezept, das man nachkochen will.)

Dass man beim Erlernen einer Fremdsprache dazu neigt, jedes Wort verstehen zu wollen, ist verständlich: Gerade im Anfangsstadium fühlt man sich noch sehr unsicher darin, wichtige von unwichtigen Informationen zu unterscheiden. Aber gerade für Lernende im Zielsprachenland, die im Alltag schon von Anfang an mit komplexen Texten konfrontiert werden, ist die Adaption ihrer muttersprachlichen Lesegewohnheiten an die Fremdsprache entscheidend. Im Unterricht werden sie darin unterstützt, wenn durch eine genau umrissene Aufgabenstellung das Leseinteresse gelenkt wird. (Siehe auch die Hörstile ▶ **Hörverstehen.**)

Vorlesen

TN lieben es, laut vorzulesen. Gelegenheit, dies zu tun, sollte ihnen auch unbedingt gegeben werden, besonders wenn sie Texte selbst erstellt haben und sie gerne präsentieren möchten. In großen Kursen besteht aber die Gefahr, dass relativ schnell das Interesse der anderen TN, die gerade nicht „dran sind", erlahmt. Um dem gegenzusteuern, lassen Sie am besten Kleingruppen bilden, in denen jede/r TN ihren/seinen Text vorliest. Die Gruppe einigt sich auf einen Text, der dann im Plenum noch einmal vorgetragen wird. Sie können auch in Etappen vorlesen lassen, d. h. immer wieder „Leseinseln" einbauen, in denen die Texte vorgelesen werden können.

Lieder

Haben Sie das auch erlebt? Ein wenig motiviert scheinender TN wird hellwach, als die Musik, die dem Hörtext vorgeschaltet ist, spielt, und zieht sich wieder in sich zurück, als die Musik aufhört und er die Arbeitsanweisung hört. Musik ist für viele Lernende ein ganz wesentlicher Teil ihres Lebens und eine Stunde ohne Musik verlorene Zeit. Mit Musik werden Leben, Spontaneität, Gefühl, Freude verknüpft. Lieder können deshalb ein gutes Lernmedium sein. Manche Menschen erinnern sich nach Jahren nur noch an die Lieder, die sie in ihrem Sprachkurs gelernt haben, was vielleicht daran liegt, dass aus diesen Liedern „Ohrwürmer" wurden, die sich unendlich oft im Kopf wiederholten.

Es gibt heute eine Vielzahl von Liedern mit Audios, Videos und Texten im Internet. Eine Auflistung von Deutschpop-Künstlern mit Musikproben finden Sie z. B. unter www.lastfm.de/tag/deutschpop/artists. Schauen Sie sich vielleicht auch unter www.goethe.de/ins/no/pro/musikreise-neu/index.html die „Musikreise" an, ein Online-Spiel des Goethe-Instituts Oslo. Die Texte vieler Lieder sind nicht leicht zu verstehen, aber wenn Sie suchen, werden Sie auch leichtere Lieder finden. Sie eignen sich prima als motivierendes Zusatzmaterial beim Einstieg in ein Thema oder für den Abschluss einer Unterrichtsstunde, können mit ihrem Refrain ein aufmunterndes Motto (*Nichts kann uns passieren!*) und viel Material für spannende Recherchen liefern. Lassen Sie z. B. anhand eines Liedtextes Wortschatz und Strukturen erarbeiten, dann eine Internetrecherche machen, bei der die TN sich das Lied heraussuchen, das ihnen am besten gefällt:

Arbeitsauftrag: Suchen Sie auf der Seite … das Lied heraus, das Ihnen am besten gefällt.

- Wie ist der Titel des Lieds?
- Wie heißt die Musikgruppe?
- Wovon handelt das Lied? Was ist das Thema?
- Was ist die Aussage des Lieds? Ist das Lied traurig, kritisch, komisch etc.?
- Kann man den Text irgendwo im Internet lesen und ausdrucken?
- Gibt es ein Video dazu, z. B. unter YouTube?
- Wie ist die Musik?
- …

Die TN müssen dann ihr Rechercheergebnis der ganzen Lerngruppe präsentieren. (Nicht zuletzt: Das Lied von der Deutschlehrerin www.youtube.com/watch?v=x3lYd_lZtrM sollten Sie sich unbedingt einmal anschauen/anhören.)

Methoden

Methoden in der Erwachsenenbildung sollen helfen, das Lehren und Lernen möglichst wirksam und handlungsorientiert zu gestalten, die TN zu motivieren, ihr Durchhaltevermögen zu stärken, ihre Kompetenzen mit einzubeziehen und ein angenehmes Lernklima herzustellen. Es gibt eine Vielzahl von Methoden für die Erwachsenenbildung (siehe z. B. www.standardsicherung.schulministerium.nrw.de/methodensammlung/)

Bewertung in Kreisen

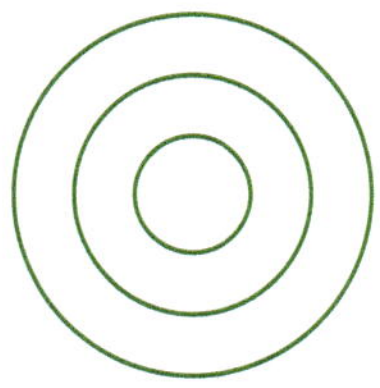

TN sollen in Gruppen zu einem Thema Prioritäten setzen. Sie erhalten pro Gruppe einen Flipchartbogen o. Ä. und malen darauf drei konzentrische Kreise (oder erhalten eine entsprechende Vorlage). In GA einigen sie sich, welche Punkte in den Kern gehören (Hauptsache/n), welche in den zweiten Kreis (auch wichtig, aber nicht ganz so wichtig wie die Hauptpunkte) und was in den dritten Kreis (von geringerer Bedeutung) gehört.

Fotosprache

Mithilfe von Fotos kann die Aufmerksamkeit der TN auf verschiedene Facetten eines Themas gelenkt werden. KL legt Fotos (Postkarten, Ausschnitte aus Illustrierten) zu dem betreffenden Thema auf dem Boden des Unterrichtsraums aus. Die TN wählen jeweils ein Foto und erzählen, warum sie das Foto gewählt haben und was sie dazu assoziieren. KL notiert neue Wörter an der Tafel.

Kursschreiber/innen

Oft ist es wünschenswert, dass während einer Diskussion TN ihre Aussagen selbst an der Tafel notieren. Wenn das eine Diskussion aber erheblich stören bzw. im Kern ersticken würde, kann KL zwei freiwilligen TN die Aufgabe übertragen, als „Kursschreiber/innen" die entsprechenden Aussagen an der Tafel festzuhalten. Gerade TN, die sich etwas unterfordert fühlen, übernehmen gerne solche Extraaufgaben.

lebendige Sätze

Mit lebendigen Sätzen können Sie hervorragend die Wortstellung im Satz visualisieren und trainieren und dabei auch noch etwas Bewegung in Ihren Unterricht bringen. Schreiben Sie dazu die Wörter eines Satzes (z. B. eines Satzgefüges aus Haupt- und Nebensatz) groß auf einzelne Karten. Bitten Sie so viele TN, wie es Karten gibt, nach vorne an die Tafel zu kommen. Teilen Sie die gemischten Karten aus. Die TN stellen sich in der Reihenfolge auf, wie die Wörter im Satz vorkommen. Die TN, die sitzen geblieben sind, kommentieren und helfen mit, bis der Satz korrekt „dasteht".

Punkten

Wenn Themen, Fragen oder Aufgaben zur Auswahl stehen, kann „gepunktet" werden. Hierfür werden die Themen etc. auf ein Plakat oder an die Tafel geschrieben. Die TN erhalten jeweils drei bis fünf Klebepunkte, die sie hinter die von ihnen favorisierten Themen kleben sollen (alternativ können sie auch Punkte malen). Die Punkte können nach Belieben verteilt, also auch nur einem der aufgelisteten Thema gegeben werden. Die Themen mit den meisten Punkten werden bearbeitet.

Schnippeltext

Bei dieser Methode wird ein zuvor erarbeiteter und in Textschnipsel geschnittener Text ausgeteilt und von den Lernenden in GA oder PA wieder zusammengesetzt. Ähnlich wie bei einem Puzzle gilt: Je größer die Schrift und die Textschnipsel, desto einfacher ist das Zusammensetzen, je kleiner hingegen die Textteile sind, desto größer ist die Herausforderung. Wenn Sie binnendifferenziert arbeiten wollen, geben Sie unterschiedliche Aufgaben: Langsamere Paare oder Gruppen erhalten einen nach Absätzen zerschnittenen Text, die schnelleren einen nach Sätzen oder einen willkürlich zerschnittenen Text.

Wischgedicht

Das Wischgedicht ist eine Methode zum Auswendiglernen. KL schreibt ein kurzes Gedicht oder einzelne Strophen eines Gedichts (z. B. des Gedichts „Ich weiß nicht, was soll es bedeuten" von Heinrich Heine) an die Tafel und bittet die TN, das Gedicht bzw. die Strophen laut vorzulesen. Er/Sie wischt nun einige wenige Wörter aus; die TN lesen das Gedicht wieder laut vor und ergänzen die weggewischten Wörter. Auf diese Weise wird – je nach Gruppe langsamer oder schneller – fortgefahren, bis nur noch der Titel des Gedichts (bzw. das letzte Wort der Strophen) an der Tafel steht und die TN das Gedicht auswendig aufsagen können.

Neue Medien

Computer, Internet, E-Mail, Handy, DVD, CD-ROM, MP3 usw. sind aus Alltag und Beruf heute nicht mehr wegzudenken und die Fähigkeit, sie zu bedienen und zu nutzen, ist mindestens so selbstverständlich wie der Besitz des Führerscheins. Der Deutschunterricht ist in einer langen Tradition der Buch- und Schriftkultur verwurzelt, deshalb steht nach wie vor in der Regel ein Lehrbuch im Zentrum des Unterrichts. Es wird aber flankiert von einer Reihe weiterer Medien.

- Das **Handy**, das auf kleinem Raum nicht nur Telefon, sondern Aufnahmegerät, Foto- und Videokamera, Fernseher, Mini-PC mit Internet, Radio und MP3-Spieler in sich vereint und das jeder Mensch heute so selbstverständlich mit sich herumträgt wie den Hausschlüssel, ist ein Medium mit vielen Nutzungsmöglichkeiten für das Lernen. Unter www.taschenfunk.de finden Sie ein medienpädagogisches Projekt, das den Einsatz von Handys im Unterricht erprobt.
- Viele Lernende lieben **Filme** als Lernmedium; sie verbinden die bewegten Bilder mit Spannung, Emotion, Unterhaltung. Zu *Berliner Platz 1* und *2 NEU* wurde deshalb eine DVD erstellt. Die Filmgeschichten orientieren sich an den Kapitelthemen und vertiefen, erweitern, ergänzen oder variieren sie.
- Das **Internet** bietet nicht nur Online-Übungen (siehe auch www.klett-langenscheidt.de/berliner-platz) für Lernende, sondern es ist auch eine unerschöpfliche Informationsquelle für Web-Recherchen. Nicht zuletzt für die Unterrichtsvorbereitung gibt es eine Vielzahl von Internetseiten. Hier sei nur eine genannt: www.ludolingua.de, eine kleine Schatztruhe für alle, die ihren Unterricht mit Spielen bereichern möchten.

interaktives Whiteboard

Relativ neu im Reigen der Medien für den Unterricht ist das interaktive Whiteboard. Es handelt sich dabei um einen leinwandgroßen berührungsempfindlichen Bildschirm, der mit einem Computer und einem Projektor verbunden ist. Über den Projektor wird ein Computerbild der ganzen Lerngruppe nicht nur präsentiert, sondern interaktiv verfügbar, d. h. per Mausklick oder mit dem Stift bearbeitbar gemacht. Zu *Berliner Platz 3 NEU* gibt es 32 Tafelbilder für interaktive Whiteboards. Sie bieten zahlreiche alltagsrelevante Sprechanlässe und sind lehrwerksbegleitend oder lehrwerksunabhängig einsetzbar.

Nonverbale Kommunikation

Man geht davon aus, dass nur ein geringer Teil der Kommunikation verbal stattfindet und dass es vielmehr nonverbale Ausdrucksformen (Gestik, Mimik, Körperhaltung, Kleidung, das Verhalten im Raum) sind, die die Verständigung bestimmen. Ohne unterstützende Gestik und Mimik kommt wohl kein Sprachunterricht aus: KL nicken zustimmend, bedeuten gestisch die Vergangenheit oder die Stellung des Verbes, zeigen mit dem Finger auf das an der Wand hängende Lernposter oder runzeln bei Fehlern die Stirn. Die Lernenden lernen diese Gesten als Konventionen des Unterrichts kennen und verstehen. Weniger einfach verhält es sich jedoch mit den nonverbalen Signalen, die mit einer neuen Sprache gelernt werden müssen. Hier gibt es unendlich viele Möglichkeiten des Missverständnisses, denn: „Es gibt keine natürlichen mimischen oder gestischen Zeichen, die überall auf der Welt richtig interpretiert und verstanden werden könnten. Dass wir lachen und weinen und Gefühle mimisch ausdrücken, liegt in der Natur des Menschen. Aber wann und wie wir das tun, ist abhängig von der Kultur, in der wir aufgewachsen sind. ... Deswegen gibt es auch keine natürliche Sprache der emotionalen Gestik, auf die wir uns im Umgang mit Fremden verlassen könnten" (Wahrlich, 2002).

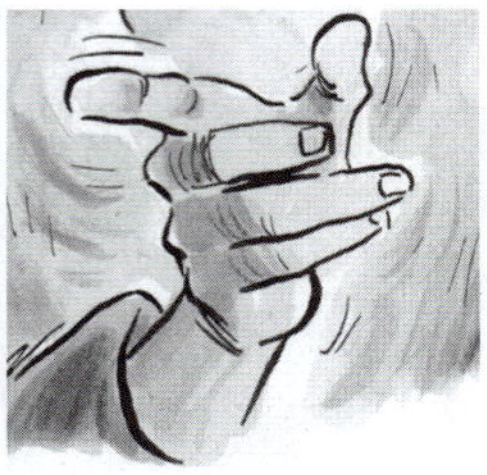

Deshalb ist es sinnvoll, nonverbale Kommunikationsmittel im Unterricht immer wieder zu thematisieren und das Bewusstsein der Lernenden dafür zu schärfen, dass es nicht nur auf das ankommt, was man sagt, sondern ebenso auf die Weise, wie man es sagt. Bitten Sie die TN, in der Kommunikation mit anderen / mit Deutschen auf Folgendes zu achten (nach: Eryilmaz/Darn, 2005):

- Gesten und besondere Körperbewegungen,
- Berührungen,
- Körperhaltung,
- Blickkontakt,
- körperliche Nähe oder Distanz,
- Pausen, Wartezeiten, Stille,
- Stimmlage, Lautstärke, Sprechgeschwindigkeit,
- Kleidung, Schmuck, Haarstil.

Gefragt werden kann aber auch: *Wie fühle ich mich bei bestimmten Gesten? Was stimmt mich freundlich? Wodurch fühle ich mich verletzt?* Etc.

Projekte

Die Projektvorschläge in *Berliner Platz NEU* bieten Anknüpfungspunkte für den zielsprachlichen Alltag der TN. Im Rahmen eines Projektes werden die zuvor erworbenen Redemittel und Strukturen in kommunikativen Zusammenhängen und mit einer ganz praktischen Zielsetzung angewendet: Hier geht es um den konkreten Alltag der Lernenden in ihrer persönlichen Umgebung (▶ **Alltags- und Handlungsorientierung**).

Unterrichtsprojekte sind durch Folgendes gekennzeichnet:

- Ein Recherche- oder Handlungsziel: Es erlaubt, Sprache handelnd zu gebrauchen, und bezieht dabei mehrere Fertigkeiten (Hören, Sprechen, Lesen, Schreiben) ein.
- Die gemeinsame Planung: Die TN sollten im Idealfall ihre Projektziele und die Projektdurchführung selbst bestimmen und planen (*Was wollen wir in Erfahrung bringen? Wie gehen wir vor? Wer arbeitet mit wem zusammen? Welche Gruppe macht was? Welche Materialien brauchen wir? Wo bekommen wir welche Informationen?* Etc.). Aus diesem Grund sind die Anregungen im Kursbuch bewusst knapp gehalten. Selbstständiges und kollektives Arbeiten setzen allerdings Lernerfahrungen voraus, die nicht alle TN mitbringen. So kann es vor allem am Anfang nötig sein, dass Sie als KL die Projektplanung stärker steuern, also die Sammlung von Ideen leiten, die Gruppeneinteilung und Aufgabenverteilung vornehmen und auch die Aktivitäten außerhalb des Unterrichts genau mit den TN besprechen. Jedoch sollten Sie das Heft aus der Hand geben, sobald das möglich ist, und dann eher die Rolle des/der Unterstützenden einnehmen.
- Die gemeinsame und selbstständige Durchführung der mit dem Projekt verbundenen Recherchen und Aktivitäten: Einer der Vorteile von Projekten ist, dass hier sehr gut innerhalb des Kurses differenziert werden kann (▶ **Binnendifferenzierung**). Es können Gruppen mit mehr und weniger Erfahrung im selbstständigen Arbeiten gebildet werden, die, ihren Möglichkeiten entsprechend, weniger oder mehr anspruchsvolle Aufgaben bekommen und denen Sie weniger oder mehr Hilfestellung geben.
- Eine Spracharbeit „unter der Hand": Die Spracharbeit, die während des gesamten Projektes geleistet wird (gegenseitige Fehlerkorrektur, Grammatikarbeit, Schreiben und vor allem das Sprechen), wird den Lernenden – wenn überhaupt – viel weniger bewusst als im sonstigen Unterricht. Wenn Sie im Projektverlauf Fehler der Teilnehmer beim Sprechen bemerken, sollten Sie nicht unbedingt direkt eingreifen, sondern die Fehler notieren. Sie können sie im Regelunterricht später wieder aufgreifen (▶ **Fehlerkorrektur**).
- Ein präsentables Ergebnis: Poster, Collagen, Zeitungen etc. sind das sichtbare Produkt der Bemühungen aller am Projekt Beteiligten, das oft auch über den Unterrichtsraum hinaus von Interesse ist.
- Interessante Ergebnisse für die Weiterarbeit: Gerade für TN, die noch wenig oder gar keine Projekterfahrung haben, kann es sinnvoll sein, an das Projekt eine kurze Reflexionsphase anzuschließen. Auch wenn das Projekt vielleicht nicht so „rund" lief, hat eine solche Phase Sinn, da daraus positive Ideen für die weitere Arbeit erwachsen können.

Übersicht über die Projekte in *Berliner Platz 3 NEU*

Kapitel 25: Alt und Jung in Deutschland und in Ihrem Land
Kapitel 25: Deutschlerner unterrichten Deutschlerner
Kapitel 26: Werbung für Reisen
Raststätte 9: Eine Reise an den Rhein
Kapitel 28: Stadtgeschichte/Regionalgeschichte
Raststätte 10: Eine Radtour an der deutsch-deutschen Grenze
Kapitel 36: Lernangebote

Übersicht über die Projekte in „Im Alltag EXTRA" (nur Inlandsausgabe von *Berliner Platz 3 NEU*)

Kapitel 25: Den richtigen Kindergarten finden
Kapitel 27: Qualitätssiegel
Kapitel 28: Interview mit Deutschen
Kapitel 29: Eltern werden
Kapitel 30: Zusatzleistungen der Krankenkassen
Kapitel 31: Namen, Adressen und Sportangebote von Sportvereinen in Ihrem Ort
Kapitel 32: Kosten für ein Girokonto bei unterschiedlichen Banken
Kapitel 32: Schreiben von Behörden oder andere formelle Briefe
Kapitel 34: Der/Die Integrationsbeauftragte in Ihrer Stadt
Kapitel 35: Besuch im BIZ

Prüfungsvorbereitung

Berliner Platz NEU orientiert sich am „Gemeinsamen Europäischen Referenzrahmen für Sprachen“ (GER) und bereitet entsprechend auf die Prüfungen der Niveaustufen A1–B1 vor (siehe die Modellprüfungssätze unter www.telc.net und www.goethe.de).

Berliner Platz NEU	**Band 1**	**Band 2**	**Band 3**
Bereitet vor auf	A1-Prüfung: Die Prüfung kann bei zwei verschiedenen Institutionen abgelegt werden: beim Goethe-Institut als *Goethe-Zertifikat A1: Start Deutsch 1* oder bei der telc als *telc Deutsch A1*. Beide Prüfungen sind aber, bis auf Details in den Antwortbogen, identisch.	A2-Prüfung: *Goethe-Zertifikat A2: Start Deutsch 2* oder *telc Deutsch A2* Skalierte A2-B1-Prüfung: *Deutschtest für Zuwanderer* (Abschlussprüfung Integrationskurse)	B1-Prüfung: Zertifikat Deutsch Skalierte A2-B1-Prüfung: *Deutschtest für Zuwanderer* (Abschlussprüfung Integrationskurse)
Globale Kann-Beschreibungen nach dem GER (Goethe-Institut et al., 2001, S. 35):	Kann vertraute, alltägliche Ausdrücke und ganz einfache Sätze verstehen und verwenden, die auf die Befriedigung konkreter Bedürfnisse zielen. Kann sich und andere vorstellen und anderen Leuten Fragen zu ihrer Person stellen – z. B. wo sie wohnen, was für Leute sie kennen oder was für Dinge sie haben – und kann auf Fragen dieser Art Antwort geben. Kann sich auf einfache Art verständigen, wenn die Gesprächspartnerinnen oder Gesprächspartner langsam und deutlich sprechen und bereit sind zu helfen.	Kann Sätze und häufig gebrauchte Ausdrücke verstehen, die mit Bereichen von ganz unmittelbarer Bedeutung zusammenhängen (z. B. Informationen zur Person und zur Familie; Einkaufen, Arbeit, nähere Umgebung). Kann sich in einfachen, routinemäßigen Situationen verständigen, in denen es um einen einfachen und direkten Austausch von Informationen über vertraute und geläufige Dinge geht. Kann mit einfachen Mitteln die eigene Herkunft und Ausbildung, die direkte Umgebung und Dinge im Zusammenhang mit unmittelbaren Bedürfnissen beschreiben.	Kann die Hauptpunkte verstehen, wenn klare Standardsprache verwendet wird und wenn es um vertraute Dinge aus Arbeit, Schule, Freizeit usw. geht. Kann die meisten Situationen bewältigen, denen man auf Reisen im Sprachgebiet begegnet. Kann sich einfach und zusammenhängend über vertraute Themen und persönliche Interessengebiete äußern. Kann über Erfahrungen und Ereignisse berichten, Träume, Hoffnungen und Ziele beschreiben und zu Plänen und Ansichten kurze Begründungen oder Erklärungen geben.
Übungsmaterial	Testtraining 1–4 in *Berliner Platz 1 NEU*	Testtraining 5–8 in *Berliner Platz 2 NEU*	Testtraining 9–12 in *Berliner Platz 3 NEU* Testheft zur DTZ-Prüfungsvorbereitung

Die Testtrainings in *Berliner Platz 3 NEU* bereiten sowohl auf den DTZ auf dem A2-/B1-Niveau als auch die Prüfung zum ZD auf B1-Niveau vor. Damit TN wissen, welche Testteile zu welcher Prüfung gehören, sind die Teile durch unterschiedliche Symbole gekennzeichnet. Übungsmaterialien, Online-Modelltests sowie deutsch-englische Informationen zur Prüfung sind einerseits unter www.goethe.de („Unsere Prüfungen“ / „Goethe-Zertifikat B1: Zertifikat Deutsch“ bzw. „Deutsch-Test für Zuwanderer“) und andererseits unter www.telc.net (unter „Zertifikat Deutsch / telc Deutsch B1“ sowie unter „Deutsch-Test für Zuwanderer A2/B1“) zu finden.

P ZD

P DTZ

Um das Eintragen der Lösungen in den Antwortbogen zu üben, empfiehlt es sich, den Antwortbogen des jeweils benutzten Prüfungssatzes auszudrucken, da die Bogen geringfügig unterschiedlich sind.

Vermeidung der „Prüfungsfalle“

Abschlussprüfungen haben einen direkten Einfluss auf den Unterricht. Man spricht vom Backwash-Effekt (oder Washback-Effekt), der positiv das Lernen stimulieren oder auch negativ zu einer Verarmung des Unterrichts führen kann. In den deutschen Integrationskursen, deren TN die bestandene Abschlussprüfung DTZ oder ZD nachweisen und damit ausreichende Deutschkenntnisse im Sinne der gesetzlich formulierten Integrationsziele belegen müssen, besteht die Gefahr, dass das sprachliche Handeln im Alltag und damit die bessere Teilhabe der Lernenden an der neuen Gesellschaft, also die eigentlichen Unterrichtsziele, wegen der Prüfungsvorbereitung hintangestellt werden. KL sollten sich daher u. a. die folgenden Punkte vergegenwärtigen:

- Tests sind in der Regel fehler- und versagensorientiert. Wie kann die Testvorbereitung so durchgeführt werden, dass die TN von ihren Erfolgen angespornt werden und die Schwachstellen als hilfreiche Hinweise darauf sehen, was noch geübt werden muss?

- Wie kann das Testmaterial nicht nur dafür eingesetzt werden, richtige Antworten herauszulocken, sondern als Material, das echte inhaltliche Bedeutung hat? Hier kann z. B. im Anschluss nach der persönlichen Reaktion auf einen Lese- oder Hörtext gefragt werden.
- Tests können eine Quelle von vielen Ängsten und Unsicherheiten sein. Wie kann der Stress reduziert werden? (Prodomou/Clindsay, 2007, schlagen hier z. B. einen „Joker" vor, der während der Durchführung eines Übungstests von jedem/jeder TN genutzt werden kann.)
- Treffen die Vorstellungen bezüglich der Testziele wirklich zu? Sind vielleicht Korrektheitsvorstellungen da, die auf der betreffenden Niveaustufe des GER noch gar nicht definiert sind?

Schreiben

Das Schreiben ist ein Prozess, in dem Sprache ausgewählt, reflektiert, verworfen, korrigiert werden kann. Lexik und Syntax der geschriebenen Sprache sind daher auch in der Regel komplexer und die grammatische Korrektheit größer als die der gesprochenen Sprache. Für den Lernenden besteht darin die Chance, sich schreibend sprachliche Strukturen zu eigen zu machen. „Hier wird, handwerklich genau, in langsamen, sorgfältig reflektierten Schritten Sprach-Richtigkeit aufgebaut" (Häussermann/Piepho, 1996).

Wenn auch der Prozess des Sprechens, das Tun, oft im Zentrum des didaktischen Interesses steht, weil sich während der Sprechtätigkeit die Kommunikationskompetenz entwickelt, so ist es doch oft das Produkt des Schreibens, das im Alltag zählt: Briefe, E-Mails, Berichte, Protokolle, Formulareinträge müssen auch von der Gestaltung her mehr oder weniger den Normen genügen.

Das rein reproduktive Schreiben (Abschreiben, Aufschreiben von Paralleltexten, ordnendes Aufschreiben) hat daher im Anfangsunterricht seinen festen Platz. Es ist in besonderem Maße für diejenigen TN wichtig, die vorher schon im außerunterrichtlichen Sprachkontakt „ungesteuert" gelernt haben: Hier können häufige Schreibübungen helfen, eingeschliffene Fehler im Sprachgebrauch abzubauen.

Briefe und E-Mails

Die Fertigkeit, im Alltag offizielle Briefe schreiben zu können, ist nicht nur im Zusammenhang mit Bewerbungen für Deutschlernende ausgesprochen wichtig. In *Berliner Platz 3 NEU* wird das Briefeschreiben immer wieder geübt, auch als Vorbereitung auf die schriftlichen Teile der Abschlussprüfungen DTZ und ZD. Lernende im Inland finden im Zusatzkapitel „Im Alltag EXTRA" Modelle für Reklamations- und Einspruchsschreiben. Sollten Sie oder Ihre Lernenden über dieses Angebot hinaus Informations- oder Übungsbedarf haben und Modelle suchen, an denen sich die Lernenden orientieren können, sei auf „Post und Schule" verwiesen. Hier finden Sie Tipps zu Vorbereitung, Aufbau und formaler Gestaltung vor allem formeller Briefe, Kurzregeln zur Rechtschreibung, Angaben zum Porto etc. Unter www.deutschepost.de, Stichwort: „Post und Schule", können Sie kostenlos Klassensätze z. B. der Broschüre „Briefe schreiben" bestellen oder auch einzelne Dokumente herunterladen. Eine Anleitung zum Schreiben von E-Mails finden Sie unter www.www-kurs.de/e-mail2.htm.

Dialoge

In Berliner *Platz NEU* werden Sie hin und wieder auf eine Arbeitsanweisung wie die folgende stoßen: *Schreiben und spielen Sie Dialoge.* Hier geht es um die Vorbereitung von Rollenspielen. Die TN werden aufgefordert, vorab ein kleines „Drehbuch" zu schreiben. Während des Schreibprozesses haben sie Zeit, sich die Rollen genau zu überlegen, vor allem aber auch auf die sprachliche Korrektheit zu achten (**▶ Spiele, Rollenspiel**).

Formulare

Behördenformulare gehören in Inlandskursen zu den Textsorten, mit denen die Lernenden im Alltag häufig Schwierigkeiten haben. Im Zusatzkapitel zur Inlandsausgabe, „Im Alltag EXTRA", wird der Umgang mit dieser Textsorte trainiert (**▶ Alltag EXTRA**).

kreatives Schreiben

Erfahrungsgemäß motivieren Gedichte junge wie ältere Lernende dazu, in sich hineinzuhören und eigene Gedanken und Gefühle in Worte zu fassen. Die Ergebnisse sind oft verblüffend. Es ist dabei wichtig, dass alle TN die Gelegenheit bekommen, ihre Gedichte vorzulesen oder auf andere Weise zu präsentieren, jedoch nicht dazu verpflichtet sind.

Häussermann und Piepho (1996) schlagen eine Reihe von leichten Rezepten dafür vor, wie zum kreativen Schreiben angeregt werden kann, z. B.

- „ansteckende" Textanfänge: zu einem Satz- oder Textanfang schreiben (z. B. *Wäre ich ein Mann... / Wäre ich eine Frau ...*),
- eine Geschichte um einen vorgegebenen Satz herumbauen,
- Sätze schreiben zu einem „Stammbaum", d. h. zu den Menschen der eigenen Lebensgeschichte,
- Farbensprache: einen Menschen, eine Situation, ein Land, eine Stadt nur mit Farben beschreiben,
- Sprache der Freiheit: ein Gedicht ohne jede Grammatik oder Regel schreiben,
- „Mein Problem": eine Geschichte dazu schreiben, wie das eigene größte Problem oder das größte Problem der Familie / des Landes gelöst werden kann.

zu einem Bildimpuls

Bei einigen Schreibaufgaben in *Berliner Platz NEU* gibt ein Bild bzw. geben Bilder den Schreibimpuls. Die Aufgabenstellung kann dabei ganz unterschiedliche Richtungen nehmen: Die TN sollen ein Bild beschreiben, eine Erzählung oder einen Dialog zum Bild schreiben oder das im Bild dargestellte Thema aufgreifen. Eine mögliche Aufgabe kann es auch sein, zu einem Porträtfoto eine erfundene Biografie zu schreiben. Das funktioniert natürlich besser, wenn Fotos von verschiedenen Personen zur Wahl stehen und die Person gewählt werden kann, die einem sympathisch oder interessant erscheint. Die Schreibaufgaben können durchaus auch gemeinsam, d. h. in Partner- oder Gruppenarbeit, erledigt werden.

Selbst entdeckendes Lernen

Beim selbst entdeckenden Lernen wird die Funktion der sprachlichen Phänomene, die gelernt werden sollen, nicht präsentiert, sondern die Lernenden entdecken sie selbst bzw. filtern sie aus den vorgegebenen Sprachbeispielen heraus. Die Strukturen werden verallgemeinert und bilden den Inhalt neuer Regeln. Dies ist ein wichtiges Prinzip, wenn man davon ausgeht, dass sich Erwachsene Lernstoffe bewusst aneignen wollen. Von Ihnen als KL erfordert dies das methodische Geschick, den Entdeckungsprozess zu moderieren, und auch die Bereitschaft, an den entsprechenden Stellen die benötigte Zeit zu geben. Folge eines solchen Herangehens wird sein, dass die Strukturen und Regeln für die Lernenden – da sie selbst entdeckt wurden – transparenter und klarer sind. Und dies ist wiederum eine Voraussetzung dafür, dass sie eigene Fehler wahrnehmen und korrigieren können (▶ **Fehlerkorrektur**).

Sozialformen

Als Sozialformen werden die Interaktionsformen der am Unterricht Beteiligten (der Lernenden untereinander, der Lernenden mit der Lehrperson) bezeichnet.

Sie werden im Lehrbuch nur selten explizite Angaben zur Sozialform finden, d. h. dazu, ob die jeweilige Übung oder Aufgabe am besten im Plenum, in Gruppenarbeit, Partnerarbeit oder Einzelarbeit erledigt werden sollte. Das hat damit zu tun, dass Sie dies abhängig von Ihrer Lerngruppe und der Situation vor Ort am besten selbst entscheiden. Vielleicht unterrichten Sie Lernende, die gern und viel im Austausch miteinander arbeiten, vielleicht haben Sie auch große Räume zur Verfügung, die sich für Spiele im Plenum eignen, vielleicht bevorzugen Ihre Lernenden jedoch auch aufgrund eigener Sprachlernerfahrungen Einzelarbeit und eine starke Lehrerpräsenz.

Wir meinen aber auch, dass ein fantasievoller Wechsel der Sozialformen für den kommunikativen Unterricht sehr zu empfehlen ist, und so werden Sie auch einige visuelle Anregungen für Sozialformen und viele Vorschläge in den „Unterrichtsvorschlägen" bekommen. Alle Sozialformen haben ihre Vorteile, auf die im Folgenden kurz eingegangen werden soll:

- **Plenum (PL):** Plenumsarbeit wird oft mit Frontalunterricht assoziiert, bei dem der Lehrer die meiste Redezeit für sich beansprucht. Die Arbeit im Plenum muss aber keineswegs so kommunikationsfeindlich sein, sondern bietet eine Reihe von Möglichkeiten: für Diskussionen in der Großgruppe, Marktplatzaktivitäten, bei denen die TN mit unterschiedlichen Personen kommunizieren, für gemeinsame Spiele, Ausspracheübungen, Präsentationen und Ergebnisbesprechungen – oder auch dafür, dass einzelne TN selbst einmal die Lehrerrolle übernehmen.
- **Gruppenarbeit (GA):** Bei der Gruppenarbeit haben die Lernenden viel mehr Zeit für eigene Sprachproduktion zur Verfügung als im Plenum – wichtige Zeit im handlungs- und kommunikativ orientierten Deutschunterricht. GA bietet eher schüchternen TN den geschützten Raum, die Sprache im kleinen Rahmen auszuprobieren. Hinzu kommt, dass die Lernenden nicht mehr so stark auf den/die KL fixiert sind, sondern voneinander lernen und einander helfen können. GA ist zudem ein gutes Rezept gegen Langeweile, da die Lernenden meist sehr am Kontakt und am Austausch mit den anderen interessiert sind. Wichtig ist, dass während der Gruppenarbeitsphasen der/die KL aufmerksam und ansprechbar ist.

- **Partnerarbeit (PA):** Für die Partnerarbeit gelten ähnliche Prinzipien wie für die Gruppenarbeit. Partner können sich gegenseitig im Lernprozess unterstützen und einander helfen, aber auch motivieren und korrigieren. Bei vielen Aufgaben in *Berliner Platz NEU* geht es um das Einüben von Alltagsdialogen, was natürlich am besten in PA geschieht.
- **Einzelarbeit (EA):** Eine andere Bezeichnung für die Einzelarbeit ist „Stillarbeit". Sie sollte besonders nach einer lauten, lebendigen Phase in PA oder GA ihren Platz haben und dient primär dem individuellen Üben, dem selbstständigen Transfer auf neue Zusammenhänge usw. Viele Lernende sind diese Sozialform neben dem Frontalunterricht gewohnt und schätzen sie; Sie sollten jedoch mit der Einzelarbeit – wie mit allen Sozialformen – sehr bewusst umgehen. Verschenken Sie keine kostbare Unterrichtszeit an Einzelaufgaben, wenn Sie sie genauso gut als Hausaufgaben aufgeben könnten.

Spiele

Spiele sind aus dem Deutschunterricht nicht mehr wegzudenken. Sie können den TN viel Spaß machen; das hängt zum einen von Ihrer eigenen Spielbegeisterung, zum anderen auch vom Klima in der Gruppe ab.

Bingo

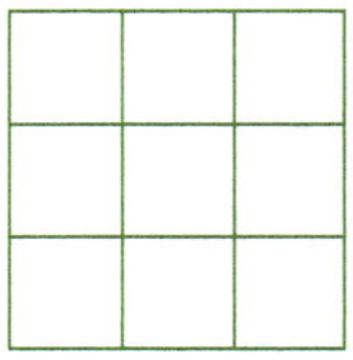

Material: für jede/n TN Papier und Stift, für den KL oder den/die Spielleiter/in ein Ansageblatt

Vorgehen: KL zeichnet ein Quadrat mit neun Feldern an die Tafel und bittet die TN, ebenfalls ein solches Quadrat zu zeichnen und in jedes Kästchen ein beliebiges Wort (aus einem zuvor erarbeiteten Thema) einzutragen. KL (beim nächsten Durchgang ein/e TN) sagt nun Wörter aus dem Themenbereich bunt gemischt durcheinander. Wenn ein TN ein Wort auf seinem/ihrem Blatt hat, kann er/sie es ankreuzen. Wer zuerst alle Wörter in seinem Quadrat angekreuzt hat, hat gewonnen.

Alternative: Das Bingo-Blatt wird als Interviewbogen mit 12 Feldern verwandt, z. B. mit Fragen wie diesen: *Hast du mehr als fünf Geschwister? Spielst du ein Instrument?* Jede/r TN erhält einen Bogen. Alle TN laufen im Kurs herum und befragen einander. Wenn der Gesprächspartner / die Gesprächspartnerin eine Frage bejahen kann, kann das Feld angekreuzt werden. Der Name des/der TN wird dazugeschrieben. Wichtig: Jedem/Jeder TN darf nur eine einzige Frage gestellt werden. Wer zuerst alle 12 Felder angekreuzt hat, also 12 Personen gefunden hat, die die betreffende Frage bejahen konnten, ruft *Bingo!* und hat gewonnen.

Kofferpacken

Vorgehen: Das Spiel „Koffer packen" ist ein Kettenspiel, bei dem der erste Spieler / die erste Spielerin einen Gegenstand nennt, der zweite Spieler / die zweite Spielerin ihn wiederholt und um einen weiteren Begriff ergänzt. Das geht so lange weiter, bis ein Spieler nicht mehr alle Begriffe in der Reihe nennen kann. Entweder beginnt nun eine neue Runde oder die Spieler scheiden aus, bis nur noch einer übrig ist.

Kommentar: Je nach gewähltem Ausgangssatz (*In meinem Koffer sind ..., Ich nehme ... mit*) kann entweder der Nominativ oder der Akkusativ geübt werden.

Pantomime

Gespielt werden kann im Plenum, in Gruppen- oder Partnerarbeit. Machen Sie aber am besten selbst einmal die Pantomime vor.

Wörter-Pantomime, z. B. zur Wiederholung von bereits gelerntem Wortschatz: Ein/e TN macht ein Wort pantomimisch vor und die anderen TN raten, welches Wort gemeint ist.

Verben-Pantomime: KL hat bereits bekannte Verben, die pantomimisch dargestellt werden können (*essen, rauchen* etc.) auf Kärtchen geschrieben. Jeder Mitspieler / Jede Mitspielerin zieht ein Kärtchen und macht das Verb vor; die anderen TN raten.

Pantomimen-Erzählung: KL oder ein/e TN erzählt eine Geschichte und die anderen stellen sie pantomimisch nach. Genauso gut kann umgekehrt ein/e TN eine Begebenheit pantomimisch darstellen und die anderen TN erzählen die entsprechende Geschichte.

Quartett

Material: Es wird in kleinen Gruppen gespielt. Pro Gruppe wird ein kompletter Quartett-Satz, der aus fünf bis zehn Quartetten (insg. 20 bis 40 Karten) besteht, erstellt.

Vorgehen: Die Karten werden gemischt und ausgeteilt. Die Spieler halten die Karten so, dass die Mitspieler sie nicht sehen können. Nun fragt der erste Spieler / die erste Spielerin eine Person in der Gruppe nach einer Karte, die er/sie braucht, um ein Quartett bilden zu können. Bekommt er/sie die gewünschte Karte, darf er/sie diese oder eine andere Person nach der nächsten Karte fragen. Hat die gefragte Person die gewünschte Karte nicht, so darf sie weitermachen. Es gewinnt, wer am Ende des Spiels die meisten Quartette hat.

Kommentar: Das Quartettspiel ist nicht in allen Kulturen bekannt und sollte in Ruhe eingeführt werden. Statt eines Quartetts kann auch ein Terzett bzw. Quintett (drei bzw. fünf zusammengehörende Karten) erstellt werden.

Rollenspiel

In *Berliner Platz NEU* werden zur Vorbereitung auf das Sprachhandeln außerhalb des Kurses regelmäßig kurze Alltagsdialoge angeboten, die am besten in Rollenspielen (in PA oder GA) eingeübt werden können. Sie sollten während des Spielens nicht korrigierend eingreifen, sondern wiederkehrende oder typische Fehler notieren und im Anschluss besprechen. Vielleicht steht nach dieser Phase noch Zeit zur Verfügung, in der die Dialoge noch einmal mit mehr Aufmerksamkeit für die sprachliche Form im Rollenspiel wiederholt werden können. Binnendifferenzierend können schnellere TN ermuntert werden, sich schon von den Vorlagen zu lösen bzw. eigene Dialoge nach dem vorliegenden Muster zu erstellen. Sind die Rollenspiele einmal in Gang gekommen, kann es durchaus sein, dass die TN karikieren und übertreiben und dass alles laut und lustig wird. Wenn Ihre Lerngruppe dazu neigt, planen Sie danach eine Phase der Einzelarbeit ein, in der die TN sich wieder konzentrieren können.

Schnickschnack

Material: Kärtchen in zwei Farben

Vorbereitung: In PA suchen die TN aus der Liste der Verben mit Präpositionen im Anhang des Lehr- und Arbeitsbuches diejenigen heraus, die sie schon kennen und üben möchten. Jedes Paar erhält zwei Sätze Kärtchen unterschiedlicher Farben: Verbkärtchen und Präpositionenkärtchen. Auf die Rückseite der Verbkärtchen schreiben TN je ein Verb, auf die Rückseite eines Präpositionenkärtchens die dazugehörende Präposition. Die Paare haben anschließend also ebenso viele Verb- wie Präpositionenkärtchen, wobei bestimmte Präpositionen mehrfach vorhanden sind.

Vorgehen: Die Kärtchen werden zu je einem Verb- und einem Präpositionenstapel zusammengefasst, gut gemischt und mit der handbeschriebenen Seite nach unten auf den Tisch gelegt. Nun deckt TN 1 von jedem Stapel eine Karte auf. Beide Spieler müssen blitzschnell überlegen, ob Verb und Präposition zusammenpassen oder nicht. Wer glaubt, dass sie zusammenpassen, ruft schnell *Schnickschnack*. Ist dies korrekt, darf er/sie beide Kärtchen behalten, ist es falsch, wandern die Kärtchen in den Stapel der abgelegten Karten. Wer nach einer zuvor festgelegten Zahl an Runden die meisten Karten hat, gewinnt.

Schritte in Deutschland

Vorbereitung: Alle TN stellen sich an einer Seite des Unterrichtsraums auf (dazu werden am besten Stühle und Tische an den Rand geschoben).

Vorgehen: KL stellt die Frage: *Wer war in Deutschland schon einmal auf einem Weihnachtsmarkt?* TN, die die Frage mit *Ja* beantworten können, machen einen kleinen Schritt vor. KL stellt eine weitere Frage: *Wer war in Deutschland schon einmal in einem Kindergarten?* Wieder gehen TN einen Schritt vor, wenn dies auf sie zutrifft. Nach einigen anfänglichen Fragen des/der KL stellt jede/r TN selbst eine Frage aus dem eigenen Erfahrungsbereich: *Wer war schon einmal in einer Disco? Wer war schon einmal in einem türkischen Bad?*

Wer war schon einmal auf einem Fußballplatz? Usw. Das Spiel geht so lange, bis alle an der gegenüberliegenden Wand angekommen sind.

Kommentar: Wichtig ist, dass die TN selbst Fragen formulieren, so können sich alle TN beteiligen.

Stadt/Land/Fluss

Material: Jede/r TN zeichnet auf ein Blatt Papier eine Tabelle.
Vorbereitung: mit drei Spalten und trägt darin die Wörter *Stadt, Land, Fluss* ein.

Stadt	Land	Fluss

Vorgehen: Nun sagt ein/e TN stumm das Alphabet auf und nennt auf ein Signal hin (ein/e TN ruft *Stopp!*) den Buchstaben, bei dem er/sie gerade war. Jede/r trägt nun eine Stadt, ein Land, einen Fluss mit diesem Anfangsbuchstaben in die Tabelle ein. Am Ende werden für jede richtige Antwort Punkte vergeben. Gewonnen hat, wer die höchste Punktzahl erreicht hat.

Tabu

Material: Wortlisten, Kärtchen
Vorbereitung: Es werden zwei bis drei Gruppen gebildet. Jede Gruppe erhält eine Liste mit zehn Wörtern (z. B. Sportarten) und zehn Kärtchen. Die Gruppen schreiben auf jedes Kärtchen eines der Wörter und zwei weitere Begriffe, die mit dem erstgenannten Wort in enger Beziehung stehen.

<u>Tennis</u> Schläger Ball

Vorgehen: Wenn alle Kärtchen fertig sind, fängt das Spiel an: Einer/Einem TN aus der ersten Gruppe (A) wird ein Kärtchen der Gruppe B präsentiert. Er/Sie muss nun den gesuchten Gegenstand beschreiben, ohne ihn selbst und die zwei Begriffe auf dem Kärtchen zu nennen. Gelingt das in einer vorher vereinbarten Zeit (ca. eine Minute), bekommt die Gruppe einen Punkt. Dann ist Gruppe B an der Reihe mit einem Kärtchen der Gruppe C usw. Gewonnen hat die Gruppe, die nach einer vorher vereinbarten Anzahl von Runden die meisten Begriffe erraten hat.

Sprachbewusstheit

Sprachliches Handeln, auf das der Fremd- und Zweitsprachenunterricht vorbereitet, wird in der Regel begleitet von reflexiven Prozessen. Lernende stellen Fragen zum richtigen Gebrauch der Wörter, zur richtigen Aussprache, zum höflichen oder angemessenen Gebrauch von Redemitteln, interessieren sich für grammatische Strukturen und kommentieren den Sprachgebrauch anderer – kurz, sie denken in vielfältiger Weise über Sprache nach und eignen sich zusätzlich zur Sprachhandlungskompetenz Sprachwissen an.
Kursleitende sollten regelmäßig das Nachdenken über Sprache anregen. Ein Bereich z. B., der für Lernende interessant und wichtig ist, ist die Wahl der in der Kommunikation mit unterschiedlichen Gesprächspartnern angemessenen Sprachebene. Im Gespräch mit einem guten Freund verwendet man eine andere Sprechweise als etwa mit einem Angestellten einer Behörde, mit der Kollegin eine andere als mit einer Kundin. *Berliner Platz NEU* vermittelt – entsprechend den Kann-Beschreibungen des GER – ein neutrales Register. Der unterschiedliche Sprachgebrauch wird zwar an einigen Stellen thematisiert, Sie sollten aber regelmäßig auf sprachliche Varianten und Fragen der Angemessenheit eingehen.

Sprachenvielfalt

Deutschlernende sprechen häufig neben ihrer Muttersprache eine oder mehrere andere Sprachen. Fragen wir unsere TN, so stoßen wir nicht selten auf Sprachbiografien, die nicht nur durch Migration geprägt sind, sondern vielleicht auch durch ein mehrsprachiges Elternhaus, schulischen Fremdsprachenunterricht, Auslandsaufenthalte, die Medien und das Leben in einem multikulturellen Umfeld. Der einsprachige Mensch wird – zumindest in vielen Deutschkursen – zur Seltenheit.
Ein Deutschunterricht, in dem nur Deutsch gesprochen werden darf, erscheint angesichts dieser Situation nicht mehr sinnvoll. Heute wird vielmehr der Rolle der Muttersprache beim Lernen einer neuen Sprache eine große Bedeutung beigemessen – „sie ist wirklich die Mutter der zweiten, dritten und vierten Sprachen" (vgl. Deller/Rinvolucri, 2002, S. 10). Das Ziel, dass die Lernenden möglichst schnell Fortschritte im Deutschen machen sollen, wird nicht aufgegeben, wenn weitere Sprachen einbezogen werden. Ganz im Gegenteil: Die kreative Nutzung der Muttersprachen bzw. der im Kurs gesprochenen Sprachen – und damit gleichermaßen der Einbezug der Herkunftskulturen – zeigt Wertschätzung für die Menschen, ihre Kompetenzen und Gefühle und motiviert.
Gefragt ist also eine absichtsvolle Nutzung der vorhandenen Sprachkenntnisse im Kurs. Sie kann schon auf Anfängerniveau stattfinden, wenn z. B. KL die TN auffordert, einander in ihrer Muttersprache zu begrüßen; das macht Spaß und stellt eine lockere Atmosphäre her.

Codeswitching

Vorbereitung: TN bilden 3er-Gruppen (in mehrsprachigen Kursen Gruppen derselben Muttersprache).

Vorgehen: KL bittet TN, in den Gruppen über ein bestimmtes vorgegebenes Thema zu sprechen, und zwar in ihrer Muttersprache (oder einer anderen Sprache, mit der alle Gruppenmitglieder vertraut sind). Nach zwei Minuten bittet KL alle TN, ins Deutsche zu wechseln und auf Deutsch weiterzusprechen. KL wiederholt die Anweisung, die Sprache zu wechseln, drei- oder viermal, so dass die TN zwischen Deutsch und einer anderen Sprache mehrmals in Zeitspannen von zwei bis drei Minuten alternieren. KL gibt viel Zeit für Feedback.

Kommentar: Diese Aktivität erlaubt den Lernenden, sich außerhalb der Zwänge des Deutschen zu bewegen. Sie ermöglicht schwächeren Lernenden, sich mehr zu beteiligen (Deller/Rinvolucri, 2002, S. 79).

Sprachvergleich

Sprachvergleiche sind eine Möglichkeit, Sprachenvielfalt im Unterricht zu nutzen und so das Bewusstsein für die neue Sprache zu fördern. Im Anfängerunterricht ist das kontrastive Vorgehen u. a. sinnvoll bei der Wortschatzarbeit: Welch eine Überraschung, wenn TN merken, dass ein Wort in ihrer Sprache im Deutschen ganz ähnlich ist ... Das kann ein ausgewandertes deutsches Wort sein wie *putar* (bosnisch/kroatisch/serbisch) = *Butter* oder *otoban* (türkisch) = *Autobahn* (siehe dazu „Liste deutscher Wörter in anderen Sprachen" bei Wikipedia). Das kann ein Wort sein, das aufgrund der Verwandtschaft der Sprachen Ähnlichkeiten mit dem entsprechenden deutschen aufweist, wie *famiglia* (italienisch) = *Familie*, oder ein international geläufiges Wort wie *Kaffee*. Überraschend ist es dann aber auch, wenn manche scheinbar ähnlichen Wörter doch Unterschiedliches bezeichnen. Das sind die sogenannten „falschen Freunde" wie z. B. *high-school* (amerik. Englisch), das nicht mit *Hochschule*, sondern mit *Sekundarschule* übersetzt werden muss, oder *bellen* (niederländisch), das nicht den Hundelaut bezeichnet, sondern *anrufen* bedeutet.
Aber auch, wenn es darum geht, sich Strukturen (z. B. die unterschiedliche Wortstellung im Satz) bewusst zu machen oder in der Aussprache typisch deutsche Intonationsmuster zu erkennen, sind Sprachvergleiche äußerst hilfreich.

Sprechen

Das Sprechen dient ganz unterschiedlichen Zwecken, der sozialen Interaktion, dem Informationsaustausch, der Meinungsäußerung, der Bewertung, dem Gefühlsausdruck sowie der Redeorganisation und Verständnissicherung. Innerhalb dieser Kategorien können die unterschiedlichsten Sprachhandlungen ausgeführt werden (siehe dazu die Liste „Sprachhandlungen" in *Profile Deutsch*).
Um festzustellen, was Lernende auf dem Niveau B1 können sollten, lohnt sich der Blick auf die Kann-Beschreibungen zur Selbstbeurteilung des „Gemeinsamen Europäischen Referenzrahmen für Sprachen". Der Referenzrahmen unterteilt die Fertigkeit „Sprechen" in zwei Teilbereiche und definiert sie im „Raster zur Selbstbeurteilung" so:

- „An Gesprächen teilnehmen: *Ich kann die meisten Situationen bewältigen, denen man auf Reisen im Sprachgebiet begegnet. Ich kann ohne Vorbereitung an Gesprächen über Themen teilnehmen, die mir vertraut sind, die mich persönlich interessieren oder die sich auf Themen des Alltags wie Familie, Hobbys, Arbeit, Reisen, aktuelle Ereignisse usw. beziehen."*
- „Zusammenhängendes Sprechen: *Ich kann in einfachen, zusammenhängenden Sätzen sprechen, um Erfahrungen und Ereignisse oder meine Träume, Hoffnungen und Ziele zu beschreiben. Ich kann kurz meine Meinungen und Pläne erklären und begründen. Ich kann eine Geschichte erzählen oder die Handlung eines Buches oder Films wiedergeben und meine Reaktionen beschreiben."*

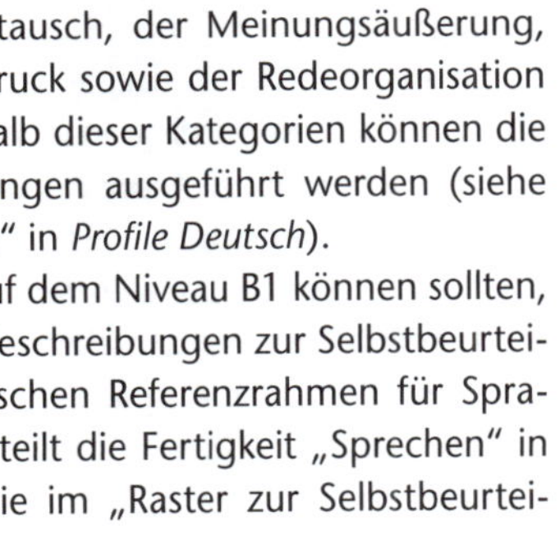

autobiografisches Erzählen

TN freuen sich in der Regel, wenn sie im Deutschunterricht die Gelegenheit haben, von sich und eigenen Erfahrungen zu berichten. Lernende im Inland sind meist voll von Erlebnissen im Zusammenhang mit ihrer Ankunft in Deutschland und tauschen sich gern über Dinge aus, die aus der Perspektive ihrer Herkunftskultur verwunderlich, interessant oder auch beunruhigend sind. Ein solcher Austausch kann dem Einleben in das neue Land nur förderlich sein. Aber auch Lernende im Ausland freuen sich über Möglichkeiten, über sich selbst zu berichten. Extrovertierte TN werden sowieso über persönlich Erlebtes berichten wollen, zurückhaltendere TN brauchen aber evtl. die Anregung des/der KL und einen vorgesehenen Raum, um sich auf die Aufgabe einlassen zu können.
TN können ihre Geschichten an den Klett-Langenscheidt-Verlag senden und sie auf der Seite www.klett-langenscheidt.de/ich-ueber-mich veröffentlichen.

dialogisches und monologisches Sprechen

Sowohl in der DTZ- als auch in der ZD-Prüfung müssen die Prüfungsteilnehmenden zeigen, dass sie nicht nur in der Interaktion, sondern auch im monologischen Sprechen alltägliche Sprechsituationen meistern können. Das bedeutet, dass sie sich einerseits vorstellen und über sich und eigene Erfahrungen sprechen können (monologisch), andererseits in der Interaktion mit anderen auf Nachfragen eingehen, von sich berichten und gemeinsam mit dem Gesprächspartner / der Gesprächspartnerin etwas planen können (dialogisch).
Diese Prüfungsanforderungen spiegeln die alltägliche Sprachpraxis. Dialoge, in denen TN fragen und nachfragen, dem Gegenüber etwas erläutern, Auskünfte einholen, um etwas bitten müssen usw., gehören zum Alltag. Besonders im Beruf oder Bildungsbereich spielt allerdings auch das monologische Sprechen eine wichtige Rolle, wenn TN beispielsweise sich vorstellen, ein Thema präsentieren oder Erläuterungen zu einem Problem geben müssen.

Gespräch zum Text

Die Lesetexte in *Berliner Platz 3 NEU* dienen nicht nur der Präsentation von neuem Wortschatz, von Strukturen und Informationen, sie regen auch zum Nachdenken und Sprechen an. Es ist bei vielen Texten sogar kaum vorstellbar, dass nach der Lektüre *kein* Gespräch entsteht (z. B. zu den Texten „Ernährung und Lebensgewohnheiten" in Kap. 27 oder „Wir sind Mutter und Tochter und Kolleginnen" aus Kap. 34, um nur zwei Beispiele zu nennen). Greifen Sie TN-Äußerungen auf und geben Sie nach Möglichkeit Raum für das Gespräch oder die Diskussion, auch dann, wenn Sie schnell zur folgenden Bewusstmachungs- oder Übungsphase übergehen wollen. Für die TN sind es auch diese Gelegenheiten, sich persönlich einzubringen, die das Lesen der Texte lohnenswert macht.

unterschiedliche Stimmungen

„Der Ton macht die Musik" heißt ein Sprichwort. Es drückt aus, dass es nicht nur darauf ankommt, was man sagt, sondern auch und vor allem, wie bzw. in welchem Tonfall man es sagt.
Lassen Sie die TN mit Stimmungen experimentieren, z. B. indem Sie einzelne Sätze oder kurze Alltagsdialoge in unterschiedliche Situationen packen: geflüstert (jemand soll das nicht hören), mit Nachdruck (der andere scheint das nicht zu verstehen), liebevoll (die

andere Person liegt dem Sprecher am Herzen), kühl (und ein bisschen von oben herab) etc.
Lassen Sie die TN auch unterschiedliche Betonungen ausprobieren. Der Satz *Ich habe nicht gesagt, dass die EU sehr bürokratisch ist* klingt zunächst einmal ganz normal, kann aber, unterschiedlich akzentuiert, seine Bedeutung sehr ändern:
Ich habe nicht gesagt, dass die EU sehr bürokratisch ist.
(Aber jemand anderes hat es gesagt.)
Ich habe nicht gesagt, dass die EU sehr bürokratisch ist.
(Starke Verneinung, dass das geschehen ist.)
Ich habe nicht gesagt, dass die EU sehr bürokratisch ist.
(Ebenso, evtl. Wiederholung der Verneinung oder Ärger.)
Ich habe nicht gesagt, dass die EU sehr bürokratisch ist.
(Aber ich habe es gedacht.)

Textkompetenz

Angesichts der steigenden schriftsprachlichen Anforderungen nicht nur im Arbeitsleben verändern sich auch die Anforderungen an den Zweit- und Fremdsprachenunterricht. War vor nicht allzu langer Zeit noch der kommunikative Ansatz mit seinem Ziel, die reale Kommunikation im Unterricht zu fördern, damit sich die Lernenden auch außerhalb des Unterrichtsraums verständigen konnten, noch ein neuer Gedanke, so gewinnt nun die Förderung von auf Schriftlichkeit und textuelles Handeln bezogenen Fähigkeiten wieder mehr an Gewicht. Grund dafür ist u. a., dass sich die Kommunikationsgewohnheiten durch die Allgegenwart digitaler Medien verändern. Textkompetenz, „die individuelle Fähigkeit, Texte lesen, schreiben und zum Lernen nutzen zu können" (Portmann-Tselikas/Schmölzer-Eibinger, 2008), wird zur Schlüsselqualifikation.

Reaktion auf den Text

Geben Sie den TN die Gelegenheit, mit einem Lesetext weiterzuarbeiten bzw. schriftlich auf ihn zu reagieren. Dazu gibt es vielfältige Möglichkeiten. Die TN können z. B.

- stellvertretend für eine der im Text genannten Personen eine E-Mail, einen Brief, einen Tagebucheintrag usw. schreiben,
- eine Begebenheit beschreiben, die die im Text dargestellte Situation ausgelöst hat,
- Folgen der im Text beschriebenen Handlung darstellen,
- den Text weiterspinnen,
- die Handlung im Text einer Person aus einem ganz anderen Kulturkreis erläutern,
- eine Gegenmeinung äußern,
- ein schriftliches Rollenspiel zum Text schreiben u. v. m.

Unterrichtsphasen

Der Unterrichtsprozess lässt sich in Abschnitte bzw. Schritte, in die sogenannten Unterrichtsphasen, unterteilen. Es gibt für den Fremdsprachenunterricht unterschiedliche Phasierungsmodelle. Die Phasierung, der in den Unterrichtsvorschlägen zu *Berliner Platz NEU* gefolgt wird, orientiert sich an dem in der Lehrkräftequalifizierung derzeit gebräuchlichen Modell. (Sie sehen sie in den Unterrichtsvorschlägen, S. 12 ff., in der ersten Spalte farbig gekennzeichnet.)

- **Einstieg:** In der Einstiegs-, Vorbereitungs- oder Motivierungsphase geht es darum, das Interesse der Lernenden zu wecken, sie für das Folgende zu motivieren und ihr Vorwissen zum Thema zu sammeln. Der anschließend präsentierte Stoff wird in dieser Phase „vorentlastet", d. h. jetzt schon z. B. anhand von Schlüsselwörtern so vorbereitet, dass es für die Lernenden leichter ist, das neu Präsentierte zu verstehen.
- **Präsentation:** In der Präsentationsphase (die deshalb auch als Erarbeitungsphase bezeichnet wird) erarbeiten sich die TN das noch unbekannte Sprachmaterial. Hier wird meist ein Lese- oder Hörtext zu alltäglichen Situationen präsentiert, der auch neue Lerninhalte, d. h. Wortschatz, Redemittel und/oder Strukturen, enthält.
- **Verständnissicherung:** In dieser Phase wird, z. B. mithilfe von Fragen zum Text, sichergestellt, dass alle TN das zuvor Präsentierte verstanden haben. Der/Die KL räumt Unklarheiten und eventuelle Missverständnisse aus. Diese Phase wird auch als Semantisierungsphase bezeichnet, was den Fokus noch stärker auf die Bedeutungsklärung der unbekannten Wörter, Redemittel und Sätze legt.
- **Bewusstmachung:** In der Phase der Bewusstmachung werden die neuen Strukturen herausgearbeitet. Hier sollten die TN nach Möglichkeit die Regeln selbst finden und erklären.
- **Systematisierung:** In der Systematisierungsphase werden sprachliche Phänomene strukturiert dargestellt und z. B. in einer Tabelle gesammelt.
- **Üben:** In den Übungsphasen werden die neuen Inhalte zunächst in stark gesteuerten, einfachen, dann mit immer freier und komplexer werdenden Übungen eingeschliffen und gefestigt.
- **Transfer:** In der anschließenden Transferphase werden die erworbenen Kenntnisse in einem neuen Kontext bzw. in einer anderen Kommunikationssituation angewandt.
- **Freie Anwendung:** Diese Phase bereitet auf die selbstständige Anwendung des Gelernten in realen Kommunikationssituationen vor. Hier werden deshalb offene, handlungsorientierte sowie spielerische Aufgaben eingesetzt (z. B. Rollenspiele, Diskussionen).

Umgang mit heiklen Themen/ Situationen

Welche/r KL wünscht sich nicht eine motivierte, lebendige, aber doch konzentriert arbeitende Kursgruppe? Die gibt es schon, aber meist nicht jeden Tag. Die Unterrichtsrealität ist viel reicher an Facetten menschlicher Interaktion und dabei können Situationen entstehen, die einiges an Sprengkraft haben. Die TN bringen – gerade in den Kursen im Inland – vielerlei Belastungen mit, „z. B. aufgrund von Heimweh, Trennungsschmerz, aus Sorge um tatsächliche oder drohende Arbeitslosigkeit, schlechten oder beengten Wohnraum, vor allem jedoch aus einer sozialen Unsicherheit heraus, die auf der fehlenden Möglichkeit einer Zukunftsplanung beruht" (Beauftragte der Bundesregierung für die Belange der Ausländer, 1997, zitiert in Buhlmann et al., 2008, S. 6).
Nicht nur in Inlandskursen kann es vorkommen, dass TN die Gelegenheit wahrnehmen, über schmerzliche oder frustrierende Erlebnisse zu berichten. Dies ist in der vertrauensvolleren Atmosphäre kleiner Gruppen besser möglich als im Plenum. Vielleicht äußern TN aber auch selbst Meinungen, die der/die KL als nicht akzeptabel

empfindet. Ohne dass an dieser Stelle angemessen auf dieses große Thema eingegangen werden kann, sollen doch einige Gedanken geäußert werden: Als KL wissen wir in der Regel wenig über die Schwierigkeiten, mit denen die TN zu kämpfen haben. Grundsätzlich angebracht ist daher immer eine Haltung von Wertschätzung und Empathie. Je wohler sich die TN fühlen, desto besser lernen sie. Auch wenn ihre Fortschritte klein erscheinen, ist es wichtig, ihr Selbstgefühl zu stärken und darauf bedacht zu sein, dass sich nicht das Gefühl einstellt zu versagen. Gleichermaßen gilt aber auch: Je wohler sich Kursleitende fühlen, desto lieber und besser arbeiten sie. Achten Sie deshalb darauf, dass Ihnen der Spaß am Unterrichten erhalten bleibt. Und holen Sie sich Hilfe, sprechen Sie mit Kollegen, wenn eine Situation trotz aller guten Absichten aus dem Ruder zu laufen droht.

Wiederholung

Regelmäßige Wiederholungen sind ausgesprochen wichtig, damit das Gelernte den Weg vom Kurzzeit- ins Langzeitgedächtnis findet. Sie sollten Wortschatz und Strukturen zumindest in der ersten Zeit nach ihrer Einführung öfter wiederholen. Wann? Da gibt es verschiedene Möglichkeiten:

- Zu Beginn einer Unterrichtseinheit, wenn gewissermaßen zum Aufwärmen das schon Bekannte noch einmal herbeigerufen wird, z. B. durch Wortfeldassoziationen: Sie nennen ein Wort und sammeln die Wörter, die den TN dazu einfallen.
- Im Unterrichtsablauf dann, wenn neuer Stoff an schon bekannten anknüpft. Dann sollte eine Wiederholung vorgeschaltet werden.
- Wenn sich die TN Textpassagen einprägen sollen, z. B. Dialoge, die im Alltag wichtig sind. Lassen Sie die betreffenden Texte einmal normal vorlesen. Die Texte werden dann einmal flüsternd, einmal hustend, einmal fröhlich laut, einmal gähnend, verliebt etc. wiederholt. Machen Sie das jeweils mit einem Satz vor; die TN machen in demselben Stil nach und wiederholen in dieser Weise weiter (bei Dialogen wechseln sie die Rollen).
- Zwischendurch als Pausenfüller oder als Abschluss der Unterrichtseinheit in spielerischer Form, z. B. indem Sie aus einer Anzahl von Wörtern, die zuvor eingeführt wurden, „Wortwolken" an die Tafel malen und von den TN entziffern lassen. (Die Wortwolke unten visualisiert das Gedicht von Erich Kästner aus Kap. 28.) Sie können die TN auffordern, selbst solche Wortwolken als Übungen für die anderen TN zu kreieren, z. B. auf www.wordle.net.

Wortschatzarbeit

Die Kenntnis von Wortschatz ist eine Kernkomponente der Sprachbeherrschung und so ist auch die Wortschatzarbeit ein wichtiger Teilbereich beim Lernen einer neuen Sprache, der viel Aufmerksamkeit im Unterricht verdient. Dabei geht es nicht nur um das Lernen von Wörtern, sondern auch um Gesprächsroutinen, Floskeln, Redemittel – also kommunikativ wichtige Phrasen und Sätze. In *Berliner Platz NEU* finden Sie viele Redemittelkästen, die Bausteine für den Transfer und die freie Anwendung anbieten und so auf das alltagssprachliche Handeln vorbereiten.

> An erster Stelle steht bei mir …
> Für mich ist … das Wichtigste.
> Sehr wichtig finde ich, dass …

Bei der Wortschatzarbeit ist zu bedenken, dass

- Wörter auf kulturspezifische Inhalte verweisen (mit dem Wort *Sonntag* assoziieren Deutsche z. B. die Tatsache, dass die meisten Geschäfte geschlossen sind),
- Wörter mehrere Bedeutungen haben können,
- der Gebrauch der Wörter je nach Gesprächspartner/in, Region oder sozialer Situation unterschiedlich sein kann,
- der Wortschatz jedes Einzelnen unterschiedlich ist, je nach den Handlungszusammenhängen, in denen er gebraucht wird (z. B. bei der Ausübung eines Berufs).

Semantisierung

Unter Semantisierungsformen werden Techniken verstanden, mit deren Hilfe den Lernenden die Bedeutung neuer Vokabeln vermittelt wird. Hier sind visuelle Mittel besonders hilfreich, da die Visualisierung bei der Informationsverarbeitung im Gehirn eine wichtige unterstützende Rolle spielt. Zu nennen sind z. B. Assoziogramme, Bilder und Realien sowie Gestik/Mimik oder Pantomimen. Aber auch auditive Hilfen können zur Bedeutungsklärung eingesetzt werden, wenn sich das anbietet (z. B. beim Wort *rufen*). Bei abstrakteren Begriffen allerdings (wie z. B. *behaupten* oder *Risiko*) muss man andere Methoden der Semantisierung einbeziehen, z. B. Übersetzungen, Umschreibungen, Beispiele, Synonyme und Antonyme, Graduierungen und Skalen, übergeordnete/untergeordnete Begriffe, Ableitungen aus dem Kontext etc.

Nicht nur die Lehrenden sollten verschiedene Semantisierungsmöglichkeiten kennen und dem Vokabular und den unterschiedlichen Lernenden entsprechend anwenden. Die Lernenden selbst sollten mit Techniken zur Erschließung unbekannter Wörter vertraut gemacht werden. Dazu gehört, dass sie lernen,

- Regeln der Wortbildung und Grammatik zu nutzen,
- international bekannte Begriffe zu Hilfe zu nehmen,
- mit dem Wörterbuch zu arbeiten,
- Wörter aus dem Kontext zu erschließen usw.

Suchfragen

Wie können Begriffe in ihrer kulturspezifischen bzw. landeskundlichen Bedeutung verstanden werden, ohne dass der/die KL weitschweifige Erklärungen geben muss? Man denke nur an Begriffe wie *Rente, Kindergeburtstag* oder *schwarzfahren*, hinter denen sich jeweils eine Vielzahl von Hintergrundinformationen zum Alltagsleben in Deutschland verbirgt. Müller schlägt hier die sog. „Suchfragen" vor und versteht darunter „alle Fragen, mit denen Lernende versuchen, die kulturellen Inhalte von sprachlichen Ausdrücken oder fremdkulturellen Wahrnehmungen zu erarbeiten, sie in den fremden Kontext einzuordnen und dabei gleichzeitig in Beziehung zur eigenen Kultur zu setzen" (Müller, 1994, S. 80). Das heißt, die Lernenden werden aufgefordert, zu bestimmten Begriffen aus der eigenen kulturellen Perspektive Fragen zu stellen. (Suchfragen zu *Rente* könnten z. B. sein: *In welchem Alter hören die Menschen auf zu arbeiten? Wer kümmert sich um sie, wenn sie alt sind? Sind alte Menschen in Deutschland von Armut bedroht?* Usw.) So werden nicht nur eigenkulturelle Gegebenheiten und Vorstellungen reflektiert (z. B.: *Bei uns gehen die Menschen erst mit 70 Jahren in Rente.* Oder: *Bei uns ist Nachbarschaftshilfe sehr wichtig.*), sondern es werden auch landeskundliche Funktionen von Dingen, Vorstellungen und Handlungen im Zielsprachenland erforscht (▶ **Interkulturelle Perspektive**, ▶ **Landeskunde**).

Literaturhinweise

Balme, Michaela; Sibylle Plassmann; Beate Zeidler: Deutsch-Test für Zuwanderer A2/B1. Prüfungsziele Testbeschreibung. München, Frankfurt a. M.: Goethe-Institut und telc 2009.

Bimmel, Peter: Lern(er)strategien und Lerntechniken. In: H.-J Krumm; D. Fandrich; B., Hufeisen; C., Riemer (Hrsg.): HSK Handbücher zur Sprach- und Kommunikationswissenschaft 19: Handbuch Deutsch als Fremd- und Zweitsprache (Neubearbeitung). Berlin/New York: Walter de Gruyter 2010, S. 841–849.

Buhlmann, Rosemarie; Karin Ende; Susan Kaufmann; Angela Kilimann; Helen Schmitz: Rahmencurriculum für Integrationskurse Deutsch als Zweitsprache. Erstellt im Auftrag des Bundesministeriums des Innern. Nürnberg: BAMF und München: Goethe-Institut 2008.

Deller, Sheelagh; Mario Rinvolucri: Using the Mother Tongue. Making the most of the learner's language. (Professional Perspectives.) London: English Teaching Professional und Delta Publishing 2002.

Dieling, Helga; Ursula Hirschfeld: Phonetik lehren und lernen. (Fernstudieneinheit 21 des Fernstudienangebots Deutsch als Fremdsprache und Germanistik.) München: Goethe-Institut, Langenscheidt 2000.

Eryilmaz, Dilek; Steve Darn: Non-verbal communication. 2005. www.teachingenglish.org.uk/think/articles/non-verbal-communication.

Expertengruppe Europäische Sprachenzertifikate, in Zusammenarbeit mit dem Goethe-Institut; Österreichisches Sprachdiplom Deutsch; Schweizerische Konferenz der kantonalen Erziehungsdirektoren (Hrsg.): Zertifikat Deutsch. Lernziele und Testformat. Frankfurt 1999.

Gardner, Howard: Intelligenzen. Die Vielfalt des menschlichen Geistes. Stuttgart: Klett-Cotta 2002.

Glaboniat, Manuela; Martin Müller; Paul Rusch; Helen Schmitz; Lukas Wertenschlag: Profile Deutsch: Gemeinsamer europäischer Referenzrahmen. Lernzielbestimmungen, Kannbeschreibungen, Kommunikative Mittel. Berlin, München: Langenscheidt 2005.

Goethe-Institut; Ständige Konferenz der Kultusminister der Länder in der Bundesrepublik Deutschland; Schweizerische Konferenz der Kantonalen Erziehungsdirektoren; Österreichisches Bundesministerium für Bildung, Wissenschaft und Kultus (Hrsg.): Gemeinsamer europäischer Referenzrahmen für Sprachen: lernen, lehren, beurteilen. Berlin, München: Langenscheidt 2001.

Grzega, Joachim: Die Methode „Lernen durch Lehren". 2008. www.ku-eichstaett.de/Forschung/forschungsprojekte/ldl/ldl_schule.

Häussermann, Ulrich; Hans-Eberhard Piepho: Aufgaben-Handbuch Deutsch als Fremdsprache. Abriss einer Aufgaben- und Übungstypologie. München: iudicium 1996.

Hammoud, Antje; Anne Ratzki: Was ist Kooperatives Lernen? In: Fremdsprache Deutsch 41/2009, S. 5–13.

Hammoud, Antje; Inge Hilbig; Torsten Keller; Barbara Neißer; Anne Ratzki: Die Werkzeugkiste. In: Fremdsprache Deutsch 41/2009, S. 45–57.

Mehrholz-Härle, Birgit: Wortschatzvermittlung im DaZ-Unterricht. In: Susan Kaufmann et al. (Hrsg.): Fortbildung für Kursleitende Deutsch als Zweitsprache, Bd. 2. Ismaning: Hueber 2008.

Müller, Bernd-Dietrich: Wortschatzarbeit und Bedeutungsvermittlung. (Fernstudieneinheit 8 des Fernstudienangebots Deutsch als Fremdsprache und Germanistik.) München: Goethe-Institut, Langenscheidt 1994.

Peyer, Ann: Language Awareness im Deutschunterricht. Sprache als Thema und als Werkzeug kennenlernen. In: ph I akzente 02/2004. www.phzh.ch/webautor-data/208/ape_phakzente04-2.pdf.

Portmann-Tselikas, Paul; Sabine Schmölzer-Eibinger: Textkompetenz. In: Fremdsprache Deutsch 39/2008, S. 5–16.

Prodomou, Luke; Lindsay Clandfield: Dealing with Difficulties. Solutions, strategies, and suggestions for successful teaching. (Professional Perspectives.) Peaslake, Surrey: Delta Publishing 2007.

Scrivener, Jim: Learning Teaching. (The Teacher Development Series.) Oxford: Macmillan Education 1994.

Vester, Frederic: Denken, Lernen, Vergessen. Was geht in unserem Kopf vor, wie lernt das Gehirn, und wann lässt es uns im Stich? München: dtv, 33. Aufl. 2009.

Wahrlich, Heide: Interkulturelle Kommunikation. Die wortlose Sprache im Kulturkontakt. Referat auf der IAKM-Studienwoche 2002. www.nibis.de/~iakm/Materialen/wahrlich.pdf.